Yo! Hermeneutics!

Edition ID-Archiv

Yo! Hermeneutics!
Schwarze Kulturkritik
Pop, Medien, Feminismus

Edition ID-Archiv
Berlin – Amsterdam

Yo! Hermeneutics!

Schwarze Kulturkritik
Pop, Medien, Feminismus

Herausgegeben von Diedrich Diederichsen.
Aus dem Amerikanischen und Englischen von
Raymund Burghardt, Diedrich Diederichsen,
Sabine Grimm und Bettina Seifried.

Wir danken den Verlagen und Rechteinhabern, besonders dem
Orlanda Frauenverlag, Berlin und Verso, London & New York,
für die Übersetzungs- und Abdruckgenehmigung.

Edition ID-Archiv
Schliemannstr. 23
10437 Berlin

ISBN: 3-89408-030-2

1. Auflage, Oktober 1993

Umschlagentwurf

seb, Hamburg

Frontispiz

»Import/Export Funk Office«
Renée Green 1992
Galerie Christian Nagel, Köln
Fotografin: Andrea Stappert

Layout

seb, Hamburg

Druck

Windruck, Siegen

Buchhandelsauslieferungen

BRD,A: Rotation Vertrieb, Mehringdamm 51, 10961 Berlin
CH: Pinkus Genossenschaft, Postfach, 8025 Zürich
NL: Papieren Tijger, Postbus 2599, 4800 CN Breda

Inhalt:

Vorwort

Renée Green ist eine in New York lebende afro-amerikanische Künstlerin und Autorin. Sie hat in Nordamerika, Lateinamerika und Europa Ausstellungen und Projekte durchgeführt; darunter in New York, Los Angeles, Lissabon, Nantes, Köln, Caracas und Wien. Ihre Arbeit war in den meisten Fällen auf den Ausstellungsort und seine Geschichte bezogen. Sie veröffentlicht u.a. in »*Texte zur Kunst*«, Köln und in »*Transition*«, Cambridge, Mass. Zur Zeit lebt sie als DAAD-Stipendiatin in Berlin. 1990 wohnte sie, ohne mich zu kennen, ein paar Tage in meiner Wohnung in Köln, während ich nicht da war. Sie sah HipHop-Videos auf MTV Europe und diverse Bücher zu schwarzer Kultur und Musik in meinen Bücherregalen. Sie fragte sich nach der Referenz zu diesen Fundstücken in meinem Leben und in deutscher Kultur im allgemeinen. Wie verstehen zum Beispiel deutsche Kinder die Gartenparty, die in dem Video »Summertime« von DJ Jazzy Jeff & The Fresh Prince zu sehen ist und die voller Verweise auf afro-amerikanische Alltagskultur steckt? Für ihre Ausstellung »Import-Export – The Funk Office« (März 1992) thematisierte sie Kulturexport und -import, die Beziehung Adorno-Angela Davis, die deutsche HipHop-Rezeption und verwand neben vielen anderen Dokumenten und Artefakten auch Videos, die sie in New York und Köln mit mir gemacht hatte, Gespräche zwischen uns beiden, sowie zwischen mir und Greg Tate, Gary Simmons und anderen Künstlern, Musikern, Buchhändlern und DJs, die sie arrangiert hatte. Im März 1993 stellte sie für eine Retrospektive ihrer Arbeit im MOCA, Los Angeles eine aktualisierte Version dieser Arbeit her. Da ich wieder gerade in der Nähe war, als Dozent und Journalist in LA, führten wir eine neue Runde Interviews, u.a. mit John Outerbridge, einem Veteranen des Black Arts Movement der 60er Jahre, dem HipHop-Aktivisten Brian Cross (B+), den Mitgliedern des Rapper/Dichter-Kollektivs blackmadrid u.a. Natürlich sprachen wir auch über dieses Buchprojekt, das im Herbst 92 begonnen hatte. Wesentliche Ideen, die in dieses Buch eingegangen sind, gingen auf unsere Gespräche zurück: z.B. das Konzept, die Texte dialogisch zu arrangieren, so daß sie wie Antworten auch dann noch wirken, wenn sie im Original gar nicht aufeinander Bezug nehmen. Zwei Konversationen nahm ich auf Band auf. Sie sollen hier als Vorwort dienen. Renée Green als Zeugin oder gar wie eine native speaker *für* eine Kultur sprechen zu lassen, ist natürlich nicht möglich oder meine Absicht. Nachdem sie mich vorher als »Quelle/Zeugen« eingesetzt hat, war aber bereits ein Spiel im Gange, das Russel Ferguson in einem

Gespräch mit ihr so beschreibt: »Your ›native informant‹ Diedrich Diederichsen acts as the European source, but he speaks to you about the culture that you yourself come from. The relationship starts to fold in on itself so much that it begins to problematize and break down some archies of most cross-cultural exchanges.« Worauf Renée antwortet: »Yes, that was the idea behind the work. ›Import/Export‹ is meant to be something, that goes back and forth and actually becomes more and more confusing.«[1] In diesem Sinne sollte auch dieses Buch nicht fixieren, was »schwarze« oder afro-amerikanische oder afro-diasporische Kulturkritik ist, welche Gegenstände sie habe etc., sondern Bestandteil eines Austauschs sein, der sich nicht einbilden kann, von Mißverständnissen und Hierarchisierungen einfach frei zu sein, aber dennoch versucht, abseits der üblichen Kanonisierungen und Delegierungen Kanäle zu eröffnen.

Dieses Buch erscheint in einem Deutschland, das einerseits mit der überwiegenden Mehrheit seiner Volksvertreter rassistisch motivierte Gesetze erläßt und auf der anderen Seite ganz verrückt nach »exotischer« Musik und »dem Fremden« ist. Hatte HipHop im Gegensatz etwa zur »Weltmusik«-Rezeption noch den Vorteil, von Fans lange vor der Plattenindustrie entdeckt und aufgenommen worden zu sein, war es doch andererseits gerade der von Fans mitinitiierte Sampler »Krauts With Attitude« mit seinen vor problematischen bis naiv-rassistischen Formulierungen wimmelnden Liner Notes, der z.B. Renée auf deutschen Hip-Hop neugierig machte. Daß die Begeisterung für afro-amerikanische Musik niemanden daran hindert, Rassist zu werden, darf in einer Zeit, wo auch Prince-Fans Asylbewerberheime anzünden[*], als gesichert gelten. Hier reduziert sich dann der »direktere«, unvermitteltere Zugang des Fans zur bloßen inhaltlosen Energieversorgung. Doch auch jedem naiv die »Musik der Unterdrückten« verklärenden Linken muß spätestens seit HipHop klar sein, daß auch diese patronisierende Rezeption nicht mehr geht. Die Begleitung und Unterfütterung dieser gestörten Faszination und der auf ihr aufbauenden Rezeption ist aber eher Anlaß, nicht Ziel dieses Buches. Den Mißverständnissen und Reduktionismen bei der Rezeption afro-amerikanischer Musik in Deutschland geht die Ausblendung aller anderen Aspekte afro-amerikanischer Kultur voraus. Die weitgehende Ignoranz gegenüber zeitgenössischen intellektuellen Ansätzen aus den USA in Deutschland ist auch eine Ignoranz gegenüber einem Denken von people of color. Die meisten dieser Ansätze gingen zuletzt nicht nur auf afro-amerikanische, aber nicht-weiße Autoren und Autorinnen zurück. Davon kommen in Deutschland meistens nur ein paar blöde Herrenwitze über »Political Correctness« an, wie sie seit einer Weile schon der »FAZ«-Korrespondent Jörg von Uthman und in letzter Zeit auch der »Spiegel«-Jungschreiber Matussek reißen. Die Auseinandersetzung mit diesen Texten scheint aber vor den beschriebenen Hintergründen ziemlich vielversprechend, auch wenn weder die Übersetzer noch der Herausgeber mit allem einverstanden sind, was darin vertreten wird.

Die erste Konversation mit Renée Green spielt auf einer langen Autofahrt von Silverlake nach Santa Monica, wo wir zur Vorstellung von Nelson Georges Buch »*Baps, B-Boys, Buppies & Bohos*« unterwegs sind. Die zweite spielt im Museum of Contemporary Art. Während wir reden, baut Renée ihre Ausstellung auf.

1.Konversation

DD: Was hältst du von so einem Sammelband. Ich dachte gerade, was ich wohl denken würde, wenn ich hier einen Band mit Texten von Adorno, Benjamin und Löwenthal finden würde und er hieße »Jewish German Theory«?

RG: Ja, das wär ungewöhnlich.

DD: Welches Label würde man denn den Leuten geben, die in diesem Sammelband zusammenkommen?

RG: Vermutlich »Cultural Studies«, darunter würde man es im Laden finden. Außerdem noch bei »Black Studies« und »Critical Theory«.

DD: Gestern waren wir in einem Buchladen und fanden Houston A. Baker unter »African American Studies« und Henry Louis Gates jr. unter »Cultural Studies«.

RG: Man sollte beide in beiden Sektionen finden. bell hooks zum Beispiel findet man immer bei »Gender Studies« und »Cultural Studies« und ...

DD: Wir haben uns ja lange überlegt, wie wir dieses Buch nennen sollten. Afroamerikanische Theorie? Das träfe auf Paul Gilroy nicht zu, der aus England kommt und auf Todorov nicht, der nicht schwarz ist. Und Theorie? Ich wollte nicht nur Theorie im akademischen oder elitären Sinne, sondern gerade auch je-

nes Mittelding zwischen Theorie und Journalismus, wie es etwa Greg Tate repräsentiert, und wo ich sozusagen selber herkomme.

RG: Man sollte vielleicht *african diasporic*[3] sagen. Es ist ja generell problematisch
irgendetwas als schwarz zu bestimmen, wie z. B. Black Popular Culture. Also wie
Stuart Hall ganz richtig fragte: was ist das »Schwarze« in »Schwarze Pop-Kultur«?
Da liegt der Hund begraben. Und das führt zu der alten Frage, die sich schon das
»Black Arts Movement« gestellt hat: was qualifiziert eine künstlerische Praxis als
schwarz? Die Essays, die du da zusammengestellt hast, bringen Leute zusammen,
die mit ziemlich unterschiedlichen Perspektiven sprechen. Aber alle, von Miche-
le Wallace bis Henry Louis Gates jr., sprechen von Kultur. Das ist fast, als wolltest
du sagen, daß »Black« eine kulturelle Angelegenheit ist. »Black« bezeichnet ja eine Fülle von Identitäten, die eine komplexe, gemischte und widersprüchliche
Kultur widerspiegeln. Ohne ein Verständnis von dieser Vielfalt — wie ich es für
Deutschland befürchte —, funktioniert dann »black« als eine fixe Bedeutung, der
Breite der diasporischen Geschichte und ihrer heutigen Verzweigungen beraubt.
Der Begriff »Schwarze Theorie« ist entweder reduktionistisch oder für die wahrhaft Ahnungslosen widersprüchlich, weil die mit »schwarzer Kultur« immer eher
darstellende Künste verbinden. Erinnerst du dich an den österreichischen Künstler, der neulich eine Bemerkung über meine Zähne machte und das Weiße in
meinen Augen, mitten in einer Diskussion über meine Arbeit? Nun, vor kurzem
sagte in Deutschland jemand was darüber, daß meine braune Iris von einem blau-
en Ring umgeben ist. Ein anwesender, germanisch aussehender Typ war völlig
verblüfft: »Wie kommt das?« In beiden Fällen erklärte ich, daß ich die physische
Seite der Geschichte der afrikanischen Diaspora verkörpere, so wie jeder Afro-
Amerikaner. Unser Blut ist so vermischt wie unsere Kultur und um diese Tatsache kommt man nicht herum. Ein paar Leute haben das schon lange begriffen. In
Deutschland wird dagegen »Blackness« jeder Art sofort absolut gesetzt und als extrem anders als die Mehrheit. Absolute Schwärze, was immer für Assoziationen
dazu hier historisch angehäuft worden sind, kombiniert mit zeitgenössischen Me-
dien-Erfindungen und Importen. Und das gilt für die Begeisterten genauso wie
für die Feindseligen oder die Indifferenten ... Ja, zum Titel: Es ist ziemlich ver-
wirrend, daß auch noch Paul Gilroy und Isaac Julien als Engländer dabei sind.

DD: Wenn wir Gilroy rausschmeißen würden, würden wir das Problem auf eine
sehr formalistische Weise lösen: alle beteiligten Autoren sind dann US-amerika-
nische Staatsbürger, das wäre ...

RG: Klar, das wäre keine Lösung. Es wird ja, wie gesagt, auch permanent darüber debattiert, was das ist: Black. Das Problem ist, daß man die amerikanische De-

batte darüber, was »schwarz« ist, in dem Moment verändert, wenn man sie dort führt, wo es gar keine african diasporic Bevölkerung gibt, also in Deutschland, wo es nur sehr wenige sogenannte Afro-Germans gibt. Wenn du Ideen davon, was black ist, dahin bringst, wo niemand black ist, kann das ziemlich seltsam werden.

DD: Die korrekteste Bezeichnung, die aber zu lang wäre, würde lauten: »Theorie von afro-diasporischen Autoren englischer Zunge ...«

RG: Klar, es fehlen die portugiesisch-, spanisch-, französisch-sprachigen Autoren. Das war auf der Black Popular Culture Conference[4] anders. Da gab es einen Vertreter der franko-afrikanischen Perspektive.

DD: Es ist kein Zufall, daß hier alle englisch sprechen. Das Interesse an der Theorie hat zu tun mit dem Interesse an der Musik, und die kommt aus den englischsprachigen Ländern: aus den USA, England, der Karibik. Zum zweiten war in Deutschland seit dem zweiten Weltkrieg die anglo-amerikanische Kultur dominant. Da ist es eigentlich logisch, wenn man sich für den Teil der anglo-amerikanischen Kultur interessiert, der mit den Grenzen von »fremder« und »eigener« Kultur, also Rassismus und Kolonisierung zu tun hat, auch wenn die Besetzung und »Kolonisierung« Deutschlands natürlich nicht mit dem anglo-amerikanischen Imperialismus, geschweige denn der Sklaverei zu vergleichen ist. Aber das Gute war, daß die amerikanische und englische Pop-Kultur, die hier dominant wurde, immer mit einem eingebauten Widerspruch ankam. Und den trugen die Afroamerikaner vor.

RG: Ja, das leuchtet ein.

DD: Was hältst du von der Auswahl?

RG: Sie stellt Autoren zusammen, für die ich mich seit den frühen 80ern interessiere. So kann man natürlich eine Standard-Einführung zu ein paar Ideen innerhalb des schwarzen kulturellen Denkens aufziehen. Aber heute bewegen sich diese Dinge auch in andere Richtungen. Heute sind einfach mehr Leute involviert. Die Mischung ist ziemlich interessant. Ich hätte allerdings noch mehr britische Autoren mit hineingenommen.

DD: Wen z.B.?

RG: Stuart Hall.

DD: Ja, aber Stuart Hall ist schon oft ins Deutsche übersetzt worden.

RG: Kobena Mercer? War zwar auf deutsch in *»Texte zur Kunst«*, aber ... es scheint ja, daß das Buch gewisse Dialoge über vorhandene Essays zwischen verschiedenen Leuten inszenieren will.

Müssen wir hier runter?

DD: Ja.

RG: Und jetzt? Rechts?

DD: Nein, links, ich bin nicht ganz sicher ...

RG: Ah hier, beach parking ist geradeaus, jetzt links. Okay. Ich glaube, es wäre gut, wenn dieser Dialog auch über den Ozean führen würde. Es kommen eben zur Zeit interessante Ideen aus England, und die bewegen sich auf eine andere Ebene zu. Was Themen wie die »Konstruktion von Identitäten«, Wahrnehmung von Identitäten, das Feld des Sichtbaren etc. betrifft, da sind sie weiter. Ist dies der richtige Weg? Pico?

DD: Ich fürchte, wir fahren nach Venice.

RG: Das tun wir. Soll ich umdrehen?

DD: Ja. Ich muß nochmal nach dem Begriff »african diasporic« fragen. Läuft das nicht darauf hinaus, daß man die afrikanische Abstammung über die konkreten kulturellen und politischen Bedingungen stellt?

RG: Nein, das glaube ich nicht, es bezeichnet nur die einzige Verbindung über Grenzen hinweg, die Schwarze erkennen können. Es ist das Anerkennen einer früheren Verstreuung und kommt aus der panafrikanischen Denkrichtung, etwa eines W.E.B. Du Bois. Damit sollen nicht die spezifischen nationalen Bedingungen ignoriert werden, der Begriff stellt eher eine Verbindung zu einer theoretischen Grundhaltung her. Hier ist der Broadway, was jetzt?

DD: Wir fahren den Broadway runter. Es ist da drüben. Wir können nicht näher ran, du mußt hier parken.

RG: 3rd Street Promenade? Müssen wir dahin?

DD: Ja, ich mach das jetzt aus.

2. Konversation

DD: Ich habe kürzlich einen Text von Serres[5] gelesen, wo er beklagt, es gäbe in Frankreich keine Intellektuellen mehr. Ein Intellektueller wäre jemand, der weder in den Institutionen noch in den Medien zuhause wäre, sondern zwischen beiden wechseln könne, wie Sartre. Ich habe das Gefühl, daß viele der Autoren in diesem Buch, Intellektuelle im Sinne von Michel Serres sind. Obwohl Gates eine Professur hat, schreibt er einmal die Woche in der *New York Times,* und obwohl Tate ein Musikjournalist ist, greift er in theoretische und politische Debatten ein. Meine Frage ist zunächst: sieht du das auch so, und, ist das ein afro-amerikanisches Phänomen oder ein amerikanisches?

RG: Zum einen ist es ein grundsätzlich amerikanisches Phänomen: der Intellektuelle, wie ihn der Pragmatismus von John Dewey definiert, daß der Intellektuelle den Elfenbeinturm verlassen muß und mit breiten Bevölkerungsteilen interagieren. Zum anderen glaube ich, was einige der afro-amerikanischen Intellektuellen betrifft, daß sie sich über die Trennung zwischen den Akademikern und denen draußen in der Welt schmerzlich bewußt sind und darunter leiden. Das ist es doch, worüber Cornel West in seinem Esssay »Das Dilemma der schwarzen Intellektuellen« spricht. bell hooks spricht auch davon. Natürlich verlangen diese Gegenstände und Themen eine andere als eine rein akademische Methode. Viele dieser Leute sind sehr interessiert daran, die Grenze zwischen der akademischen Welt und, ja man muß, glaube ich, sagen, Performance[6] zu überwinden.

DD: Mir ist aufgefallen, daß sich da alle einig sind: keiner will exklusiv in der akademischen Welt wirken, auf der anderen Seite ist es extrem wichtig, im akademischen Bereich Territorien zu erobern und zu verteidigen.

RG: Genau, zur selben Zeit. Ich denke, das ist ein wichtiger Punkt. Mich erinnert das an diese Rede vom Tod des Autors. Auch Leute, die mit Barthes, den Ideen gewisser Semiotiker und anderer vertraut waren und sie schätzten, haben das nie als Möglichkeit ansehen können: für den afro-amerikanischen Kritiker gilt nämlich, daß man keinen Autor umbringen kann, der nie als Autor überhaupt etabliert war. Man muß also erst ein Territorium einnehmen, eingenommen haben, um meinen zu können, daß es unfruchtbar geworden ist.

DD: Wie auch Stuart Hall sagt: Ich hatte immer schon diese postmodernen Gefühle. Ich habe mich immer schon dezentriert gefühlt, aber heute, wo ihr alle so dezentriert seid, fühle ich mich richtiggehend zentriert.

RG: Ja, auf der Black Popular Culture Conference meinte er, daß immer mehr Leute die Erfahrungen der Diaspora zu machen glauben. Ein weiterer Punkt ist der, daß afro-amerikanische Autoren sich stark im Modernismus engagiert haben und das mußte etabliert und durchgesetzt werden. Die Verteter der Mainstream- oder dominanten Kultur sind nie in diesem Maße eindeutig kontextualisiert worden. Richard Wright war vielleicht der erste schwarze Autor, der einen internationalen Ruhm genießen konnte, in den 40ern. Ellison kam als nächster, in den 50ern. Baldwin war dann schon die Opposition zu Wright, der Sohn, der den Vater tötete.

DD: Ellison und Baldwin sind in Deutschland viel bekannter als Wright. Ich glaube von Wright ist nicht eine Zeile übersetzt,[7] während Baldwin zu einem bestimmten Zeitpunkt ein Bestseller-Autor war und in Schulen gelesen wurde.

RG: Das ist seltsam. Sehr seltsam. Könnte mit der Zeit zu tun haben. Als Wright neu war, war zweiter Weltkrieg. Baldwin dagegen war eine Sixties-Figur. Das Interessante an Baldwin ist ja, daß er, der gegen die von Wright geschaffene Rolle des schwarzen Autors als sozialer Realist rebellieren und sich keiner Kategorie fügen wollte, genau das wurde: der schwarze Autor, der Repräsentant, der Sprecher. Der Bürgerrechtler, Essay-Autor etc.

DD: HipHop-Musiker wollen ja öfters die Leute zum Lesen bringen, dann erwähnen sie meistens politische oder historische Bücher, selten Belletristik. Wenn Literatur, dann oft Richard Wright, nie Baldwin.

RG: Baldwin hatte schon in den 60ern keine allzu gute Reputation mehr. Man hielt ihn für zu weich, nicht radikal genug, er war nicht Malcolm X, er war Bürgerrechtler, er war schwul, er war meistens im Exil. Man hat ihn 'ne ganze Zeit nicht sehr geschätzt, und eigentlich erst seit seinem Tode wird er neu bewertet.

DD: War diese Einschätzung als nicht radikal genug denn zutreffend?

RG: Nein, sie war zu einfach. Baldwin weigerte sich, die Rolle eines afrozentrischen kulturellen Nationalisten einzunehmen, was ihm manche Leute übel genommen haben.

DD: Ich war auch sehr überrascht, als ich auf der Rückseite von Elijah Muhammeds »Message To The Blackman« eine Empfehlung von James Baldwin fand.

RG: Ich weiß (lacht).

DD: In dem Zusammenhang frage ich mich auch, wie man die beteiligten Autoren im links/rechts-Schema einsortieren kann und ob man das überhaupt soll. Es fiel mir auf, daß es in diesem Buch eigentlich keinen linksradikalen Autor im klassischen Sinne gibt.

RG: Ja, das ist ein Problem, wie alle binären Zuordnungen.

DD: Die Nation Of Islam vertritt zum Beispiel rechte Positionen in Bezug auf Frauen, aber auf der anderen Seite übernehmen sie die reformismuskritische Tradition der radikalen Linken, wenn es darum geht, zu zeigen, welche liberalen oder sozialdemokratischen Programme nicht funktionieren. Und wenn man sich ansieht, wer die Nation Of Islam ausdrücklich kritisiert, findet man eher konservative Autoren wie Shelby Steel[8] oder Stanley Crouch.

RG: Würdest du Stanley Crouch tatsächlich als Konservativen einordnen?

DD: Mindestens eher konservativ als irgendwas anderes. Zumindest spielt er damit.

RG: Ich denke, er spielte den advocatus diaboli. Die ganze Idee, sich als »hanging judge« zu bezeichnen.

DD: Michele Wallace nennt ihn konservativ. Sie zeichnet zwei Versionen von Konservativismus: eine ist Stanley Crouch, die andere die Nation of Islam, eine assimilationistische und eine separatistische. Beide haben ja den Kampf um Veränderung des Ganzen aufgegeben.

RG: Ja, da wären wir wieder bei Binaritäten, es gibt ja noch viel mehr Versionen und Schattierungen dazwischen. Wo würde da z.B. Shelby Steele reinpassen?

DD: Na eher ins Lager von Stanley Crouch als zur Nation Of Islam. Es geht mir um folgendes: die Nation of Islam ist eine ziemlich einflußreiche Bewegung. Gerade bei jungen Leuten. Sie wird von linken und linksliberalen Autoren wie Wallace, Gates etc. kritisiert, aber meist ohne sie gesondert zu nennen, es geht mehr gegen die ganze Richtung oder bestimmte Auswüchse wie den Antifeminismus von Shaharazad Ali wie ihn Michele Wallace beschreibt. Die eher konservativen Autoren wie Crouch nennen aber ausdrücklich die Nation of Islam, wenn sie sie kritisieren, ihr Kampfgrund scheint stärker zu sein. Sie dient ihnen als Vorwand, habe ich das Gefühl, jede nichtreformistische oder antiintegrationistische Politik zu verdammen. Und das ist für mich nicht uninteressant, wenn ich mir mein Links/Rechts-Feld konstruiere.

RG: Ich glaube die Koordinaten stimmen nicht unbedingt. Wenn wir an einen Graphen denken. Aber vielleicht ist das auch zu cartesianisch gedacht. Es ist schwer, links und rechts zu verwenden, ohne bestimmte andere Faktoren anzusprechen. Die Nation of Islam ist zum Beispiel stark in der Arbeiterklasse. Die kann in einem Sinne gar nicht konservativ sein, weil es ihr ihre Lage nicht erlaubt, ist aber trotzdem gegen Abtreibung. Auf der anderen Seite gibt es ja immer die Leute, die am Kapitalismus um jeden Preis konservativ festhalten wollen, aber sehr freie Ansichten zur Abtreibung haben, genau wie die Nation of Islam in dem Punkt dann konservativ ist. Links und rechts kann immer nur einen Aspekt benennen, obwohl die meisten Leute beides gleichzeitig sind.

DD: Jetzt, wo es die Mode gibt, führende schwarze Feministinnen Ice Cube interviewen zu lassen – erst Angela Davis in »Transition«, dann bell hooks in »Spin« – fällt auf, daß beide zwar Ice Cube milde wegen seines Sexismus kritisieren, sein Eintreten für die Nation of Islam aber völlig unkommentiert lassen.

RG: Nun, man erwartet von solchen Kultur-Kritikern eine gewisse Diplomatie oder auch Sympathie, daß sie nicht zu arrogant erscheinen. Schließlich geht es doch wohl in erster Linie darum, das Publikum zu vergrößern. Die Mehrheit der Schwarzen lebt nicht in Akademia und liest auch nicht »Transition«. Wenn es nun darum geht, mehr Leute zu erreichen und dafür mit Leuten zu sprechen, die außerhalb von Akademia und seinen Institutionen zuhause sind, glauben die sogenannten Intellektuellen, daß sie sehr vorsichtig sein müssen. Ich glaube, daß das eine Frage der Frequenz und damit auch der Normalität dieser Kontakte ist: wenn es normaler wird, daß sich Intellektuelle mit anderen Leuten, mit »organischen Intellektuellen« – so nannte in Anlehnung an einen Begriff von Gramsci der »Source«-Redakteur James Bernard Ice Cube – reden und auch mit ganz normalen Leuten reden, dann können sie ihre Vorsicht ablegen und auch das, was diese anderen Leute glauben, nachdrücklicher und kraftvoller kritisieren: »Ich stimme nicht mit dir überein. Ich finde das irreführend, was du sagst, aber ich will dich nicht zum Schweigen bringen. Ich respektiere dich für dieses Statement, aber du bist nicht informiert genug, um über jenes zu sprechen, aber du hast einen ziemlichen Einfluß, also informierst du dich lieber.« Und Intellektuelle haben immer mehr Angst als Produzenten, weil sie in dieser Pose der Autorität verharren, während Produzenten sich erlauben können, »verrückte« Positionen zu vertreten.

DD: Bei Angela Davis mußte ich an die Ähnlichkeit zwischen Nation of Islam und den alten Kommunistischen Parteien denken. Möglicherweise spielte diese Ähnlichkeit eine Rolle: beides waren Organsiationen, die den Arbeiter von der

Kneipe wegholen, ihm Disziplin verordnen wollten, die versuchen durch sehr strikte Werte die Arbeiterklasse zu organsieren. Und mir scheint, ohne daß sie es ausspricht, sieht Angela Davis in der N.O.I., deren Ansichten sie gewiß nicht teilt, das zeitgenössische Reservoir von Arbeiterklasse-Radikalität.

RG: Das klingt interessant ...

DD: Dasselbe gilt für viele HipHopper, die ja fast alle die N.O.I. grüßen, aber keineswegs, weil sie alle deren Ziele unterstützen, sondern eben auch, weil sie die Statthalter der radikalen Kritik sind.

RG: Und sie ist ein klarer Schritt weg vom Mainstream. Eine Bedrohung in den Augen der Medien und ein ziemlich klares Bild von starken, schwarzen Menschen, dem sie sich nahe fühlen. Außerdem vermitteln sie zusätzlich zu Organisiertheit und Disziplin auch richtige Mittelklasse-Werte, die auch kaum antikapitalistisch sind, wie sie dann in Rap-Texten auch immer wieder auftauchen, daß man eben auch da ist, um bezahlt zu werden, to get paid. In full.

DD: Stetsasonics Daddy O hat vor kurzem das für mich irritierendste Pro-N.O.I.-Interview gegeben, indem er starke Männer und Religionsstifter propagiert. Moses war kein Softie..

RG: Paß auf, das ist der Punkt, den ich meinte, als wir über rechts und links sprachen. Daß hier nämlich konservative und radikale Ideen gemischt werden und es ist schwer, da bei den Einzelnen die Positionen zu bestimmen.

DD: Gerade deswegen interessieren sich ja so viele linke Beobachter der Rap-Kultur und der schwarzen urbanen Szene für diese Organisationen, weil sie aus alter Gewohnheit sich daran orientieren: in welcher Organisation ist einer? Welchen Kandidaten unterstützt du, Genosse? Deswegen sind auch Rap-Fans aus aller Welt Experten für die politischen und religiösen Splittergruppen der N.O.I. geworden und haben immer noch keine Ahnung.

RG: Ja, das gilt natürlich erst recht, wenn auf beiden Seiten der Verständigung irgendwelche Fanzine-lesenden Kinder stehen. Darüber sprach ja auch Greg Tate, als wir drei uns in New York unterhalten haben. Wie kann man Kinder so ernst nehmen, die noch nichts von der Welt gesehen haben?

DD: Na ja, so könnte man argumentieren, wenn die Betreffenden vor Gericht stehen würden, das tun sie aber nicht, es geht ja um ...

RG: ... nein, ich mein in Bezug auf die Gespräche, die wir mit Greg Tate und Joe Wood hatten, wo es u.a. um die Frage ging, wer ist ein Lehrer, wer erzieht die

Leute, Cornel West oder KRS One. Ich meine, alle Leute in diesem Buch gelten als Lehrer, weil man sie für kompetent, erfahren etc., hält, weil sie lesen und recherchieren. Die Rapper haben ihre Ansichten ohne Lektüre erworben oder sie haben Bücher über Afrocentricity gelesen oder was sie eben so lesen. Und dann kommt ein Typ wie KRS One heraus, der sich zum Lehrer erklärt. Er stammt ja interessanterweise aus einem ziemlichen Mittelklasse-Haushalt, seine Mutter ist Lehrerin. Und er entwickelt diese Persönlichkeit, die im Laufe der Zeit etwas albern wird. Obwohl man manches davon durchaus verwenden kann. Genau diese Unterscheidung, daß man manches verwenden kann und anderes nicht, können aber die Kids nicht machen. Wir machen sie unausgesetzt, eigentlich bei allem unterscheiden wir zwischen Teilen, die wir gebrauchen können und solchen, die wir wegschmeissen. Die Rapper haben aber dennoch eine Menge zu lehren, sozusagen, weil sie aus der Empirie kommen und was sie sagen, vom Leben geprägt wurde. Sie haben genauso viel zu lehren wie diese Akademiker in diesem Buch.

DD: Die Frage, die mich jetzt beschäftigt, ist doch: welchen Kampf kämpfen sie?

RG: Welche Schlacht gerade geschlagen wird?

DD: Genau. Du sprichst von der noch nicht so entwickelten Fähigkeit der Kids, zu unterscheiden. Diesen Mangel hielt man aber früher gerade für das Entscheidende an Jugendkultur.

RG: Die Kraft zur Erneuerung?

DD: Genau. Daß einer noch nicht indoktriniert, konditioniert und so weiter war, ließ einen automatisch denken, macht ihn zur revolutionären Figur. Heute kommt aus den Mündern junger Leute: irritiertes, verwirrtes und gewalttätiges Zeug.

RG: Kommt drauf an, manche Leute haben schon immer so über Jugendkultur gedacht. Man nennt sie die Konservativen. Ich glaub nicht, daß die Unterscheidung zwischen revolutionären und regressiven Momenten so klar ist.

DD: Nee, überhaupt nicht. Nicht mal die klaren Unterscheidungen aus der Vergangenheit sind von heute aus gesehen noch so klar. Aber die Kritiker haben vor allem sich geändert, die Beobachter, die Leute...

RG: Welche, die Linken oder die Rechten?

DD: Die Linken natürlich. Ich meine, daß heute zum ersten Mal auf breiter Front Intellektuelle und HipHop zusammengebracht werden. Einmal die erwähnten Interviews mit Ice Cube, das KRS-One-Interview in *Transition,* das Buch von Greg Tate, dein Projekt zur HipHop-Rezeption in Europa, speziell in Deutschland..

RG: Es gibt als Vermittler ein paar organische Intellektuelle.

DD: Wenn bell hooks von »*Spin*« eingesetzt wird, um Ice Cube zu interviewen, wird sie aber gar nicht als Intellektuelle gebraucht. Ein Intellektueller hätte die Aufgabe, Komplexitäten zu analysieren und als solche aber zu erhalten. »Spin« will von bell hooks klare Antworten: Wie korrekt ist Ice Cube? Denn sie gilt als eine Person, die jeder für korrekt hält, sie wird das schon beurteilen können. Und es ist nicht ganz falsch, daß sie sich dem verweigert.

RG: Vor allem soll sie sozusagen Ice Cubes Rolle für ein Publikum legitimieren, das nicht sein eigentliches Publikum ist, das erscheint mir ein sehr wichtiger Punkt. Bei einigen der Interviews, die du und ich gemacht haben, etwa bei dem mit B+, wo wir über Akademiker reden, die über HipHop schreiben, Tricia Rose zum Beispiel, haben wir uns ja gefragt, wessen Interesse so eine Spezialisierung dient, als HipHop-Experte in Akademia. Hauptsächlich aber vermehrt es den Diskurs über HipHop. Das finde ich im Prinzip gut. Nach einer bestimmten Zeit wird ja jede Kunstform von Intellektuellen aufgegriffen, entweder, um sie zu erklären, oder – wie Paul Gilroy das zum Beispiel macht – um sie zu würdigen, um ihre Komplexität vor dem Hintergrund bestimmter Traditionen zu entfalten, der Tradition von african-american Musik oder african diasporic Musik. Seltsam wird es nur, wenn Intellektuelle hergehen und zu einem Publikum sprechen, das schon weiß, daß eine Sache von Bedeutung ist und das nochmal wiederholen. Diese Leute brauchen keine Intellektuellen, um sich bestätigen zu lassen, daß ihre Musik wichtig ist. Sie wissen das. Das ist sehr kompliziert, denn Akademiker schreiben ja über solche Sachen, weil sie oft das Gefühl haben, aus der zeitgenössischen Kultur ausgeschlossen zu sein: dem wollen sie etwas entgegensetzen. Zum anderen, wem sage ich das, ist natürlich ein kritischer Diskurs in bezug auf die Produktion von HipHop und anderen Formen von zeitgenössischer Kultur unbedingt notwendig. Schon allein um die Zuschreibungen und Interpretationen der herrschenden Kultur zu korrigieren, gerade gegenüber afro-amerikanischen kulturellen Produkten. Es gibt aber immer die Gefahr, diese Kultur auf einen Sockel zu stellen und den Kontakt zu ihrer lebendigen Kraft zu verlieren. B+ wies daraufhin, als er sagte, daß HipHop eben nicht davon handelt, zu Tower Records zu gehen und einen Haufen Tapes zu kaufen, sondern davon, mit den Homies in der Hood abzuhängen. In einer genau bestimmten Community und an jedem Aspekt dieser Kultur teilzunehmen. Es gibt Intellektuelle, die das ausdrücken können. Also wenn sie nicht von Akademia hinabsteigen und da unten ein paar Gangster und ihren HipHop auschecken, sondern wenn es sich um Dialoge und gegenseitigen Respekt handelt, dann kann was daraus werden. Vor allem, wenn die eine Seite nicht wichtiger ist als die andere.

DD: Daß ein Buch wie dieses in Deutschland erscheint, hat viel mit dem Interesse an HipHop und dem daraus entstandenen Interesse an afro-amerikanischer Kultur zu tun. Und damit, daß es offensichtlich schwerer geworden ist, sie zu verstehen. Es gab immer schon Fans afro-amerikanischer Kultur in Deutschland, aber die haben diese Kultur meistens zu einer »Kultur der Unterdrückten« reduziert, u.a. HipHop macht klar, daß das nicht so einfach geht. Daß eine Zusammenstellung wie diese, die unausgesprochen auf einen Kontext afro-amerikanischer Theorie verweist, so zusammengestellt wird, beutet dieses Interesse ganz klar aus.

RG: Was den Autoren sicher nicht recht wäre, Teil einer Mode zu sein. Ihre Arbeit hat sich ja in den letzten zwanzig Jahren entwickelt, mindestens. Ich meine: trotz all meiner Zweifel ist es vielleicht wichtig, jetzt so eine Zusammenstellung zu publizieren. Ich habe gerade jetzt das Gefühl, daß die Haltung vieler Leute in Deutschland, gerade in Berlin, zum Kultur-Import sich ändert, man ist der »Probleme anderer Leute« überdrüssig. Vielleicht hat das auch zu tun mit dem, was du in »October«[9] als die Suche nach »deutscher Identität« beschrieben hast. Aber wessen Idee war es denn überhaupt?

DD: Eine gemeinsame von mir und einem der Verleger. Aber ich schäme mich nicht zu sagen, daß mein Interesse für Gates zum Beispiel von meinem Interesse für HipHop kommt. Also das Buch kommt daher...

RG: Ja, die anderen Autoren des Buches haben sich schon mal mit HipHop beschäftigt.

DD: Michele Wallace spricht sich auf der Black Popular Culture Confererence eindeutig gegen die ewige Rückführung afro-amerikanischer Kultur auf das Musikalische aus ...

RG: Sie möchte sich lieber mit dem beschäftigen, was sie das Problem des Visuellen in der afro-amerikanischen Kultur nennt. Und unglücklicherweise fürchte ich, daß sie da noch nicht besonders weit gekommen ist. Aber sie macht immerhin einen Anfang. Was sie über Musik sagt, hat mit der geschichtlichen Erfahrung zu tun, daß der einzige Beitrag von African-Americans der von der allgemeinen Kultur anerkannt wird, traditionell Musik und die darstellende Künste sind, während Betrachtung und die Kombination aus Betrachtung und Sehen ausgeschlossen wurden. Fast immer ist Musik mit allen Kulturformen verbunden, die Anerkennung finden und das geht zurück auf die Tage der Ankunft von Afrikanern in Amerika. Ich sehe das nicht mehr so kategorisch. Was ich mit dieser Ausstellung hier versuche, ist auch die Kraft der Musik und der Beats anzuerkennen, und sie in einer visuellen Ausstellung darzustellen. Ich glaube auch nicht, daß Michele Wallace die Bedeutung der Musik leugnen will, sie fordert nur mehr Aufmerksamkeit für afro-amerikanische visuelle Künstler. Aber um das tun zu können, muß man, glaube ich, eine strenge kunstgeschichtliche Betrachtung voranschicken.

DD: Die Ironie ist ihr Beitrag zu diesem Buch: sie wird zum ersten Mal ins Deutsche übersetzt, mit mehreren Texten. Und das ganze Buch passiert nur, weil die Musik so eine Wirkung hat. Nicht in einem engen Sinne ...

RG: ... sondern, wenn man den ganzen Hintergrund sieht. Ja, das ist ironisch und dagegen rebelliert sie, aber es ist vielleicht gar nicht nötig dagegen zu rebellieren, sondern besser das zu nutzen. In einer anderen Dimension.

Anmerkungen

1 Renée Green: World Tour, MOCA-Los Angeles, 1993

2 In einem Bericht des deutschen Fernsehens konnte man das Zimmer einer der Angreiferinnen von Hoyerswerda sehen: sie hatte es mit Postern von Prince und Michael Jackson dekoriert.

3 Wo es um den Unterschied ging, wurden die Begriffe »african american«, »african diasporic« etc. englisch belassen, in der Regel mit afro-amerikanisch oder afro-diasporisch übersetzt.

4 Michele Wallace/Gina Dent: Black Popular Culture Conference. Seattle 1992. Reader zu einem vielbeachteten mehrtägigen Symposium, an dem die meisten Autoren auch dieser Sammlung beteiligt waren.

5 Michel Serres: Hermes und die französische Desillusionierung. Michel Serres im Gespräch mit Ulrike Bokelmann und Hermann Kocyba, in Walter Prigge: Städtische Intellektuelle, Frankfurt/M. 1992

6 »Performance« meint hier nicht den Begriff aus der Bildenden Kunst, sondern die Gesamtheit der sogenannten Darstellenden Künste, alles, was auf einer Bühne geschieht bzw. aufgeführt wird.

7 Da irrte ich: Eine ganze Reihe Bücher von Wright sind ins Deutsche übertragen worden, nur mittlerweile schon lange vergriffen.

8 Steel kritisierte diverse schwarze Positionen als selbstmitleidig etc., Crouch, ein ehemals den Black Panther nahestehender radikaler Poet, verdammt sie und andere schwarze, linke Radikale heute vehement (auch in diesem Band) und ist in Jazzkreisen als Autor der Liner Notes der meisten Wynton-Marsalis-Platten bekannt.

9 Diedrich Diederichsen: »Spiritual Reactionaries«, in »October« 62, Boston 1992; deutsch als »Sprituelle Reaktionäre und völkische Vernunftkritiker« in:. ders.: »Freiheit macht arm«, Köln 1993

Cornel West

Das Dilemma der schwarzen Intellektuellen

Die Besonderheiten der U.S.-amerikanischen Sozialstruktur und der Situation der intellektuellen Schicht in ihr weisen den schwarzen Intellektuellen eine ganz besondere Rolle zu. Sie müssen sich gleichzeitig mit den weißen Machtstrukturen und kulturellen Einrichtungen und mit den Realitäten innerhalb der Welt der Schwarzen intensiv auseinandersetzen. Um diese Aufgabe zu bewältigen, müssen sie die Dynamik des amerikanischen Sozialgefüges genauestens kennen, denn durch sie wird definiert, wer zu welcher Schicht oder Klasse gehört ... Die Rolle der schwarzen Intellektuellen erfordert somit, daß sie weder vollkommen außerhalb der schwarzen noch der weißen Zusammenhänge stehen.

Harold Cruse, The Crisis of the Negro Intellectual (1967)

Schwarze Intellektuelle befinden sich heute in einem schweren Dilemma. Zwischen einer unverschämten amerikanischen Gesellschaft und einer desinteressierten schwarzen Gemeinschaft leben die Schwarzen, die Geistesarbeit ernst nehmen, auf einer isolierten Insel. Diese Position wird von den schwarzen Intellektuellen nicht freiwillig eingenommen, sondern es ist die objektive Beschreibung einer Situation, die auf Bedingungen beruht, die so nicht selbst gewählt wurden. Die folgenden Überlegungen befassen sich also mit dem Dilemma der schwarzen Intellektuellen und mit Vorschlägen, wie dieses zu erklären und zu lösen wäre.

Der Weg der schwarzen Intellektuellen

Die Entscheidung, als Schwarzer eine intellektuelle Laufbahn einzuschlagen, ist ein Akt selbstauferlegter Marginalisierung. Sie garantiert eine Randstellung in und gegenüber der schwarzen Gemeinschaft. Das Streben nach Bildung und Schrift hat zwar einen zentralen Platz in der afro-amerikanischen Geschichte und ist ein grundlegendes Anliegen der meisten Schwarzen. Doch wie für die meisten Amerikaner, ist auch für sie das Lesen und Schreiben eher mit dem Wunsch nach finanziellen Vorteilen verbunden und nicht mit dem, Schriftsteller, Künstler, Lehrer oder Professor zu werden. Wenn dennoch ein paar Schwarze eine ernstzunehmende intellektuelle Laufbahn einschlagen, kann das ganz unterschiedliche Gründe haben, meistens haben sie jedoch einen gemeinsam: eine offenbarungsähnliche Erfahrung mit einflußreichen Lehrern oder Mitgliedern der schwarzen Community, die sie davon überzeugen konnten, ihr Leben dem Lesen, Schreiben und Diskutieren zu widmen, zum individuellen Vergnügen, zur Entfaltung der Persönlichkeit oder mit dem Ziel, die politische Situation der Schwarzen (und anderer unterdrückter Gruppen) zu verbessern.

Eine intellektuelle Laufbahn einzuschlagen ist für Schwarze ziemlich problematisch, denn die traditionellen Wege, die hierfür in der amerikanischen Gesellschaft beschritten werden müssen, stehen ihnen noch nicht lange offen und sind noch immer sehr steinig. Der Königsweg führt durch die Universität oder die intellektuellen Subkulturen der Literatur, Kunst und des politischen Aktivismus. Als Schwarze noch nicht an weißen Eliteuniversitäten und Colleges studieren konnten, also bis Ende der Sechziger, gab es nur ein paar erlesene Bildungsinstitutionen, die potentiellen schwarzen Intellektuellen ein Sprungbrett boten. Tatsache ist aber, daß es damals mehr und fähigere schwarze Intellektuelle gab als heute. Nach einer anständigen Grundausbildung an einem schwarzen College, wo Selbstwertgefühl und Selbstvertrauen gefestigt wurden, immatrikulierten sich begabte schwarze Studenten an den führenden weißen Institutionen und wurden von liberalen, wohlmeinenden und oft hochangesehenen Gelehrten unterrichtet. Herausragende Leute wie W.E.B. Du Bois, E. Franklin Frazier und John Hope Franklin sind alle Produkte dieses Systems. Für die anderen zukünftigen schwarzen Intellektuellen, die aus finanziellen oder persönlichen Gründen nicht auf's College konnten, gab es – vor allem in den Großstädten – die Subkulturen der Schriftstellerei, Malerei, Musik und der Politik, in denen sie auf unkonventionelle Weise intellektuell weiterkommen konnten. Wichtige Figuren wie Richard Wright, Ralph Ellison und James Baldwin gingen diesen Weg.

Es erscheint daher als Ironie, daß die Universitäten und Subkulturen jungen schwarzen Intellekutellen heutzutage mehr Hindernisse bereiten als in den vergangenen Jahrzehnten. Das hat im wesentlichen drei Gründe. Zum einen hat sich die Haltung der weißen Professoren verändert. Für schwarze StudentInnen nach dem Examen ist es heute viel schwieriger geworden, als potentielle Gelehrte und Intellektuelle ernstgenommen zu werden. Das liegt daran, daß die Universitäten und Colleges die Studierenden in zunehmenden Maß nur noch verwalten und immer weniger Zeit für sie bleibt und daß die (rassistische) Haltung der Durchschnittsbevölkerung, die durch *affirmative action*- Programme noch verstärkt wurde, die Beziehung zwischen schwarzen Studierenden und weißen Lehrenden trübt.

Zweitens stehen die intellektuellen Subkulturen den Schwarzen heute weit weniger offen als noch vor dreißig oder vierzig Jahren. Nicht etwa weil weiße Avantgarde-Journalisten oder linke Gruppen heute rassistischer wären, sondern weil brisante politische und kulturelle Themen wie das Erbe des Black Power Movement, der Palästinakonflikt, die Unsichtbarkeit Afrikas im politischen Diskurs der USA die Gräben und Trennungslinien zwischen Schwarzen und Weißen vertieft haben. Es muß wohl kaum erwähnt werden, daß Schwarze in den führenden liberalen Zeitschriften wie *The New York Review of Books* und *The New York Times Book Review* so gut wie nicht präsent sind. Und linke Wochen- oder Monatszeitschriften wie *Dissent, Socialist Review, The Nation* und *Telos* oder avantgardistische Hochschulzeitschriften wie *Diacritics, Salmagundi, Partisan Review* stehen ihnen, was das betrifft, in nichts nach. Nur *Monthly Review, The Massachussetts Review, Boundary 2* und *Social Text* bemühen sich, regelmäßig schwarze Themen und schwarze Autoren zu veröffentlichen. Es geht hier weniger darum, mit dem Finger auf Versäumnisse der Zeitschriftenmacher zu zeigen (obwohl das auch nichts schadet), sondern darum, daß die Publikationspraktiken der U.S.-amerikanischen Intelligenz nach Hautfarbe trennen. Das macht die Kluft zwischen schwarzen und weißen Intellektuellen besonders deutlich.

Ein dritter Grund ist die allgemeine politische Atmosphäre der amerikanischen Intellektuellenkreise (in- und außerhalb der Universitäten), die durch den ideologischen Rechtsruck ein feindseliges Klima für schwarze Intellektuelle schaffen. In gewissem Maß ist das natürlich schon immer so gewesen, aber die ideologische Kapitulation eines bedeutenden Teils ehemaliger Linksliberaler zugunsten eines Neo-Konservativismus und Imperialismus alten Stils hat bewirkt, daß schwarze Studenten und schwarze Professoren heute keine große Unterstützung an den Universitäten und in einflußreichen Zeitschriften mehr haben. Aufgrund dieser feindseligen Stimmung müssen schwarze Intellektuelle auf ihre eigenen Ressourcen zurückgreifen – Institutionen, Zeitungen und Zeitschriften –, was aber de facto die nach Rasse trennenden Publikationspraktiken innerhalb der amerikanischen Intelligenz verschärft.

Das Drama dabei ist jedoch, daß in den schwarzen Institutionen, die intellektuelle Aktivitäten unterstützen müßten, Chaos herrscht. Quantität und Qualität einer schwarzen intellektuellen Diskussion waren seit den Zeiten des Bürgerkriegs nie geringer. Es gibt keine bedeutende schwarze Zeitschrift an den Universitäten, kein bedeutendes schwarzes, intellektuelles Wochenmagazin, keine schwarze Wochenzeitschrift auf anspruchsvollem journalistischen Niveau, nicht einmal eine bedeutende überregionale schwarze Tageszeitung. Kurz: es gibt so gut wie keine Infrastruktur für einen schwarzen intellektuellen Diskurs oder Dialog. Einerseits ist dies der Preis für Integration, denn dadurch sind nur ein paar schwarze Randgruppen innerhalb der Disziplinen einer zerstückelten akademischen Gemeinschaft übrig geblieben. Doch das Drama hat auch Ursachen in der Weigerung schwarzer Intellektueller, eigene Institutionen und Verfahren der Kritik und Selbstkritik zu schaffen und zu erhalten, die so organisiert sind, daß Menschen jeder Hautfarbe Beiträge liefern können. Diese Weigerung hat zur

Folge, daß den meisten, die so ihre Lehrjahre in einem geistigen Vakuum verbringen mußten, in den letzten zehn Jahren die Lust auf messerscharfe Kritik und die Fähigkeit, ihr zu entgegnen, gründlich abhanden gekommen ist. Ernstzunehmende schwarze intellektuelle Aktivitäten sind also nicht nur durch ein feindseliges Klima von außen bedroht, sondern auch von innen.

Die Etablierung einer Intelligentia ist eine gewaltige Aufgabe. Bislang dienten die schwarze Kirche und schwarze Colleges, allerdings immer mit maßgeblicher weißer Unterstützung, als Nährboden für eine fundierte Ausbildung der ersten schwarzen Intellektuellen. Die Herausbildung und Etablierung von Kritik auf qualitativ hohem Niveau und eines internationalen Netzwerks von ernsthafter intellektueller Diskussion innerhalb einer relativ isolierten und vereinzelten Intelligentia erfordert gigantische Anstrengungen. Aber wir haben eben nur die Wahl zwischen fortgesetzter intellektueller Lethargie am Rand der Universitäten und in kulturellen Gruppierungen jeder Art, unbeachtet von der schwarzen Community, oder einem konstruktiven Aufstand an den Rändern des Mainstream, der fest verankert sein muß in den mit Knüppeln zu erobernden, neuen Infrastrukturen.

Schwarze Intellektuelle und die schwarze Community

Die armselige Infrastruktur für schwarze intellektuelle Aktivitäten ist auch ein Ergebnis der Unfähigkeit schwarzer Intellektueller, sich innerhalb der schwarzen Community Ansehen und Unterstützung zu sichern, vor allem innerhalb der schwarzen Mittelklasse. Zusätzlich zu dem allgemein vorherrschenden Anti-Intellektualismus in der amerikanischen Gesellschaft hegt die schwarze Community ein tiefes Mißtrauen gegenüber schwarzen Intellektuellen. Dieses Mißtrauen ist nicht einfach die Folge einer häufig arroganten Haltung der Intellektuellen gegenüber dem gewöhnlichen Volk, sondern, und das ist viel wichtiger, es rührt daher, daß sich schwarze Intellektuelle weitgehend weigern, auf sichtbare Weise mit der schwarz-amerikanischen Kultur verbunden zu bleiben. Relativ viele von ihnen heiraten Nicht-Schwarze, verlassen die schwarzen Institutionen und beschäftigen sich hauptsächlich mit intellektuellen Arbeiten der euro-amerikanischen Seite. Die Mitglieder der schwarzen Community sehen darin den bewußten Versuch, dem Stigma des Schwarzseins zu entkommen oder werten es als Zeichen schwarzen Selbsthasses. Und die geringe direkte Wirkung schwarzer intellektueller Tätigkeiten auf die schwarze Gemeinde und die U.S.-amerikanische Gesellschaft allgemein bestärkt die weitverbreitete Annahme, schwarze Intellektuelle seien machtlos und unnütz. In guter amerikanischer Manier bejubelt die schwarze Community nur die schwarzen Intellektuellen, die als *politische Aktivisten* oder *Künstler* erfolgreich sind. Die Geistesarbeit scheint für sie eben weder einen Wert an sich noch emanzipatorisches Potential zu besitzen – sie wird höchstens als Mittel betrachtet, kurzfristigen politischen Erfolg und soziales Prestige zu sichern.

Diese verkürzte Sicht auf intellektuelle Aktivitäten wird darüber hinaus von einer Mehrheit schwarzer Intellektueller selbst geteilt. Da die Möglichkeiten für Schwarze, die soziale Leiter hochzusteigen, gering sind, aber der soziale Druck der Mittelschicht, wohlhabend zu sein und ein hohes Maß an sozialem Prestige zu haben, ziemlich groß ist, versuchen schwarze Intellektuelle vor allem materiellen Gewinn und mehr sozialen Status aus ihrer Tätigkeit zu ziehen. Gerade weil diese Intellektuellen aus einer schwarzen Mittelschicht kommen, die von Unsicherheit und dem Streben nach sozialem Prestige geprägt ist, lassen sich die Schwächen verstehen und in gewisser Weise auch rechtfertigen. Fast alle Intellektuelle streben eben nach Anerkennung, Prestige, Macht und oft auch nach Reichtum. Für schwarze Intellektuelle bedeutet dieses Streben aber, daß sie sich gerade auf die Kultur einlassen und sich ausgerechnet an die Gesellschaft wenden müssen, die die schwarze Gemeinde beständig degradiert und entwertet. Und, um es ganz grob auszudrücken, die meisten schwarzen Intellektuellen enden ja tatsächlich im einen oder anderen Lager: entweder sind sie »erfolgreich« und haben sich von ihren schwarzen *roots* entfernt (die sie von nun an verachten) oder sie sind »erfolglos« und verachten die intellektuelle Welt der Weißen. Letztlich stehen aber beide Lager am Rand der schwarzen Community, zwischen zwei Welten und ohne die geringste infrastrukturelle Basis. Meistens läuft es dann darauf hinaus, daß die »erfolgreichen« schwarzen Intellektuellen unkritisch vor den herrschenden Paradigmen und Forschungsprogrammen der weißen Bourgeoisie kapitulieren, und die »Erfolglosen« bleiben in den begrenzten Diskursen der schwarz-amerikanischen Kultur gefangen. Für die schwarzen Intellektuellen scheint es offenbar nur die Wahl zwischen einem trügerischen Pseudo-Kosmopolitanismus oder einem tendenziösen Provinzialismus, dem katharische Kräfte zugeschrieben werden, zu geben. Die schwarze Community steht beiden Alternativen mißtrauisch und verächtlich gegenüber – aus gutem Grund. Keine der beiden Alternativen hat je positive Auswirkungen für sie gehabt. Und die großen schwarzen Intellektuellen wie W.E.B. Du Bois, St. Clair Drake, Ralph Ellison oder Toni Morrison haben keine der beiden Möglichkeiten gewählt.

Die eben beschriebene Situation hat zur Folge, daß das Haupthindernis, das sich schwarzen Intellektuellen in den Weg stellt, ihre eigene Unfähigkeit ist, die für das Fortbestehen einer erkennbaren intellektuellen Tradition erforderlichen institutionellen Rahmen und Mechanismen kontinuierlich zu fördern. Der Rassismus der amerikanischen Gesellschaft, die fehlende Unterstützung seitens der schwarzen Community und der daraus resultierende freischwebende Status von schwarzen Intellektuellen haben bisher verhindert, daß sich eine Tradition des intellektuellen Austauschs entwickeln konnte. Es gab sicherlich große Errungenschaften schwarzer Intellektueller, aber große Errungenschaften sind kein Ersatz für Traditionen.

Meiner Ansicht nach gibt es zwei *organische* intellektuelle Traditionen im schwarz-amerikanischen Kulturbereich: *die schwarze, christliche Tradition des Predigens* und *die schwarze Tradition der musikalischen Darbietung*. Beide sind, wenngleich dem Geist zweifelsohne verbunden, mündlich, improvisatorisch und theatralisch. Beide Traditionen sind in der schwarzen Kultur tief verwurzelt und besitzen genau das, was den schriftlichen Formen schwarzer Intellektualität fehlt, nämlich historisch gewachsene, institutionalisierte Rahmen, innerhalb derer es gültige Verfahrensregeln, Urteilskriterien, einen Kanon sowie eine allseits anerkannte Folge und Dichte von herausragenden Leistungen, denen nachzueifern wäre, gibt. Die Fülle, Vielfalt und Lebendigkeit der schwarzen Tradition des Predigens und der schwarzen Musik steht in krassem Gegensatz zu dem Mangel, ja Armut an schwarzen intellektuellen Produktionen. Es gab schlicht keine schwarzen Intellektuellen, die ihre Kunst so beherrschten und zu erreichen vermochten, was Louis Armstrong, Charlie Parker oder Rev. Manuel Scot erreicht haben. Genausowenig kann man heute schwarze Intellektuelle mit Miles Davis, Sarah Vaughan oder Rev. Gardener Taylor vergleichen. Das liegt nicht daran, daß es sie nicht gab oder gibt, sondern daran, daß große Errungenschaften ohne gut etablierte institutionelle Kanäle und ohne lange Traditionen unmöglich sind.

Das Beunruhigende ist, daß es zunächst eigentlich so aussah, als ob in der 2. Hälfte des 20.Jh. ein Reifungsprozeß einsetzte, nachdem sich die schreibende intellektuelle Tätigkeit nämlich langsam aus den schwarzen christlichen Traditionen herausgelöst und mit den weltlicheren, euro-amerikanischen Formen verbunden hat. Doch während wir uns nun dem Ende dieses Jahrhunderts nähern, nimmt das schwarze Schrifttum stattdessen sowohl im Umfang als auch in der Qualität immer weiter ab. Wie ich bereits sagte, liegen die Gründe hierfür vor allem in der relativ großen Bereitschaft vieler, sich in die postindustriellen, kapitalistischen Strukturen des weißen Amerika zu integrieren, dessen bürokratische Eliteuniversitäten, lahme Durchschnittscolleges und verfallende Highschools keinerlei Interesse an und kein Vertrauen in potentielle schwarze Intellektuelle haben. Es versteht sich dabei von selbst, daß das Dilemma der schwarzen Intellektuellen in der amerikanischen Gesellschaft nicht zu trennen ist vom Dilemma der schwarzen Gemeinschaft als Ganzes und vor allem der schwarzen Mittelschicht. Nur eine grundlegende Veränderung der amerikanischen Gesellschaftsstrukturen wird die Lage der schwarzen Gemeinde bzw. der schwarzen Intellektuellen verbessern. Doch will ich hier nicht weiter auf die großen Zusammenhänge eingehen, sondern mich konkreteren Vorschlägen zuwenden, wie Qualität und Quantität der Produkte von schwarzen Intellektuellen in den USA verbessert werden können. Im folgenden werde ich vier Modelle skizzieren, an denen sie sich ausrichten können mit dem Ziel, eine eigene, gefestigte und möglichst breite Infrastruktur zu fördern.

Das bourgeoise Modell: Schwarze Intellektuelle als Humanisten

Dieses Modell ist natürlich höchst problematisch für schwarze Intellektuelle. Zum einen drängt sie das rassistische Erbe dieser Tradition – die ausschließenden und repressiven Strukturen der weißen akademischen Institutionen und des humanistischen Gelehrtentums – immer sofort in die Defensive. Sie müssen immer wieder aufs neue ihr Menschsein unter Beweis stellen und verteidigen, ihre Fähigkeit, logisch und in Zusammenhängen zu denken und sich klar und präzise auszudrücken. Diese Belastung bestimmt unausweichlich Inhalt und Form intellektueller Arbeit von Schwarzen innerhalb der weißen akademischen Institutionen. Letztlich ist der Hauptimpuls von intellektueller Arbeit für Schwarze in diesem Rahmen immer ihr Verteidigungsbestreben, das dazu führt, daß die »Erfolgreichen« stolz auf die weiße Anerkennung und die »Erfolglosen« meistens verbittert über weiße Ablehnung sind. Das gilt besonders für die erste Generation von schwarzen Wissenschaftlern und Lehrenden, die nach 1968 an weißen Eliteinstitutionen arbeiten durften. Wie stark sie durch diesen Verteidigungszwang in ihrer intellektuellen Arbeit eingeengt wurden und wie sehr das den Kern ihre Kreativität beschnitten hat, werden wir erst erfahren, wenn sie und ihre StudentInnen einst ihre Memoiren schreiben. So schmerzlich die persönlichen Kämpfe und Erfahrungen auch gewesen sind, sie waren notwendig, um gegen das rassistische Milieu des damaligen intellektuellen und akademischen Betriebs anzugehen. Es muß auch weiterhin gekämpft werden, doch sind die Folgen für die jüngere Generation nicht mehr so schwerwiegend dank der harten Auseinandersetzungen ihrer älteren Kollegen und Wegbereiter.

Zum anderen muß, um den Belagerungszustand aufzuheben, der die schwarze Community zum Brodeln bringt, die praktische Dimension intellektuellen Schaffens deutlicher hervorgehoben werden. Prestige und Status, Techniken und Fertigkeiten, die an den Institutionen der Bourgeoisie erworben werden, lassen sich gut zu diesem Zweck einsetzen. Die Akzentuierung der praktischen Dimension gilt für alle schwarzen Intellektuellen, egal aus welchem ideologischen Lager – noch mehr als für das Stereotyp des sowieso schon »pragmatischen« U.S.-amerikanischen Intellektuellen. Die Tatsache, daß es nur eine kleine Anzahl von schwarzen Intellektuellen in diesem Rahmen gibt, zwingt sie dazu, viele unterschiedliche Rollen gegenüber der schwarzen Community einzunehmen. Viele bemühen sich schon deshalb sehr darum, ihr Wissen und ihre Fähigkeiten in praktische Handlungsweisen umzusetzen, weil sie sich und den anderen zeigen wollen, daß sie die einzigartigen Chancen und Privilegien, die sie hatten, auch sinnvoll und am rechten Ort einsetzen.

Das bourgeoise Modell steht und fällt mit den Kategorien »universitäre Legitimation« und »Rang«. Ohne die entsprechenden Zertifikate, Titel, Abschlüsse und Positionen verliert es seine *raison d'être*. Das ganze amerikanische akademische System unterliegt seinem Einfluß und seiner Anziehungskraft. Doch für schwarze Intellektuelle ist das Modell nur dann wirksam zu nutzen, wenn sie über genügend Legitimierung und hohen Rang verfügen. Nur so haben sie Zutritt zu den entsprechenden akademischen Netzwerken und Kontakten, die ihnen Öffentlichkeit verschaffen, um auf politische Entscheidungen Einfluß zu nehmen. Das war wohl das Ziel vor allem der ersten Generation von Schwarzen, die an weißen Instituitonen studierten (aber nicht lehren durften) und sich vorwiegend in den gesellschaftswissenschaftlichen Bereichen immatrikulierten.

Das Grundproblem für schwarze Intellektuelle im bourgeoisen Modellrahmen ist, daß er sie existentiell und intellektuell lähmt. Er schwächt sie existentiell, weil er sie nicht nur permanent in Verteidigungzwänge bringt, sondern weil dieses ganze System erst auf ihre Kosten blüht und gedeiht. Die Notwendigkeit, in den hierarchischen Strukturen nach oben zu kommen und der tief verankerte Rassismus in der humanistischen Wissenschaftradition verhindern, daß schwarze Intellektuelle das notwendige Ethos bzw. einen konzeptuellen Rahmen entwickeln können, um aus dieser Verteidigungshaltung herauszukommen. Und dem Vorwurf intellektueller Minderwertigkeit kann nie auf dem Feld des Widersachers begegnet werden – es dennoch zu versuchen, verstärkt nur die Zwänge und Minderwertigkeitsgefühle. Stattdessen sollte das humanistische Feld selbst als Teil und Ballast eines antiquierten Weltbilds gesehen werden, das heute im Grunde keinen Anspruch mehr haben dürfte, den akademischen Diskurs zu bestimmen.

Das bourgeoise Modell gibt rigide Grenzen vor. Allzu leicht neigt man dazu, die in diesem Rahmen vorherrschenden Paradigmen ehrfürchtig und unkritisch zu übernehmen, weil es ja um's Weiterkommen geht. Alle durchlaufen zunächst eine Phase, in der die spezifische Sprache und der Stil der jeweiligen Institution verinnerlicht werden muß. Wer jedoch von Anfang an als eher für Randprobleme zuständig betrachtet wird, gerät leicht in die Gefahr, entweder übermäßig zu kritisieren oder fälschlicherweise zu ignorieren. Das führt häufig dazu, daß die eigene kritische Sichtweise unterdrückt oder nur so weit entwickelt wird, wie sie mit den Paradigmen des herrschenden Diskurses einhergeht.

Trotz aller Einschränkungen ist das bourgeoise Modell für die meisten schwarzen Intellektuellen unumgehbar, weil fast alle wichtigen Diskurse in den

USA innerhalb der weißen akademischen Institutionen stattfinden und alle wichtigen Intellektuellen dort lehren. Die meisten weißen Eliteuniversitäten haben immer noch ein erstklassiges Ausbildungsniveau, vor allem weil sie über hohe finanzielle Mittel verfügen und so den Studierenden die nötige Zeit und Atmosphäre bieten, die kontinuierliches intellektuelles Schaffen erst ermöglichen. Den meisten schwarzen Intellektuellen bleibt also kein anderer Weg als der durch die weißen Institutionen (abgesehen von ein paar Autodidakten, die zwar oft ein sehr breites Spektrum haben, denen aber in der Regel Grundlagen und Tiefenschärfe fehlen).

Wenn Schwarze in und durch weiße Institutionen im intellektuellen Diskurs Fuß fassen, können auch dort die Grundsteine für eine schwarze Infrastruktur gelegt werden. Im Augenblick kommen Schwarze darin zwar nur in geringem Maß vor, aber die wenigen sind doch einflußreich und in der Lage, Informationsblätter und kleinere Zeitschriften herauszugeben. Der nächste Schritt wäre dann, die schwarze Präsenz auf breiterer Ebene zu institutionalisieren, wie es bspw. die *Society of Black Philosophers of New York* versucht, indem sie interdisziplinär arbeitet und publiziert. Es ist wichtig, daß diese Foren des intellektuellen Austauschs offen sind für Leute jeglicher Hautfarbe oder politischer Couleur. In dieser Hinsicht sind schwarze LiteraturwissenschaftlerInnen und schwarze PsychologInnen anderen schwarzen Intellektuellen weit voraus (vgl. die Zeitschriften *The Black American Literature Forum*, *The College Language Association*, und *The Journal of Black Psychology*).

Indem sich Schwarze in diesem traditionellen akademischen Rahmen behaupten und vorwärtskommen, wachsen ihre Möglichkeiten, die weißen Infrastrukturen mitzukontrollieren und für sich zu nutzen. Diese Entwicklung steht erst am Anfang und viel mehr Schwarze müssen als HerausgeberInnen wichtiger Zeitschriften tätig werden, um schwarze Präsenz zu ermöglichen. Das ist ein *langer* Prozeß, der dazu kaum wahrgenommen wird, aber gerade die Vorherrschaft des bourgeoisen Modells macht es so wichtig, daß er dennoch stattfindet.

Letztlich ist das bourgeoise Modell für Schwarze mehr Teil des Problems als dessen Lösung. Da wir aber noch immer in diesem bürgerlichen System leben, müssen wir, auch wenn wir diesem Modell höchst kritisch gegenüberstehen, versuchen, es eben auch von innen zu verändern. Das bedeutet, daß schwarze und progressive weiße Intellektuelle zusammenarbeiten müssen, um Infrastrukturen und Foren für schwarze intellektuelle Tätigkeiten zu schaffen und auszuweiten.

Das marxistische Modell: Schwarze Intellektuelle als Revolutionäre

Als Reflex auf die rigiden Beschränkungen des bourgeoisen Modells (und des kapitalistischen Systems) übernehmen viele schwarze Intellektuelle das marxistische Modell. Es ermöglicht ihnen grundsätzliche Bedürfnisse der schwarzen Intelligentia zu erfüllen: soziale Relevanz, politisches Engagement und klare Organisationsstrukturen. Es erlaubt auch eine unmittelbare Berührung mit der am wenigsten fremdenfeindlichen weißen Subkultur. Der marxistische Rahmen hebt die Arbeit von schwarzen Intellektuellen besonders hervor und schreibt ihnen eine Vorreiterrolle zu. Aber ihre besondere Funktion ist innerhalb dieses Modells stark eingegrenzt und die theoretische Dimension schwarzer Intellektualität wird meist außer acht gelassen. Die Hervorhebung der schwarzen Intellektuellen stinkt dann meistens recht nach Herablassung, wenn sich ihr »Privileg« doch nur darauf beschränkt, Sprecher einer Gruppe, Redner oder Organisatoren sein zu dürfen. Nur selten werden sie als kreative Denker beachtet oder ernstgenommen. Es ist kein Zufall, daß es keine schwarzen marxistischen TheoretikerInnen gibt, obwohl in den letzten sechzig Jahren eine große Zahl von Schwarzen sich dem Marxismus verpflichtet fühlten. Kandidaten dafür wären z.B. W.E.B. Du Bois mit *Black Reconstruction (1935)*, Oliver Cox mit *Caste, Class and Race (1948)* und vielleicht auch Harold Cruse mit *The Crisis of the Negro Intellectual (1967)*. Das liegt nicht daran, daß es im marxistischen Bereich keine schwarzen Denker gibt, sondern daß auch in diesem Rahmen keine Tradition und keine Gemeinschaft des intensiven kritischen Austauschs existiert, die solche Talente förderte.

Im Gegensatz zum bourgeoisen Modell erzeugt das marxistische Modell zwar keine Verteidigungshaltung und sein analytisches Instrumentarium läßt sich nicht für kurzfristige politische Programme nutzen, dennoch führt es häufig zu Selbstgefälligkeit, die wiederum eine Entwicklung verhindert. Das Modell hebt strukturelle sozialen Zwänge hervor, bietet aber keine praktischen Vorschläge, wie damit umzugehen wäre. Die Selbstzufriedenheit führt dann entweder zu einer dogmatischen Position in einer Partei oder Gruppierung, weil damit Aufstiegsmöglichkeiten verbunden sind, oder zu einer Randposition innerhalb der bourgeoisen Institutionen, die mit grimmiger marxistischer Rhetorik verteidigt wird und von der aus zwar (manchmal) aufschlußreiche Analysen erstellt werden, die aber komplett jenseits der dynamischen Gesamtzusammenhänge, der konkreten Realität und der Fortschrittsmöglichkeiten der schwarzen Gemeinschaft liegen. Die Konzentration auf Strukturen der sozialen Bedingungen hat entweder absurde Endzeitvisionen oder pessimistische, jede Handlungsfähigkeit lähmende Erläuterungen zum gesellschaftlichen Zustand zur Folge. Beides hat sowohl mit dem Selbstbild von schwarzen Intellektuellen als auch mit den schlechten Prognosen zum schwarzen Befreiungskampf zu tun.

Immer wieder wird behauptet, Marxismus sei das »falsche Bewußtsein der radikalisierten, bürgerlichen Intelligenz«. Für schwarze Intellektuelle aber funktioniert dieses Modell auf viel komplexere Art und Weise, als diese waberige Aussage glauben macht. Auf der einen Seite verspricht das marxistische Modell Befreiung, da es kritisches Bewußtsein fördert und kritische Haltungen gegenüber den dominanten kapitalistischen Paradigmen und bourgeoisen Forschungsprogrammen aufzeigt. Der Marxismus bietet schwarzen Intellektuellen attraktive Rollen – häufig im Rampenlicht der Öffentlichkeit als Führer und Sprecher – und gibt ihrer Arbeit Sinn in dem Wissen um die Dringlichkeit ihres Tuns. Andererseits aber ist der marxistische Rahmen insofern hemmend, als die Bedürfnisse, die er erfüllt, oft die Weiterentwicklung eines schwarzen kritischen Bewußtseins verhindern.

Dennoch ist das marxistische Modell, ungeachtet seiner Mängel, bereits Teil der »Lösung« des Problems der schwarzen Intellektuellen. Der Marxismus ist das Fegefeuer der Postmoderne. Schwarze Intellektuelle müssen es durchschreiten, zu ihm verhalten und sich darin flexibel bewegen, wenn schwarze Intellektualität auch nur im mindesten fundiert und sophisticated sein soll.

Das Foucaultsche Modell:
Schwarze Intellektuelle als Postmoderne Skeptiker

Während das abendländische Denken in eine immer größere Krise gerät und schwarze Intellektuelle verstärkt Zugang zu diesem Diskurs (der verstorbene Alvin Gouldner nannte es »die Kultur einer bedächtigen Kritik«) finden, kündigt sich bereits ein neues Denkmodell an. In ihm wird sowohl das humanistisch-bürgerliche als auch das marxistische Verständnis von intellektuellem Schaffen abgelehnt. Das Foucaultsche Projekt eines historischen Nominalismus ist eine der größten intellektuellen Herausforderungen der Gegenwart. Die detaillierten Untersuchungen der Zusammenhänge von Wissen und Macht, Diskurs und Politik, Denksystemen und sozialen Regulationsmechanismen zwingt Intellektuelle dazu, ihr Selbstbild und ihre Aufgaben neu zu definieren.

Das Foucaultsche Wissenschaftsmodell ist für Schwarze gerade deshalb sehr vielversprechend, weil es Wege aufzeigt, aus dem gegenwärtigen Dilemma, zwischen weißer Xenophobie im bürgerlich-humanistischen Modell, den Versuchungen vulgär-marxistischer Modelle und der Notwendigkeit der Rekonzeptualisierung spezifischer Formen schwarzer Unterdrückung keine Position zu finden, herauszukommen. Foucaults tiefe Abneigung gegen alles Bürgerliche, sein explizit post-marxistischer Standpunkt und sein permanentes Interesse an allem, was vom dominanten Diskurs als radikal »anderes« hervorgebracht wurde, prädestiniert sein Denken für politisch engagierte Intellektuelle, die der alten Rezepte für schwarze Befreiung überdrüssig sind. Foucaults Analysen der »politischen Ökonomie von Wahrheit« – Untersuchungen der diskursiven Verfahren und institutionellen Praktiken, durch die »Wahrheitsregime« von Gesellschaften zu einer bestimmten Zeit an einem bestimmten Ort hervorgebracht werden – führen zu einem neuen Verständnis von Intellektuellen. Sie bringen nicht mehr elegant »das Beste dessen, was gedacht und gesagt wurde« unter's Volk, wie im humanistischen Modell, noch predigen sie die Utopien des Marxismus. Die postmoderne Situation erfordert vielmehr die »spezifischen Intellektuellen«, die sich nicht den Etiketten der (Natur-)Wissenschaftlichkeit verpflichten und auch nicht als Propheten auftreten, sondern die sich stattdessen der spezifischen Strukturen der politischen, ökonomischen und kulturellen Matrices annehmen, innerhalb derer die »Wissensregime« produziert, verteilt, zirkuliert und konsumiert werden. Intellektuelle dürfen sich nicht länger der Illusion hingeben, sie kämpften »für die Wahrheit«, denn der Kampf geht vielmehr um den Stellenwert von »Wahrheit« in Diskursen und um die institutionellen Mechanismen, die ihn generieren und legitimieren. Die Lieblingswörter der Humanisten und Marxisten wie »Naturwissenschaft«, »Geschmack«, »Takt«, »Ideologie«, »Fortschritt« und »Befreiung« gehören nicht mehr zum Vokabular postmoderner Intellektueller. Die Schlüsselwörter sind nun »Wahrheitsregime«, »Macht/Wissenskomplexe« und »diskursive Praktiken«.

Foucaults Begriff des spezifischen Intellektuellen basiert auf einer bewußten Entmystifizierung der konservativen, liberalen und marxistischen Rhetoriken, um das Selbstverständnis der Intellektuellen dahingehend zu rekonstruieren, daß sie wachsam und aufmerksam institutionellen Formen der Dominanz und Kontrolle begegnen können. Das traditionelle (auch das marxistische) Verständnis von Intellektuellen wies ihnen immer eine privilegierte Stellung zu und legitimierte die permanent reproduzierte ideologische Kluft zwischen denen, die mit dem Kopf, und den anderen, die mit den Händen arbeiteten. Auch Mechanismen der Unterwerfung und Selbstermächtigung werden durch diese Privilegierung nur unterstützt. Diese Selbstermächtigung wird vor allem in dem Anspruch deutlich, die kulturellen Errungenschaften »zu bewahren« oder die »universellen Interessen« einer bestimmten Klasse oder Gruppe zu »repräsentieren«. Auch unter schwarz-amerikanischen Intellektuellen macht sich häufig ein solcher Anspruch bemerkbar, wenn vom »begabten Zehntel«, den »Propheten der Wildnis«, den »Verkündern der schwarzen Ästhetik«, den »Schöpfern einer schwarzen Renaissance« oder der »Vorhut der revolutionären Bewegung« die Rede ist.

Das Foucaultsche Modell stellt eine linke Form postmodernen Skeptizismus' dar. Es fordert ein unaufhörliches, gründliches Hinterfragen machtbefrachteter Diskurse in einer Gesellschaft, und zwar nicht, um sie zu restaurieren, reformieren oder revolutionieren, sondern um zu revoltieren. Revoltieren bedeutet dann, die gegenwärtigen »Wahrheitsregime« und ihre repressiven Folgen zu enthüllen und zu stören. [...] Darüber hinaus bietet dieses Modell eine äußerst differenzierte Begründung der ideologischen und gesellschaftlichen Distanz zu den aufständischen Versionen eines schwarzen Befreiungskampfes. Indem es intellektuelle Arbeit als oppositionelle politische Praxis begreift, genügt es dem linken Selbstbild schwarzer Intellektueller, und indem es kritisches Bewußtsein zu seinem Fetisch erklärt, finden die Schwarzen in diesem Rahmen einen sicheren Ort in den bürgerlichen Wissensinstitutionen des postmodernen Amerika.

Das Modell des Aufstands:
Schwarze Intellektuelle als kritisch-organische Katalysatoren

Schwarze können aus den vorangegangenen Modellen viel lernen, sollten jedoch keines davon unkritisch übernehmen, denn alle drei weisen zwar jedes für sich Bezüge zum Dilemma schwarzer Intellektualität auf, aber sind der Besonderheit dieses Dilemmas nicht adäquat. Diese Einzigartigkeit wird so lange unerforscht bleiben, bis Schwarze ein neues »Wissensregime« konstituieren, das von ihren eigenen institutionalisierten Praktiken wie kinetischer Oralität, emotionalisierter Körperlichkeit, rhythmischen Synkopierungen, Improvisation und anderen Elementen der religiösen, rhetorischen und antiphonalen Kultur durchdrungen, aber nicht auf sie beschränkt ist. Das Gelingen hängt zum großen Teil davon ab, ob es bereits eine tragende Infrastruktur für schwarze Intellektuelle gibt, die Mittel hat, kreative, niveauvolle Ideen zu fördern und auszuzeichnen. Notwendig ist auch, daß die vorherrschenden, euro-amerikanischen »Wissensregime« entmystifiziert und dekonstruiert werden. Das neue, schwarze »Wissensregime« darf kein hermetischer Diskurs sein, der mittelmäßige, schwarze Errungenschaften bzw. die neueste Modeschreibe, die sowieso meistens bloß dem weißen Establishment imponieren will, bewahren möchte. Es soll auf neue, post- (nicht anti-)westliche Kulturformen hindeuten, auch wenn das heute noch wie ein Wunschtraum klingt. Ich will mich deshalb auf den ersten Schritt dorthin beschränken: auf Formen von schwarzem Aufstand und der Rolle der Intellektuellen dabei.

Es müssen zunächst Netzwerke institutionalisiert werden, die kritische Beiträge, die einen schwarzen Aufstand fördern, in Umlauf bringen. Eine Intelligentia ohne Institutionen, die das kritische Bewußtsein pflegen, ist blind, und kritisches Bewußtsein ohne Verankerung in Ideen von Widerstand ist leer. Die zentrale Aufgabe schwarzer Intellektueller muß sein, alternative Sichtweisen und Praktiken durch eine Verschiebung in den herrschenden Diskursen und Machtverhältnissen zu ermöglichen und zu beschleunigen. Das erfordert intensive intellektuelle Arbeit und eine engagierte Praxis von Widerstand und Aufstand.

Das hier beschriebene Modell des Aufstands für schwarze Intellektualität stützt sich zwar auf die drei vorigen Modelle, geht aber über sie hinaus. Vom bourgeoisen Modell übernimmt es die Betonung des menschlichen Willens und die heldenhaften Bemühungen, aber nicht in einem individualistischen, elitären Sinn. Statt eines einsamen Helden, kämpferischen Exilierten oder von der Welt verkannten Genies (Formen des Intellektuellen als Star, Berühmtheit und Ware) setzt dieses Modell auf kollektive intellektuelle Arbeit, die gemeinschaftlichen Kampf und Widerstand unterstützt. Mit anderen Worten, es hebt den Voluntarismus und das Heldentum des bourgeoisen Modells hervor, ohne dessen naive Vorstellungen über Gesellschaft und Geschichte zu teilen. Vom marxistischen Modell übernimmt es die Fokussierung auf soziale Bedingungen, Klassenbildung und radikal demokratische Werte, ohne diese jedoch in ausschließlich ökonomischen oder deterministischen Rastern zu verankern. Anstatt die Arbeiterklasse *a priori* zu privilegieren und metaphysisch eine harmonische sozialistische Gesellschaft zu postulieren, müssen quer durch alle Schichten die unterschiedlichen sozialen Hierarchien benannt und angegriffen und gesellschaftliche Heterogenität radikal-demokratisch (und freiheitlich) durchgesetzt werden. Kurz, im Modell des Aufstands sind die strukturellen Analysen, Klassenbedürfnisse und demokratischen Vorstellungen des marxistischen Modells fest verankert, ohne dessen naive Haltung zu Kultur einzunehmen.

Vom Foucaultschen Modell wird die Haltung eines weltlichen Skeptizismus, das Wissen um die historische Konstitution von »Wissensregimen« und um die vielfältigen Wirkungsweisen von »Macht/Wissenskomplexen« übernommen. Doch unser Modell beschränkt diese nicht auf Analysen von Mikro-Netzwerken der Macht. Statt der Idee der Allgegenwärtigkeit von Macht zu huldigen (die mehrdimensional strukturierte, gesellschaftliche Konflikte letztlich vereinfacht und reduziert) und sich als Gegenreaktion auf vergangene Utopien nicht mehr zu engagieren, setzt das Modell auf die Möglichkeit sinnvollen Widerstands und gesellschaftlicher Veränderung. Nietzsches tiefes Mißtrauen und die Möglichkeiten der radikalen Revolte im Foucaultschen Modell werden auf behutsame Weise integriert, ohne dessen Naivität in bezug auf soziale Konflikte, Kampf und Aufstand zu verleugnen, die vor allem aus dem Verzicht auf jegliche Utopie und der Ablehnung jedweden Telos resultiert.

Schwarze Intellektualität und kollektiver schwarzer Aufstand müssen in den Besonderheiten der afro-amerikanischen Geschichte und Kultur verwurzelt sein. Gleichzeitig aber muß beides eine enge Verbindung mit den amerikanischen, europäischen und afrikanischen Elementen aufweisen. Beides ist partikularistisch, jedoch nicht exklusivistisch, d.h. letztlich doch international in bezug auf seine Praxis und Aussichten. Wie ihre Wegbereiter, die schwarzen Prediger und Musiker, müssen auch die schwarzen Intellektuellen begreifen, daß »neue«, alternative Praktiken nur durch gemeinsame Anstrengungen möglich werden, durch kollektive intellektuelle Aktivitäten und gemeinsame Formen des Widerstands, die von gesellschaftlichen Bedingungen, Machtverhältnissen und kulturellen Fusionsmöglichkeiten geformt werden, aber auf diese auch wieder zurückwirken. Die unverwechselbaren, afro-amerikanischen Kulturformen wie schwarze Stile des Predigens und Betens, Gospel, Blues und Jazz müssen Eingang finden in zukünftige schwarze intellektuelle Arbeiten, ohne sie darauf zu beschränken. Ihre Entwicklung kann wertvolle Einsichten liefern, aber sie können höchstens als Muster dienen, die nicht bloß imitiert werden dürfen. Es muß wohl nicht extra erwähnt werden, daß diese kulturellen Formen nur gedeihen bzw. weiterentwickelt werden, wenn sie Hand in Hand gehen mit Aufstand und kritischer Innovation.

Original: »The Dilemma of the Black Intellectual«; aus: bell hooks (ed.), Breaking Bread, Paperback Southend 1992, pp. 131-146, zuerst erschienen in: Cultural Critique, Bd. 1, Nr. 1, 1985, Oxford University Press

Übersetzerin: Bettina Seifried

bell hooks
Schwarze intellektuelle Frauen

In einer von Grund auf antiintellektuellen Gesellschaft fällt es uns als engagierten, um radikalen sozialen Wandel bemühten Intellektuellen schwer, beständig glaubhaft zu machen, daß die Arbeit, die wir tun, ernstzunehmen ist. In progressiven politischen Zirkeln wird sie selten anerkannt. Aktivismus muß sichtbar
sein, wie z.B. Straßenstreikposten, Reisen in ein Land der Dritten Welt oder andere Provokations- und Widerstandsakte. Diese Abwertung macht es Individuen
aus den marginalisierten Gruppen oft schwer, intellektuelle Arbeit als eine wichtige und erstrebenswerte Beschäftigung anzusehen. Während unserer Geschichte
als Afro-AmerikanerInnen in den Vereinigten Staaten sind schwarze Intellektuelle aus allen Klassen und Lebensumständen hervorgegangen. Die Entscheidung,
bewußt einen intellektuellen Weg einzuschlagen, war jedoch immer außerge-
wöhnlich und schwierig, für viele von uns denn auch mehr eine »Berufung« als
eine berufliche Wahl. [...]

In seinem Essay »Das Dilemma der schwarzen Intellektuellen« führt Cornel
West eine Reihe von Gründen an, die Schwarze auf diesen Weg bringen können. Er behauptet: »Die Entscheidung, als Schwarzer eine intellektuelle Laufbahn
einzuschlagen, ist ein Akt selbstauferlegter Marginalisierung. Er garantiert eine
Randstellung in und gegenüber der schwarzen Gemeinschaft. Das Streben nach
Bildung und Schrift hat zwar einen zentralen Platz in der afro-amerikanischen
Geschichte und ist ein grundlegendes Anliegen der meisten Schwarzen. Doch
wie für die meisten Amerikaner, ist auch für sie das Lesen und Schreiben eher mit
dem Wunsch nach finanziellen Vorteilen verbunden und nicht mit dem, Schriftsteller, Künstler, Lehrer oder Professor zu werden. Wenn dennoch ein paar
Schwarze eine ernstzunehmende intellektuelle Laufbahn einschlagen, kann das
ganz unterschiedliche Gründe haben, meistens haben sie jedoch eines gemeinsam: Eine offenbarungsähnliche Erfahrung mit einflußreichen Lehrern oder Mitgliedern der schwarzen Community, die sie davon überzeugen konnten, ihr Leben dem Lesen, Schreiben und Diskutieren zu widmen, zum individuellen Vergnügen, zur Entfaltung der Persönlichkeit oder mit dem Ziel, die politische Situation der Schwarzen (und anderer unterdrückter Gruppen) zu verbessern.« Dies
mögen zwar die geläufigen Gründe sein, sie können jedoch auch mit anderen zusammentreffen, die – insbesondere in der Öffentlichkeit – schwieriger zu benen-

nen sind. In meinem Fall war es die verzweifelte Suche nach einem oppositionelen Standpunkt, der mir helfen konnte, eine harte Kindheit zu überstehen. In der nach »Rassen« getrennten [segregated], armen Arbeitergemeinde im Süden, wo ich aufwuchs, bedeutete Bildung in erster Linie Klassenmobilität, »intellektuelles Leben« wurde immer mit einer Lehrerkarriere verbunden. Im auswärtigen Dienst als »teacher« zum Fortkommen der Race beitragen – so konnten Lehrer eher persönliches Ansehen in der schwarzen Community gewinnen als durch ein privatisierendes, intellektuelles »Innenleben«. Den in einer solchen Welt Aufwachsenden war klar, daß es einen sozialen Unterschied zwischen Leuten, die studiert hatten und Intellektuellen gab. Jeder konnte unterrichten – Intellektuelle waren jedoch etwas ganz anderes. Und während einem die Rolle des Lehrers Status und Respekt einbrachte, so riskierte man, als sonderbar, komisch oder vielleicht sogar verrückt angesehen zu werden, wenn man »zu gelehrt«, zu intellektuell war.

Da ich von früh auf gelernt hatte, daß gute Noten belohnt wurden und unabhängiges Denken nur Argwohn einbrachte, wußte ich, daß es wichtig war, »schlau«, jedoch nicht »zu schlau« zu sein. Das war gleichbedeutend mit Intellektualität und deshalb Grund zur Sorge, besonders wenn man eine Frau war. Ein schlaues Kind in einer unterprivilegierten schwarzen Community, das zu viele Fragen stellte, über Gedanken sprach, die sich von der vorherrschenden Weltsicht unterschieden und Sachen sagte, die für Erwachsene ins Reich des Unaussprechbaren gehörten, handelte sich Bestrafung oder sogar Mißhandlung ein. Es gibt immer noch keine ausführlichen psychoanalytischen Studien über das Schicksal begabter schwarzer Kinder, die in Heimen aufwuchsen, wo ihr scharfer Verstand sie zu verfolgten und bestraften »freaks« machte.

Während der Adoleszenz führten mich meine Versuche, zu verstehen, warum ich in unserer Familie ständig verfolgt und bestraft wurde, zum kritisch-analytischen Denken. Es war eine Überlebensstrategie für mich, auf Distanz zur Erfahrung meiner Kindheit zu gehen und sie objektiv zu betrachten. Ich wurde mein eigener »enlightened witness« [wissender Zeuge], um es in den Worten der Psychoanalytikerin Alice Miller zu sagen. So konnte ich die auf mich wirkenden Kräfte analysieren und meiner Identität einen eigenständigen Sinn bewahren. [...] Diese gelebte Erkenntnis, wie das mit kritischen Gedanken beschäftigte Bewußtsein im Dienste des Überlebens genutzt werden konnte, befähigte mich, ein eigenständiges Selbst in unserem dysfunktionalen Haushalt zu werden. Ich schätzte die intellektuelle Arbeit nicht, weil sie Status oder Anerkennung einbrachte, sondern weil sie Ressourcen bot, die meine Überlebenschancen und meine Freude am Leben steigerten.

[...] Diese Erfahrung ließ mich verstehen, daß intellektuelles Leben nicht von Familie und Community entfremden muß, sondern vielmehr befähigen kann, intensiver daran teilzuhaben. So bestätigte sich früh, was die schwarzen AnführerInnen im neunzehnten Jahrhundert genau wußten: Intellektuelle Arbeit ist ein notwendiger Teil des Befreiungskampfes und steht im Zentrum der Bemühungen aller unterdrückten und ausgebeuteten Menschen, die den Weg vom Objekt zum Subjekt gehen, die ihre Köpfe entkolonisieren und befreien.

Wenn schwarze Gelehrte über Intellektualität schreiben, beschränken sie ihre Sicht einzig auf Leben und Werk schwarzer Männer. Im Gegensatz zu Harold Cruses umfangreichen Werk *The Crisis of the Negro Intellectual*, wo die Arbeit von schwarzen intellektuellen Frauen keine Beachtung findet, ist Cornel Wests Essay »Das Dilemma der schwarzen Intellektuellen« zu einem historischen Zeitpunkt geschrieben, als es einen feministischen Fokus auf das Geschlechterverhältnis [gender] gab. Doch West beschäftigt sich damit nicht und diskutiert auch nicht, wie sexistische Männer- und Frauenrollen unsere Vorstellungen davon prägen, wer schwarze Intellektuelle sind oder sein können – auch und gerade in kollektiver Hinsicht. Frauen haben besonders in nach »Rassen« getrennten Communities immer eine bedeutende Rolle als Lehrerinnen, kritische Denkerinnen und Kulturtheoretikerinnen gespielt. Trotz dieser historischen Tatsache gibt es jedoch kaum Literatur über weibliche schwarze Intellektuelle. Die meisten Schwarzen beschwören Bilder von Männern herauf, wenn sie an »große Geister« denken.

Wann immer ich StudentInnen nach schwarzen Intellektuellen frage, ohne von ihnen die Berücksichtigung des Geschlecht zu verlangen, nennen sie die Namen von schwarzen Männern: Du Bois, Delaney, Garvey, Malcolm X, sogar Zeitgenossen wie Cornel West und Henry Louis Gates. Wenn ich sie bitte, geschlechterspezifisch zu sein, benennen sie prompt die gleichen schwarzen Männer und zögern, während sie nach den Namen von schwarzen Frauen suchen. Nach einer langen Pause beginnen sie, berühmte zeitgenössische schwarze Schriftstellerinnen aufzuzählen, gewöhnlich Alice Walker oder Toni Morrison. Ab und zu erscheint Angela Davis auf der Liste. Schwarze kritische Denkerinnen des neunzehnten Jahrhunderts, die genaue Pendants zu Du Bois oder Delaney wären, sind unbekannt. Anna Julia Cooper, Mary Church Terrell und auch die bekanntere Ida B. Wells fallen niemandem ein.

In ihrer Einleitung zur Schomburg Edition von Anna Julia Coopers Text *A Voice From The South* aus dem Jahre 1892 betont Mary Helen Washington sowohl die Bedeutung der Arbeit von weiblichen schwarzen Intellektuellen als auch die Tatsache ihrer immer noch ausstehenden Anerkennung: »Ohne Frauen wie Fannie Barrier Williams, Ida B. Wells, Fannie Jackson Coppin, Victoria Earle Matthews, Frances Harper, Mary Church Terrell und Anna Julia Cooper würden wir sehr wenig über die Lebensbedingungen von schwarzen Frauen im neunzehnten Jahrhundert wissen, und doch gehörten sie bis vor kurzem nicht zum schwarzen intellektuellen Kanon und ihre Forschungsarbeit galt als der von schwarzen Männern ganz eindeutig unterlegen.«

Während es nicht allzu überraschend ist, daß StudentInnen keine schwarzen intellektuellen Frauen aus dem neunzehnten Jahrhundert benennen können, so ist es schockierend, wenn ihnen die Arbeiten von zeitgenössischen schwarzen Autorinnen wie Hortense Spillers, Hazel Carby, Patricia Williams und Beverly Guy-Sheftall, um nur ein paar zu erwähnen, unbekannt sind. Die sexistische Unterordnung funktioniert also bis heute. Deswegen fällt es StudentInnen so schwer, unsere Namen zu nennen. Und diejenigen, die Walker und Morrison anführen, haben kaum ihr nonfiktionales Werk gelesen und oft keine Ahnung von Umfang und Tragweite ihres Denkens. Schwarze intellektuelle Frauen, die keine »berühmten Schriftsteller« sind (und nicht alle, die schreiben, sind Intellektuelle), bleiben in dieser Gesellschaft so gut wie unsichtbar. Diese Unsichtbarkeit ist wohl eine Funktion des institutionalisierten Rassismus, des Sexismus und der Klassenausbeutung, zeigt aber auch, warum eine große Anzahl von schwarzen Frauen keine intellektuelle Laufbahn wählt.

Meine Auseinandersetzung mit schwarzen Studentinnen an der Universität, die den Wert intellektueller Arbeit bezweifeln, hat mich dazu bewegt, Fragen zu stellen: Wie viele schwarze Frauen sehen sich als Intellektuelle? Wie verdienen sie ihren Lebensunterhalt? Sind wir alle an Hochschulen? Wo sind unsere Aufsätze über die intellektuellen Produktionsbedingungen etc.? Ich erschrecke jedesmal über den Antiintellektualismus, mit dem sie konfrontiert werden und den sie internalisiert haben. Viele drücken ihre Verachtung aus, da sie nicht sehen, was solche Arbeit mit dem »wirklichen Leben« und der konkreten Erfahrung zu tun haben kann. Andere, die geistig tätig sein möchten, sind sich sehr unsicher, weil sie keine Identifikationsfiguren finden oder weil sie glauben, daß die vereinzelte schwarze Intellektuelle, die sie treffen, keine Anerkennung bekommt.

Außenstehende glauben, daß schwarze Frauen an Colleges und Universitäten willkommen sind, tatsächlich machen sie sich jedoch »verdächtig«. Man mag ihre Gegenwart zunächst als angenehm empfinden und sie sogar herbeiwünschen – das schlägt allerdings schnell um, wenn sie als engagierte Intellektuelle auftreten, die institutionelle Unterstützung, Zeit und Raum brauchen, um diese Dimension ihrer Wirklichkeit auszuleben. [...] Um sich dieser rassistischen und sexistischen Wirklichkeit nicht stellen zu müssen, verleugnen einige von uns dann ihre geistigen Fähigkeiten. Und andere, die sich doch dafür entscheiden, Akademikerinnen zu sein, scheuen vor der Zuschreibung »intellektuell« zurück. [...]

Im weißen kapitalistischen Patriarchat trägt auch die Kultur dazu bei, das Intellektuelle zu einem Bereich »off limits« zu erklären. Uns bleibt, wie schon unseren weiblichen Vorfahren im neunzehnten Jahrhundert, nur der aktive Widerstand, um das Recht auf intellektuelle Präsenz einzufordern. Sexismus und Rassismus transportieren gemeinsam eine Ikonographie der schwarzen Frau, die sich im kollektiven kulturellen Bewußtsein in der Vorstellung niederschlägt, daß sie in erster Linie als Dienerinnen auf diesem Planeten sind. Von der Sklaverei bis zum heutigen Tag ist der schwarze weibliche Körper in westlichen Augen als urtypisches Symbol einer »natürlichen« Weiblichkeit gesehen worden: organisch, naturnah, animalisch, primitiv. In *The Death of Nature* erkundet Carolyn Merchant die Verschmelzung von Frau und Natur. Sie schreibt:

> »Das Naturbild, das in der frühmodernen Periode Bedeutung gewann, war das eines ungeordneten und chaotischen Bereichs, der unterworfen und kontrolliert werden mußte ... die wilde unkontrollierbare Natur wurde mit dem Weiblichen assoziiert. Das Natur- wie auch das Frauenbild hatten zwei Seiten. Die jungfräuliche Nymphe bot Frieden und heitere Gelassenheit, die Mutter Erde Nahrung und Fruchtbarkeit, doch brachte die Natur auch Seuchen, Hungersnöte und stürmische Unwetter. Auf ähnliche Weise war die Frau Jungfrau und Hexe: Der höfische Liebhaber der Renaissance stellte sie auf ein Podest, der Inquisitor verbrannte sie auf dem Scheiterhaufen. Die Hexe als Symbol der Naturgewalt beschwor Stürme herauf, verursachte Krankheiten, zerstörte Ernten, machte unfruchtbar und tötete Kinder. Ungebärdige Frauen mußten wie die chaotische Natur unter Kontrolle gebracht werden.«

In der kolonialen amerikanischen Gesellschaft wurden viele Frauen als Hexen ermordet, doch die schwarzen Frauen galten als *die* Verkörperung der »gefährlichen«, zu beherrschenden weiblichen Natur. Der Mißbrauch ihrer Körper als Gebärmaschinen für weitere Sklaven war die praktische Ausführung des Gedankens, daß »ungebärdige Frauen« zu kontrollieren seien. Um die Vergewaltigung und die sexuelle Ausbeutung der schwarzen Frauen durch den weißen Mann während der Sklaverei zu rechtfertigen, mußte die weiße Kultur eine Ikonographie produzieren, die den schwarzen weiblichen Körper beständig als hochgradig geschlechtsgetrieben darstellte, als die perfekte Verkörperung des primitiven, ungezügelten Erotizismus. So dachten alle, daß schwarze Frauen ganz Körper und kein Geist seien. Die kulturelle Geläufigkeit dieser Vorstellung bestimmt nach wie vor die Wahrnehmung von schwarzen Frauenkörpern. [...]

Auch in den heutigen Massenmedien sind wir sexualbestimmt, vulgär ausgeflippt und außer Kontrolle. Und die Popularität von solchen Werken wie *The Black Man's Guide to Understanding the Black Woman*, worin Shahrazad Ali polemisch darauf beharrt, daß schwarze Frauen schwarzen Männern intellektuell unterlegen seien, kleinere Hirne haben etc., zeigt das Ausmaß an, in dem viele

Schwarze das sexistische/rassistische Denken internalisiert haben. Wie die frauen-feindlichen Abhandlungen aus der Renaissance assoziiert auch Alis Buch schwar-ze Frauen mit Natur und Sexualität und betont so noch einmal, wie wichtig es ist, Frauen zu »kontrollieren«.

Das »Mammy«-Stereotyp steht den Darstellungen von schwarzen Frauen als sexuelle Wilde, Schlampen und/oder Prostituierte gegenüber. Hier ist die schwarze Frau wiederum durch den Körper bestimmt, sie ist die Mutter, die »Brust«, die Leben nährt und erhält. Bezeichnenderweise kümmert sich die sprichwörtliche »Mammy« um all die Bedürfnisse anderer, insbesondere die der mächtigsten. Ihre Arbeit ist durch selbstloses Dienen bestimmt. Trotz der Tatsa-che, daß in den wenigsten Haushalten der Vereinigten Staaten schwarze Dienst- oder Kindermädchen arbeiten, schreibt diese rassistische und sexistische Kultur den schwarzen Frauen weiterhin so etwas wie einen »angeborenen« starken Pfle-geinstinkt zu. Deshalb beschweren sich schwarze Frauen aus allen Gesellschafts-schichten, von Großfirmenbeschäftigten und Universitätsprofessorinnen bis hin zu Angestellten im Dienstleistungsgewerbe darüber, daß ihre Kollegen, Mitarbei-ter und Vorgesetzte sie darum bitten, Mädchen für alles zu sein: Berufsberaterin, Kindermädchen, Therapeutin, kurz: die alles nährende »Brust«, die Mammy. Ob-wohl sie nicht mehr durch rassistische Ausbeutungspraktiken gezwungen werden, niedrige Arbeiten zu verrichten, sollen sie doch weiterhin den Dreck aller ande-ren wegräumen. Und es ist nicht nur die Welt der Weißen, die ihnen mit diesen Erwartungen gegenübertritt – [...] in den Communities ist es nicht anders. Ver-stärkt wird dieses Denken dann oft noch durch die Religion, die den selbstlosen Dienst als höchsten Ausdruck der christlichen Nächstenliebe betont. So internali-sieren schwarze Frauen kollektiv, daß sie dienen sollen – immer bereit, die Wün-sche anderer zu erfüllen, egal, ob sie wollen oder nicht.

Die kulturelle Norm, schwarze Frauen ungeachtet ihres Berufs- und Karrie-restatus als »Dienstleistende« zu sehen, sowie die passive Akzeptanz dieser Rollen sind wohl die Hauptgründe, die schwarze Frauen davon abhalten, Intellektuelle zu werden. Geistige Arbeit ist, auch wenn sie als sozial relevant angesehen wird, keine »selbstlose Arbeit«. Tatsächlich besagt ja auch ein vorherrschendes Stereo-typ, daß Intellektuelle gewöhnlich selbstzentriert mit ihren Ideen beschäftigt sind. [...] Sogar schwarze Männer wie Du Bois, die ihr Geistesleben mit verschiedenen Formen des politischen Aktivismus verbunden haben, waren selbstbezogen, wenn sie sich mit ihren Gedanken beschäftigten. Als ich mit schwarzen akademi-schen und nicht akademischen Frauen über unser Verhältnis zur Wissenssuche und -produktion sprach, war ein immer wiederkehrendes Thema die Angst, selbstsüchtig zu erscheinen, eine Arbeit zu tun, die nicht sofort als selbstüber-schreitend und anderen »dienend« erkennbar war. Viele, mich eingeschlossen, beschrieben Kindheitserfahrungen, in denen das Verlangen zu lesen, denken und über eine breite Palette von Ideen zu reden als eine unanständige Tätigkeit mißbilligt wurde. Eine Beschäftigung, die uns, wenn wir sie zu intensiv betrieben, egoistisch und kalt machen, uns von unseren Gefühlen entfernen und der Community entfremden würde. In meiner Kindheit drohten mir die Erwachsenen mit der Verbrennung meiner Bücher und Leseverbot, wenn ich die Haushaltspflichten nicht über die Freuden des Lesens und Denkens stellte. Obwohl das niemals passierte, prägte sich mir doch das schlechte Gewissen ein, daß es nicht nur irgendwie »falsch« war, lieber alleine lesen, nachdenken oder schreiben zu wollen. Wenn ich so etwas tat, schadete ich mir selbst und mißachtete die anderen. Als Erwachsene habe ich jahrelang geglaubt (und es dadurch auch zu meiner Realität gemacht), daß es wichtig sei, jede auch noch so kleine andere Aufgabe zu beenden, bevor ich mit der intellektuellen Arbeit begann. Wozu ich dann natürlich oft zu müde, erschöpft und energielos war. Die frühe sexistische Sozialisation, in der die meisten – und nicht nur schwarze – Frauen lernen, daß Kopfarbeit immer hinter Haushaltsarbeit, Kinderbetreuung und einer ganzen Menge anderer fürsorglichen Tätigkeiten zurückzustehen hat, erschwert es ihnen, intellektuelle Arbeit vorzuziehen, sogar wenn es unter unseren sozialen Umständen eine lohnende Aufgabe wäre. [...]

Wer schreibt, tut dies allein und ist gewöhnlich lange isoliert, so daß es oft schwerfällt, sich noch der Gemeinschaft zugehörig zu fühlen. Schwarze Frauen, die so erzogen worden sind, daß sie es geringschätzen oder sich schuldig fühlen, wenn sie Zeit ohne andere verbringen, sind schwerlich in der Lage, Raum für vereinzeltes Schreiben zu fordern oder zu schaffen. Dies gilt insbesondere für Frauen mit Kindern. Alleinerziehende müssen oft erst Sachzwänge überwinden, die sie daran hindern, sich mit Denk- oder Schreibarbeit zu beschäftigen, auch wenn sie es noch so wollen. Dennoch gibt es genug Leute ohne diese Hemmnisse, die genauso zögern, sich für intellektuelle Arbeit zu entscheiden. Immer wieder werden die Angst vor der »Isolation« von der Community oder das Gefühl, daß ein nicht in Gemeinschaft verbrachtes Leben kein gutes sei, angeführt. Um diese Hürden zu überwinden, müssen die einzelnen schwarzen Frauen, die ihrer intellektuellen Berufung treu bleiben konnten und sich trotzdem als in der Community verankert begreifen, ihre Erfahrungen aufzeichnen und von ihrem Entwicklungsprozeß berichten.

In »Das Dilemma der schwarzen Intellektuellen« spricht Cornel West die Konflikte an, die aufkommen, wenn Schwarze mit dem »bourgeoisen Modell der intellektuellen Tätigkeit« zurecht kommen müssen, das sie in eine defensive Haltung drängt: »Sie müssen immer wieder aufs neue ihr Menschsein unter Beweis stellen und verteidigen, ihre Fähigkeit, logisch und in Zusammenhängen zu denken und sich klar und präzise auszudrücken. Diese Belastung bestimmt unausweichlich den Inhalt und die Form intellektueller Arbeit von Schwarzen innerhalb der weißen akademischen Institutionen.« In diese Auseinandersetzungen geraten wir natürlich insbesondere als schwarze Frauen, wenn wir gegen solche rassistischen/sexistischen Stereotypen kämpfen müssen, die andere (und sogar uns selbst) ständig daran zweifeln lassen, daß wir fähig sind, uns intellektuell auszuzeichnen. Auch der Schreibstil kann Fragen der politischen Loyalität aufwerfen. Ein Stil, der akademische Anerkennung einbringt, kann auf der anderen Seite zur Entfremdung von einer breiteren schwarzen Leserschaft führen. So tauchen wiederum Fragen der Isolation und der Gemeinschaftsbindung auf. In einem akademischen Stil zu schreiben, kann zur Isolation führen. Doch sogar, wenn frau/man sich an den akzeptierten akademischen Stil hält, ist eine Anerkennung nicht garantiert. [...]

Ungeachtet ihrer Klassenzugehörigkeit hatten und haben Männer immer die Freiheit, sich von Familie und Gemeinschaft zu trennen und zurückzukehren, wann sie wollen. Durch die Massenmedien wird nicht das Bild der Frau, sondern das des Mannes, der die Einsamkeit sucht, um Denkarbeit zu leisten, verbreitet. Die patriarchale Welt, die den Wiedereintritt von Männern in Familie und Gemeinschaft unterstützt, bestraft Frauen, die sich für autonome Arbeit entschieden haben. Die neuesten Studien (wie Arlie Hochschilds *The Second Shift*) weisen darauf hin, daß arbeitende Frauen nach wie vor auch die meiste Hausarbeit verrichten. Es ist also wahrscheinlich, daß eine schwarze Intellektuelle erst einmal eine ganze Reihe von Haushaltspflichten erledigen muß, bevor sie in ihren Alltagsrahmen zurückkehren kann. [...]

In dieser Kultur, in dieser weißen, kapitalistischen, patriarchalen Hegemonie kann keine schwarze Frau eine Intellektuelle werden, ohne sich zu entkolonisieren. Einzelne mögen es zu anerkannten Akademikerinnen bringen, ohne dies zu tun – es kann sogar nützlich sein, einen kolonisierten Kopf zu bewahren, fördert aber keinenfalls das eigene intellektuelle Weiterkommen. Das von Cornel West vertretene Aufstandsmodell zeigt richtig, welchen Prozeß schwarze Frauen durchlaufen müssen, um Intellektuelle zu werden und welche kritischen Standpunkte wir einnehmen müssen, um uns in dieser Wahl zu bestärken. Es ist notwendig, das internalisierte Minderwertigkeitsgefühl, das uns in einer rassistischen/sexistischen und antiintellektuellen Gesellschaft ständig beigebracht wird, zu erkennen und zu bekämpfen. So können wir kritische Wertschätzung bekommen, ohne uns an gerade die Strukturen, Institutionen und Individuen zu wenden, die sowieso nicht an uns glauben. Oft müssen wir deshalb in der Lage sein, auf dem Wert unserer Arbeit zu bestehen, auch wenn sie innerhalb der sozial legitimierten Strukturen nicht anerkannt wird. Wenn wir in der Isolation die

Überzeugung reifen lassen, daß das, was wir tun, Bedeutung in einem kollektiven Rahmen hat, dann können wir initiativ werden und die Aufmerksamkeit auf unsere Arbeit lenken. Und dann werden wir auch das Gefühl los, daß es kein Publikum für uns gibt.

[...] Als ich mich mit Schwarzen der Arbeiterklasse, mit Leuten aus den Communities, in denen ich aufwuchs und/oder lebte, unterhielt, fand ich die notwendige Unterstützung für meine Arbeit. Dieser Halt war ausschlaggebend für meinen Erfolg. Ich hätte in der Isolation nicht weitermachen können – der depressive Druck wäre zu groß geworden. Und obwohl ich mittlerweile im breiten akademischen Rahmen akzeptiert bin, bleibe ich doch den NichtakademikerInnen dankbar, die mich angetrieben haben, als es von sozial legitimierter Seite keine Unterstützung gab. [...] Wir können vom Establishment selten etwas erwarten und tragen dann die Verantwortung, andere Orte zu suchen oder gar zu schaffen, wo wir Anerkennung finden.

Die patriarchalen politischen Zustände schaffen unterschiedliche Ausgangssituationen für schwarze intellektuelle Männer und Frauen. Männer sind zwar mit rassistischen, jedoch nicht mit sexistischen Vorurteilen [gender biases] konfrontiert. Und da sie eher in einer etablierten intellektuellen Tradition verortet werden, erscheint ihr Werk weniger suspekt und findet auch öfter Anerkennung als das von schwarzen Frauen. Schwarze intellektuelle Frauen brauchen deshalb unbedingt die Unterstützung und Ermutigung ihrer männlichen schwarzen Kollegen. Dem steht jedoch oft der Sexismus im Weg. Gleichzeitig behindert der akademische Konkurrenzkampf die Entstehung von interinstitutionellen und -disziplinären Communities schwarzer Intellektueller. Solche Gemeinschaften können nur aus den Widerstandsbestrebungen schwarzer Frauen *und* Männer entstehen, die erkannt haben, daß wir etwas erreichen, indem wir uns gegenseitig unterstützen.

West fordert: »Es müssen zunächst Netzwerke institutionalisiert werden, die kritische Beiträge, die einen schwarzen Aufstand fördern, in Umlauf bringen.« Wenn wir diesen Gedanken ein Stück weiter verfolgen, dann ist es entscheidend, daß diese Bemühungen auch schwarze Intellektuelle umfassen, die keinen formalinstitutionellen Anschluß haben. Dies gilt insbesondere für schwarze Frauen, da wenig kritische Denkerinnen in einem akademischen Umfeld arbeiten. [...]

Wenn sich die verschiedensten schwarzen Communities mit Geschlechterfragen [gender issues] befassen und wenn die Arbeiten von schwarzen intellektuellen Frauen in solchen Kontexten mehr gelesen und/oder diskutiert werden, dann erlangen sie nicht nur größere Beachtung, sondern bieten jungen Studierenden auch Anreiz, eine intellektuelle Laufbahn einzuschlagen. Trotz der vielen Schwierigkeiten, die auftauchen, wenn schwarze Frauen dies tun, liegt in der

Aussicht auf wirkliche Anerkennung doch eine motivierende Gegenkraft. Wobei diese Anerkennung nicht immer auf konventionellem Wege kommen muß. Briefe von schwarzen Männern aus Gefängnissen, die ihre Zeit dort nutzten, um sich ein kritisches Bewußtsein anzueignen, haben mir zum Beispiel geholfen. Wenn ein inhaftierter schwarzer Genosse mir schreibt, »Deine Arbeit hat mich so beeindruckt, daß ich jetzt ein ganzer Mensch werden will«, dann bringt das zum Ausdruck ,daß intellektuelle Arbeit uns mit einer Welt außerhalb der Hochschule verbinden, unseren Gemeinschaftssinn vertiefen und bereichern kann. Dies ist meine wichtigste Botschaft an die jungen schwarzen Frauen, die Angst vor der Entfremdung von der »wirklichen« Welt haben. Wenn wir tatsächlich aufständische intellektuelle Arbeit leisten, die ein großes gemischtes Publikum jeder Klasse, Race und mit dem unterschiedlichsten Bildungshintergrund anspricht, dann nehmen wir teil an Widerstandsgemeinschaften. Wir entfremden uns nur von den schwarzen Communities, wenn wir unsere Belange nicht auf vielerlei Arten und Weisen mitteilen und mit anderen teilen. Das muß jedoch über das geschriebene Wort hinausgehen, da viele Schwarze kaum belesen oder gar Analphabeten sind. Eine Möglichkeit ist, mit den Leuten in den Kirchen oder bei ihnen zuhause zu sprechen, im förmlichen oder im persönlichen Rahmen.

Meine Einsicht in das besondere Dilemma der schwarzen intellektuellen Frauen vertiefte sich, als ich meinen ersten Vollzeitlehrauftrag an der Yale Universität begann. Zu der Zeit war ich eine von zwei lehrenden afro-amerikanischen Frauen am Yale College. Während meines Aufenthalts wurde die ältere von uns beiden, die Kunsthistorikerin Sylvia Boone, fest angestellt. Wann immer ich darauf hinwies, wie unterrepräsentiert schwarze Frauen in dieser Institution waren und dabei den Zusammenhang mit Sexismus und Rassismus betonte, erhielt ich von weißen Kollegen zur Antwort: »Wenn keine schwarzen Frauen hier sind, dann nicht, weil Yale rassistisch ist, sondern weil sie einfach nicht gut genug sind.«

Bis zu meiner Yale-Zeit hielt ich es nicht für wichtig oder notwendig, mich offen als »intellektuell« zu bekennen und andere schwarze Frauen dazu aufzufordern. Meine Sorge um die Zukunft der schwarzen Studentinnen, deren Ideen, Wissen und Schriften dringend benötigt werden, hat mich jedoch bewogen, die von West geforderte »kritische innere Bestandsaufnahme« anzugehen und ein ermutigendes persönliches Zeugnis abzugeben. Dabei erkannte ich, wie ich dazu erzogen worden war, nicht über meine Entscheidung zur intellektuellen Arbeit zu sprechen, sondern sie eher als als eine private, fast »geheime« Wahl anzusehen. Doch solange ich nicht über diese Arbeit sprach, teilte ich den schwarzen Studentinnen auch nichts über die Vorteile dieser Beschäftigung mit. Wenn wir nur von den Schwierigkeiten reden, zeichnen wir ein düsteres, abschreckendes Bild.

In meinen Gesprächen mit StudentInnen, insbesondere jungen schwarzen Frauen, werde ich oft gebeten, Aspekte meiner persönlichen Laufbahn zu diskutieren. Dieses engagierte Interesse dringt oft in meine Privatsphäre ein, ist jedoch vom aufrichtigen Wunsch getragen, zu verstehen, wie schwarze Frauen ein intellektuelles Leben wählen und darin persönliche Erfüllung finden können. Das erfordert zumeist eine freie, ehrliche Antwort, die männlichen Kollegen oder nicht-schwarzen Frauen wohl kaum abverlangt wird. Dennoch ist es notwendig, daß wir schwarze Frauen, die sich für aufständische Praktiken entschieden haben, dem Ruf folgen, offen über das intellektuelle Leben, so wie wir es kennen, nämlich als Form des Aktivismus, zu sprechen. [...]

Original: »Black Women Intellectuals«; aus: bell hooks (ed.), Breaking Bread, Paperback Southend 1992, pp. 147-164

Übersetzer: Raymund Burghardt

Greg Tate

Tagebuch einer Wanze

1. Greil Marcus weiß, wie spät es ist, auch wenn diesmal die Inspiration für diese Form von F.Scott Fitzgeralds »The Crack-Up« stammt. [Greil Marcus hat eine durchnumerierte Kolumne in »Art Forum«.]

2. Wie sagte doch der kubanische Romanautor Guillermo Cabrera Infante, als man ihn nach seiner Lieblingslektüre fragte? »Fragmente, alle Arten von Fragmenten.«

3. »In this journey, you're the journal, I'm the journalist. Am I eternal, or an eternal list (eternalist?)?« [Bei dieser Reise bist du das Reisetagebuch, ich bin der Journalist. Bin ich ewig oder eine ewige Liste (ein Anhänger des Ewigen?)] Das stammt aus Rakims »Follow The Leader«, obwohl es auch von einem Roland Barthes stammen könnte, der uns gerade überzeugen will, daß Autoren die Schöpfungen von Texten sind und Texte die Hervorbringungen von geschlossenen Kulturen und genauen Lesern. Daß der *Autor* nach Levi-Strauss eine mythische Figur ist, nur ein Zeichen des Narrativen. Das Problem, das Rakims Reime aufwerfen – einen Poeten, der sich fragt, ob er ein Moderner oder ein Postmoderner sei, ein kreativer Gott oder ein durchgesehener Korpus von Texten – wird in der nächsten Zeile zur Wiedervorlage eingereicht: »I am about the flow, long as I can possibly go. Keep you moving because the crowd says so. Dance!« [Ich bin im Fluß (aber auch: ich spreche über den Fluß), so lange wie es nur geht, haltet euch in Bewegung, weil die Menge es will. Tanze!] Rakim bringt seine Unsterblichkeit hier im Ruf/Antwort-Kontinuum der afrikanischen Kultur unter.

4. Public Enemys Chuck D hat genau dieses herausragende poetische Verständnis, das so typisch ist für die afro-amerikanische literarische Tradition. Allein schon sein Sinn für mehrdeutige Erfindungen ... für eine Zeile wie »My plan said I had to break north. Just like with Oliver's neck, I just had to get off« [Mein Plan war es, mich nach Norden durchzuschlagen, so wie Olivers Hals, ich mußte weg] muß man schon den Hut vor dem Bruder ziehen. »Breaking North« [sich nach Norden durchschlagen, eigentlich den Norden brechen, wie den Hals von Oliver North/Norden, der entscheidenden Figur in der Iran/Contra-Affäre] spielt auf die Richtung an, die flüchtige Sklaven einschlagen mußten, wenn sie ihren Arsch retten wollten. Aber die bewußte Verwechslung mit Olivers Hals schreit zum Himmel, wie Gerechtigkeit immer noch an Farbgrenzen entlang ausgesetzt wird.

Und natürlich hat »Getting off« [Abhauen, davon kommen, aber auch sich gehen lassen] noch eine andere Bedeutung im Gerichts- und eine weitere im Tanzsaal.

5. »You don't need to bring sand to the beach« [Du brauchst keinen Sand zum Strand mitzubringen]. Das erzählen dir deine Jungs, wenn sie erfahren, daß deine Frau mit dir nach Bahia, Brasilien fährt.

6. »I can't dance« [Ich kann nicht tanzen]. Ein bluesiger Ausdruck, mit dem mein Kumpel T.P. zu sagen pflegt, daß er einen schlechten Tag hatte.

7. »I can't get no rhythm from so-and-so« [Ich krieg von dem und dem keinen Rhythmus]. So sagt meine milde Sheila, daß sie jemanden nicht dazu kriegt, sich neben ihr richtig zu verhalten.

8. Cecil Taylor überlegte sich, was der Westen wohl nie an afrikanischer Kultur verstehen werde: »Die Magie des Rhythmus.«

9. In der Oktober-Ausgabe des Jahres 88 von »*Musician*« hebt Randy Newman Rap-Texter hervor, sie seien ihm die liebsten, um dann hinzuzufügen, daß es leichter sei, zu rappen als Worte zu Musik zu schreiben. Jemand soll seinen Arsch an Cecil weiterempfehlen. »Was die Leute an HipHop erschreckte, war, zu hören, daß da jemand den Rhythmus nur um des Rhythmus willen genoß. Hip-Hop lebt in der Welt – nicht in der Welt der Musik. Und deswegen ist es so revolutionär«, sagt Max Roach.

10. »*I Wish U Heaven*«. Eine 12inch von Prince, worin es heißt:«Take this beat. I don't mind. Got plenty others. They're so fine.« [Nimm ruhig diesen Beat. Hab nichts dagegen. Ich habe noch genügend andere. Die sind so klasse.]

11. Die Behauptung, Sampling sei Diebstahl, wurde vor kurzem von drei Rap-Gruppen aufgenommen: Public Enemy, Stetsasonic, Eric B & Rakim. Alle drei sind Verteidigungen und ästhetische Manifeste. Bei »Caught, Can I Get A Witness« [Erwischt, ich brauche einen Entlastungszeugen] von Public Enemy lacht sich Flav über die eurozentrischen Grenzen des Copyright-Gesetzes kaputt, erbost über die Idee, Beats könnten unter ein Urheberrecht fallen. Chuck begreift jene guten alten funky Beats als engeriegeladene Mineralstoffe, die wie schwarze Menschen zu einer niedrigeren Position gezwungen werden, obwohl sie mehr wert sind als Gold und Juwelen. Eric B & Rakim definieren Beats als Familienerbstücke: »Static? I don't cling. I got a tip of my own, and I don't sing. Don't understand, here's an example: a *rhyme sings* [Kursivierung:Greg Tate] and a DJ samples. Because we don't have a band, it's just my voice and his hands. That's what hiphop was and still stands. The records we use from mom and pop's collection, find a break from a dope selection.« [Statisch? Ich klammere nicht. Ich habe eine eigene Betonung und ich singe nicht. Nichts verstehen? Hier ist ein Beispiel: Ein Reim singt und ein DJ samplet, nur meine Stimme und seine Hände. Darum geht's bei HipHop, bis heute. Die Platten, die wir aus Mamas und Pa-

pas Plattensammlung rausholen, wo wir gute Breaks finden in dopen Stücken.]

In »Talkin' All That Jazz« halten sich Stetsasonic nicht mit Andeutungen auf und gehen in die Offensive. »James Brown was old, until Eric and Rak came out with ›I Got Soul‹ (sic)« [James Brown war alt bis Eric (B.) und Rak(im) mit »I Got Soul« rauskamen]. Die Musik gehört den Leuten und Sampling ist kein geistiger Diebstahl, sondern eine Form der Wiederbelebung. Sampling ist im HipHop nur die digitalisierte Version der typischen HipHop-DJ-Techniken, ein Archiv-Projekt und eine Kunstform mit eigenen Regeln. HipHop ist Ahnen-Verehrung.

12. »Talkin' All That Jazz«, Hauptdarsteller: Stetsasonic, Regie: Fab Five Freddy. Lies dieses Video als eine Verteidigung von Sampling! Als die nächste Breitseite, die HipHop zum neuen Jazz erklärt! Man kann auch sehen, daß Rapper großen Spaß daran haben, jedem einen metrischen Tritt in den Arsch zu geben, der es wagt, sich über diese Musik lustig zu machen. Stets' aggressives Schauspiel jeder einzelnen Zeile übersetzt die Verse in körperliche Bedrohungen. Fab Fives Schnitt verleiht der Überzeugung Ausdruck, daß die Kameraderie und Kumpelei schwarzer männlicher Verbindungen jede Minute in Kampf umschlagen kann. Fab choreographiert Bewegung so polyrhythmisch, wie die Musik ist, ohne sich sklavisch von den Beats und Breaks dominieren zu lassen.

13. »Night of the Living Baseheads«, Hauptdarsteller: Public Enemy, Regie: Lionel Martin. Wie zu erwarten verwendet PEs erstes Video ebensoviel Energie darauf, das Medium anzugreifen wie die Botschaft rüberzubringen. Das Ganze spielte in einer nahen Zukunft, wo utopischerweise ein offener Fernsehkanal PETV existiert. Das Video ist dann ein Scratch-Mix aus Nachrichten-Bilderfutter, wobei Chuck Ds Auftreten nur ein Sample unter vielen ist. Man wird 'ne Weile suchen müssen, bis man ein Video findet, das das »Produkt« (Band und Song) so sorglos als nur Material einer Collage verwendet. Einige inhaltliche Vignetten, wie etwa die Verbindung zwischen Crack-Zombietum und den Sklaventransporten über den Atlantik [»Middle Passage«], werden von den Texten ausgelöst. Andere, wie Chris Thomas' Geraldo-artige Invasion in eine schwarze Familie, die von einem süchtigen Vater zerstört wurde oder MC Lytes Enthüllung über Süchtige an der Wall Street, sind einfach brillante Nebeneffekte. Flavor Flav stellt sich als der unwiderstehlichste augenrollende Komiker seit Al Sharpton heraus. Public Enemys Talent bei der Verpackung proschwarzen Radikalismus für den musikalischen Gebrauch wird langsam schier legendär.

14. »I'm Your Pusher«, Hauptdarsteller: Ice-T, Regie: Rick Elgood und Howard Woffinden. L.A.-Raper Ice-T sagt ja, daß er seinen Namen erworben hat, als er die Schwarze-gegen-Schwarze-Krimis von Iceberg Slim auf dem Spielplatz vorgelesen hat. Zu einer Zeit, wo jeder Rapper Gangster darstellen will, wäre hier mal einer, der im Gefägnis war. In diesem Video wird zwar der Outlaw-Sta-

tus von HipHop bei den Jungen und Jugendkriminellen verherrlicht, aber es werden »Dope beats and rhymes« *und* »Just say no« [die Anti-Drogen-Parole – d. Übers.] verkauft. In noch einer Zukunftsvision wird Rap verboten und zur illegalen Ware, einer Schwarzmarkt-Musik, die an Straßenecken von Rap-Hökern wie Ice-T in Konkurrenz mit Crackdealern verscheuert wird. Im Stile der Michelob-Werbung mit vielen schnellen Schnitten und farbdurchtränkten Club-Szenen gedreht, kann man dieses Video den ersten Blaxploitation-Film der New Jack Ära nennen.

15. Den 10ten November verbrachte ich mit Ice-T und Big Daddy Kane auf einer Promo-Tour. Morgens waren sie bei einer Versammlung in der IS.10-Schule in Harlem, dann Mittagessen bei Copeland's und den Nachmittag verbrachten sie in den Plattenläden der 125sten Straße. Als Ice-T und Big Daddy Kane einmal an einer Limousine in der Nähe des Parker Meridien Hotel vorbeischlendern, reicht ein Bruder Ice-T ein Exemplar von Sun Tzus »*Kunst des Krieges*« – wieder so ein Zen-Kampfratgeber, der fürs feudale China ebenso zutreffend ist wie für den Spätkapitalismus.

16. In der Oktober-Nummer von »*Spin*« gibt es ein Interview mit Max Roach und Fab Five Freddy, wo Max Roach den Schreiber Frank Owen einen rassistischen weißen Schwanzlutscher nennt, bevor er ihn rausschmeißt. Wir erfahren, daß es zu dieser Szene kam, nachdem Owen behauptet hatte, HipHop sei keine »puristische« schwarze Kunstform, wo Rapper doch auch Riffs von weißen Rockbands wie Mountain, Kraftwerk und Led Zeppelin samplen. Mal ganz abgesehen davon, daß sie ihre lahmarschigen Riffs immer schon von Schwarzen geklaut haben, wäre das ja so, als könnte Pee Wee Herman, nachdem schwarze Teenager einen Tanz nach ihm benannten, zu deren Müttern gehen und sie als Bestandteil seiner Familiengeschichte einsortieren. Seit wann hat Aneignung was mit Genetik zu tun? Wurde Picasso ein Mulatte, nachdem er die »Demoiselles d'Avignon« gemalt hat?

17. Stanley Crouch fragte mich mal, welche Rapper literarisch gebildet wären. Ich erinnere mich, irgendwas von Public Enemy gemurmelt zu haben. Als ich das Harry Allen erzählte, dachte er daß schon per definitionem alle Rapper »literarisch gebildet« (*literate*) sein müßten. Womit Harry meinte, in der Lage, zu lesen und schreiben, während Stanley meinte, so belesen wie ich. Was ich an Harry wirklich bewundere, ist, daß er sich weigert, HipHop die Last des Beweises aufzuladen, wo seine Kritiker aufgerufen wären. Ich werde defensiv. Als bräuchte HipHop mich, um zu beweisen, daß er ein Hirn hat. Was glaube ich denn, wer ich bin – Dr. Funkenstein?

Original: »Diary of a Bug«; aus Greg Tate, Flyboy in the Buttermilk, Simon & Schuster, New York 1992, pp. 128–132. – Übersetzer: Diedrich Diederichsen

Michele Wallace
Black Macho
Wie ich es damals sah, wie ich es heute sehe

*Anfang 1978 erschien in der New York Times eine Reihe von Artikeln über die Ver-
änderungen in der Black Community seit 1968. Sie berichtete über die Bürgerrechtsbewegung, die Bewegung der Schwarzen und die ökonomische und soziale Situation für
Schwarze heute. Kein einziges Mal wurde dabei der Beitrag schwarzer Frauen zur Bürgerrechtsbewegung erwähnt. Es war von drei Amerikas die Rede: einem der Weißen, einem
der schwarzen Mittelklasse und einem der armen Schwarzen. Völlig unbeachtet blieb die
Tatsache, daß das Amerika der armen Schwarzen zum größten Teil aus Frauen und Kindern besteht. Es war, als ob diese Frauen und Kinder nicht existierten.*

*Die Geschichte dieser Periode wurde und wird weiterhin ohne uns geschrieben. Die
Aufgabe ist klar: entweder wir machen Geschichte oder bleiben ihr Opfer.*

1978 beendete ich *Black Macho and the Myth of the Superwoman* mit diesen
Worten. Es ist mir unmöglich, auf dieses Buch zurückzublicken, ohne zu verurteilen, wie die spezifische Bedeutung von schwarzen Frauen routinemäßig über-
gangen wurde durch die Art und Weise, in der die Frauenbewegung und die Bewegung der Schwarzen es vorzogen, ihre Ziele zu bestimmen und ihre Ge-
schichte(n) zu erinnern.

Die Schwierigkeit damals bestand darin, nicht gleichzeitig über rassistische
Unterdrückung und Frauenunterdrückung reden zu können. Heute, nach dem
Erfolg von Alice Walker und *The Color Purple* und mit der zunehmenden Institu-
tionalisierung einer multikulturellen feministischen Forschung in den Staaten
(dank der Arbeit von June Jordan, Adrienne Rich, Barbara Smith, Audre Lorde
und bell hooks), erscheint dieser Dualismus weniger als Problem.

Doch der Mainstream in den Medien macht noch immer täglich diesen fun-
damentalen Fehler und verstärkt Kombinationen von Rassismus und Sexismus in
ihrer Wirksamkeit. Auf dem Feld des vorherrschenden Diskurses führt die Sichtweise, Frauenunterdrückung und die Unterdrückung der Schwarzen als sich gegenseitig ausschließende Bereiche zu behandeln, zu den Mythen der farbenblin-
den Gesellschaft und der Geschlechtergleichheit. Abgesehen von der gelegentli-
chen Beschäftigung des Mainstream mit »Rassismus« und »Sexismus«, die beide
sehr eng definiert werden, um zu suggerieren, daß Weiße in den meisten Fällen
blind gegenüber *race* oder *gender difference* seien, wird weiter das alte Märchen ver-

breitet, daß jeder, der es versucht, in den Staaten reich und glücklich werden kann.

Diese Mythen dienen zudem zur Verschleierung der strukturellen Unfähigkeit des Mainstream, Frauenunterdrückung und rassistische Unterdrückung in Zusammenhängen zu sehen, die eine dritte und gänzlich verschiedene Art von Problemen hervorbringen, was schwarze Frauen oder *women of color* betrifft. Es wird angenommen, daß *women of color* irgendwie eine zu kleine »Minderheit« sind, um sie begrifflich zu erfassen. Doch was auf der Ebene des hegemonialen Diskurses wirklich unmöglich erfaßbar scheint, ist die Tatsache, daß sie die Mehrheit der Welt darstellen.

Es ist aufschlußreich, daß ich mein letztes Beispiel für die Mißachtung schwarzer Frauen durch die Frauenbewegung und die Bewegung der Schwarzen aus einem Artikel in der *New York Times* bezog, einer Zeitung, die ich heute für ein entscheidendes historisches Dokument der weißen phallozentrischen Tradition halte. Die *New York Times* ist die bedeutendste Vertreterin dieser Art von liberalem Humanismus – obwohl unter weißen Männern der Linken in den Staaten noch immer die Ansicht vorherrscht, daß über »Rasse« zu reden und *color difference* zu sehen oder anzuerkennen automatisch »rassistisch« ist.

Solche Vorstellungen sind Rudimente früherer Stadien von Anti-Rassismus. Was mich jedoch beunruhigt, ist, daß diese Leute nicht realisieren, wie sie selbst zu Instrumenten jener »Unsichtbarkeit« werden, die Ralph Ellison so gut beschrieben hat, wenn er sie auch, wie ich glaube, nicht als ideologisches Phänomen begriff. Ich betrachte »Unsichtbarkeit« nicht nur als ein Problem der Ideologie, ich verstehe sie auch als das letzte und am schwierigsten zu bekämpfende Stadium von Rassismus. Die Tatsache, daß sie nicht nur Verknüpfungen von Rassismus und Sexismus, sondern auch das Zusammentreffen von kapitalistischer Ausbeutung und Zwangsheterosexualität umfaßt, macht es sogar noch schwieriger, sie zu diagnostizieren. Ich bezweifle, daß diese Verbindungen sich überhaupt auflösen lassen. Vielmehr müssen sie enthüllt, untersucht und »entwaffnet« werden.

Heute verstehe ich das Problem als eines der Repräsentation. Meine damalige Ansicht war, daß den Schwarzen systematisch die Kontinuität ihrer eigenen afrikanischen Kultur entzogen wurde, nicht nur durch die Unterdrückung der Sklaverei und durch Rassismus und Segregation, die dieser folgten, sondern auch durch Integration und Assimilation, die ihnen das Wissen um die Geschichte ihrer Kämpfe und die Erinnerung an ihre autonomen kulturellen Praktiken verwehrten.

Im Prozeß der Assimilation, Integration und Anerkennung übernahmen sie die Kultur und die Werte der Weißen in bezug auf Sexualität und Geschlecht (gender). Dies führte nicht nur zwangsläufig dazu, daß schwarze Männer sexistisch wurden, es brachte auch den völlig überflüssigen Selbsthaß schwarzer Frauen mit sich.

Wenn ich damals sagte, daß schwarze Männer schwarze Frauen haßten oder umgekehrt, so war dies einfach eine Erweiterung der Einschätzung, daß Schwarze sich selbst haßten. Die daraus resultierende Mythologie stellte tatsächlich eine Verlängerung und Umkehrung weißer Stereotypen über schwarze Inferiorität dar. Sie schrieb vor, daß schwarze Männer ihre Männlichkeit über betont männliche Charakteristika definierten – wie demonstrative Sexualität, körperliche Potenz, die Fähigkeit zu kriegerischem Verhalten. Schwarze Frauen wiederum definierten ihre Weiblichkeit (oder ihre »Befreiung«, die noch in keinster Weise eine Bewegung darstellte) über ihren Mangel an solchen männlichen Charakteristika – gerade deshalb, weil der Mythos ihrer Inferiorität, das Stereotyp der schwarzen Frau, sie immer als durch und durch sexualisiert, körperlich stark und kriegerisch gezeichnet hatte. Den einen Mythos nannte ich »Black Macho«, den anderen »The Superwoman«.

Die Argumente, durch die mein Buch am bekanntesten wurde: daß *Black Macho* und *interracial relationships* die politische Wirksamkeit der Bürgerrechts- und der Black Power-Bewegung zerstören halfen, daß schwarze Männer und Frauen einander haßten, waren allesamt untergeordnete Punkte meiner allgemeineren Argumentation, bei der es in Wirklichkeit um schwarzen Nationalismus aus einer feministischen Perspektive und um schwarze weibliche Selbstbestimmung ging. Heute halte ich es für den größten Fehler des Buches, daß ich die Probleme nicht verstand, die dem Nationalismus als einer Befreiungsstrategie für Frauen innewohnen. Ich dachte damals, daß die Männer Frauen einfach ausschlossen, weil sie noch nicht darauf gekommen waren, sich anders zu verhalten. Ich sah nicht, daß nationalistische Kämpfe automatisch dazu führen, die Beiträge von Frauen abzuwerten, genauso wie die der Schwulen oder aller anderen, die nicht ins Bild des noblen Kriegers oder des erfahrenen Staatsmannes passen.

Ich hatte zwar zunehmend begriffen, daß diese Konzepte, die eine Menge Leute für revolutionär hielten, überhaupt nicht revolutionär, sondern reaktionär waren. Doch ich verstand nicht, wie schwierig es wirklich ist, eine wirksame Revolution auch nur zu entwerfen, die unsere gegenwärtigen globalen inhumanen und ungleichen ökonomischen und politischen Verhältnisse wirklich verändern könnte.

Ich zog historische, literarische, soziologische, autobiographische und journalistische Texte heran, um meine Argumentation abzustützen, obgleich ich damals nicht wahrnahm, daß sie alle nicht einfach »die Wirklichkeit« abbilden, sondern vielmehr diskursive Modi darstellen und damit unvermeidlich zur »Fiktion« tendieren. Während ich damals davon sprach, daß schwarze Frauen Geschichte machen und darüber geschrieben wird, halte ich es heute folglich für wichtiger, daß sie ihre eigenen Geschichten »schreiben«, da die Macht, die eigene Geschichte zu schreiben, das ist, worum es beim Geschichtemachen überhaupt zu gehen scheint.

Wenn ich das Buch noch einmal zu schreiben hätte, würde ich nicht länger behaupten, daß Black Macho der entscheidende Faktor bei der Zerstörung der Black Power-Bewegung war; nicht, weil ich dies heute überhaupt nicht mehr für zutreffend halte – sicher war es das in der Welt, in der ich damals lebte –, sondern, weil es eine Behauptung war, die sich auf der Ebene soziologischer, historischer oder journalistischer Daten unmöglich erhärten ließ. Es mag eine berechtigte Interpretation der Ereignisse sein, zu sagen, daß eine bestimmte Art von schwarzem männlichem Chauvinismus zur Kurzsichtigkeit und zum Scheitern der Black Power-Bewegung beitrug, doch gibt es andere, ebenso berechtigte Interpretationen – wie etwa die, daß die Repression durch Polizei und CIA für das Ende der Bewegung entscheidend war. [...]

Meine Kritik der Black Power-Bewegung basierte auf einer eingeschränkten Wahrnehmung, die ich in erster Linie von den Mainstream-Medien und durch meine Lektüre weißer Autoren wie Norman Mailer und Tom Wolfe und – was für mich wichtiger war – schwarzer Autoren wie Richard Wright, Ralph Ellison, James Baldwin, Amiri Baraka und Eldrige Cleaver bezog. Was ich aus dieser Perspektive lernte, war mehr, als viele meiner KritikerInnen mir zuzugestehen bereit waren.

Medienanalyse hat nie im Mittelpunkt von *Black Studies* oder des Interesses der meisten bekannten schwarzen Intellektuellen gestanden. Doch ist es unmöglich, sich die Leistungen der Bürgerrechts- und der Black Power-Bewegung vorzustellen ohne die technologische Innovation der 7-Uhr-Abendnachrichten, die regelmäßig die Berichte von den letzten Zusammenstößen zwischen Polizei und Demonstranten im Süden in unsere Wohnzimmer brachten. Und obwohl schwarze Schriftsteller als Gruppe ein wenig aus der Mode gekommen sind (im Gegensatz zu schwarzen Schriftstellerinnen), waren sie es, die den intellektuellen Grund legten für ein schwarzes befreiendes Denken, soweit so etwas existierte. In der Tat war der heftige anti-intellektuelle Affekt der Black Power-Rhethorik (den ich als Black Macho beschrieb) eine ihrer größten Schwächen. Doch meine Argumente basierten alle auf der Lektüre von Literatur, populärer Kultur und den Medien.

Meine Perspektive auf diese Gegenstände hat sich verschoben von der Beschäftigung damit, »wie es wirklich war« – ich werde niemals wirklich Bescheid wissen über die meisten Ereignisse der Bürgerrechts- und Black Power-Bewegung, da ich nicht dabei war – zu einer Beschäftigung mit der Politik der Interpretation, speziell mit den Fragen, wer die Geschichte der 60er schreibt und wie dieses Wissen über »die Vergangenheit« die Machtverhältnisse in »der Gegenwart« bestimmt. Bisher ist es vor allem die weiße männliche Linke, die diese Geschichte schreibt.

Die wichtigsten historischen Dokumentationen der 60er Jahre aus der Perspektive schwarzer Beteiligter waren die »Eyes on the Prize«-Serie der PBS Dokumentarfilme und die Bücher, die im Anschluß daran von dem *Washington Post*-Reporter Juan Williams publiziert wurden. Es überrascht nicht, daß diese Version der Ereignisse sowohl den Beitrag der Frauen herunterspielt als auch unterschlägt, wie die Frauenbewegung, die Friedensbewegung und die weiße männliche Linke aus dem Bürgerrechtskampf hervorgingen. Was mich jedoch überraschte, war, wie stark diese Dokumentarfilme dem folgten, was die Sender bereits in ihren anfänglichen Berichten über die Bewegung als bedeutend etabliert hatten. Da »Eyes on the Prize« sich auf die verfügbaren Berichte verließ und keinen wirklichen Versuch unternahm, diesen Kontext zu unterlaufen, waren die wenigen existierenden Interpretationen [...] äußerst phallozentrisch, elitär und ausschließend. Damals mochte ich die Geschichte von Heroismus, Opfer und Mut in der Black Community im Norden und Süden, die »Eyes on the Prize« erzählte. Aber wenn man wie ich glaubt, daß es die Absicht der historischen Erzählung sein sollte, uns zu helfen, die Gegenwart zu verstehen, dann ist »Eyes on the Prize« für diese Aufgabe einfach unbrauchbar.

Wenn *Black Macho* den Eindruck erweckt, ich sei der Ansicht gewesen, daß *interracial dating* einen Wendepunkt in der Bürgerrechtsbewegung markierte, muß ich sagen, daß dies nicht mehr meine Überzeugung ist – wenn es dies jemals war. Ich wollte damit auf einen symptomatischen Aspekt meiner sich verändernden Umwelt als junge schwarze Frau in New York hinweisen. Das Entscheidende ist wiederum, was es uns über Interpretation sagt. So wird *interracial dating* zum Beispiel in den meisten offiziellen schwarzen oder weißen (männlichen) Geschichten über die 60er fast nie erwähnt. Vielmehr sind es schwarze und weiße Frauen – Susan Brownmiller in *Against Our Will* (1975), Alice Walker in *Meridian* (1976), Sara Evans in *Personal Politics: The Roots of Women's Liberation in the Civil Rights Movement and the New Left* (1980) oder Paula Giddings in *When and Where I Enter: The Impact of Blacks on Race and Sex in America* (1981) –, die solche Dinge ernstnehmen für das, was sie uns über das Leben gewöhnlicher Frauen und ihren mangelnden Zugang zu Macht und Selbstverwirklichung erzählen.

Was das Zitat anbetrifft, das den Buchdeckel schmückte und das so viel Aufsehen erregt hat:

Ich sage, ... es gibt ein tiefgehendes Mißtrauen, wenn nicht Haß, zwischen schwarzen Männern und schwarzen Frauen, der zum größten Teil durch weißen Rassismus genährt wurde, aber auch durch eine meist bewußte Ignoranz auf seiten der Schwarzen gegenüber ihren eigenen sexuellen Verhaltensweisen und Politiken in diesem Land.

Ich stehe dazu nur insoweit, als es auch möglich ist, zu sagen, daß es ein tief-gehendes Mißtrauen, wenn nicht Haß gibt zwischen jüdischen oder italienischen oder irischen oder puertoricanischen oder asiatischen Männern und Frauen, der zum größten Teil durch Antisemitismus oder Anti-Katholizismus oder Orienta-lismus oder kulturelle Ignoranz genährt wurde, aber auch durch eine meist be-wußte Ignoranz auf seiten der Juden oder Italiener oder Iren oder Puertorikaner oder Asiaten gegenüber ihren eigenen sexuellen Verhaltensweisen und Politiken in diesem Land. Allein in dem Maße, in dem ein solcher »sexueller« Haß für an-dere ethnische Gruppen ebenso zutrifft, trifft er auf Afro-AmerikanerInnen zu.

Die Behauptung ist nicht so lächerlich, wie sie zunächst klingen mag. Ich denke, es ist bis zu einem gewissen Grad wahr, daß, wenn die Männer einer eth-nischen Gruppe in Amerika in die Mittelklasse aufsteigen, gebildet und wohlha-bend werden, ihre Ressentiments unbewußt wachsen können gegenüber den proletarischen Frauen einer früheren Generation – genauer: ihren Müttern –, die zurückbleiben und für sie psychologisch die alte Lebensweise vor Assimilation und Erfolg repräsentieren. Sie könnten, soweit es ihnen möglich ist, versuchen, eine Frau zu heiraten, die dieser Figur möglichst unähnlich ist. Im Fall des erfolg-greichen schwarzen Mannes dürfte sie nicht schwarz sein, so wie sie im Fall eini-ger erfolgreicher jüdischer Männer nicht jüdisch, im Fall einiger erfolgreicher ita-lienischer Männer nicht italienisch ist – und so weiter. Aber dank der Bürger-rechtsbewegung ist dies kein Verbrechen mehr. [...]

Black Macho wurde kritisiert wegen der Vorstellung, daß ein Amerikaner wer-den hieße, eine Art imitierte »weiße« Person zu werden und sich deshalb selbst zu hassen. Ich glaube das beides nicht mehr. Vielmehr teile ich James Baldwins und Henry Louis Gates' (in *»Race«, Writing and Difference* vertretene) Ansicht, daß *racial difference* wesentlich mythologisch und hochgradig ideologisch ist. Obwohl Schwarzsein (Blackness) etwas ist, wovon wir berechtigterweise sagen können, daß wir es in verschiedenster, konkreter Art und Weise erfahren haben, ist es kei-ne essentielle Kategorie, die wir empirisch oder biologisch unterscheiden können von anderen rassistischen Erfahrungen. Es macht nur Sinn, wenn wir sie archäo-logisch (im Sinne von Michel Foucaults *Archäologie des Wissens* und Houston Baker's *Blues, Ideology and Afro-American Culture*) als einen Diskurs bzw. eine Serie von Diskursen betrachten bezüglich einer Matrix materieller Bedingungen, sozialer Verhältnisse und ökonomischer, politischer und kultureller Formen – ausgehend vom afrikanischen Sklavenhandel im 17.Jahrhundert und sich fortsetzend bis heute.

In diesem Kontext ist Weißsein, mehr als jede andere »rassische« Zuschreibung, eine Erfindung amerikanischer Ideologie, eine Art und Weise, die Angst vor »dem Anderen« in sich oder die Angst vor vielfältigen und vielstimmigen Identitäten durch verschiedene politische Strategien zu bekämpfen. »Weiß« sein zu wollen ist also eine ideologische Phantasie, sozial konstruiert und unmöglich zu erreichen, wie ohne Sünde sein zu wollen. Trotzdem, solange es weiße Leute gibt, die »weiß« sein wollen, scheint es mir naheliegend, daß es auch Schwarze geben wird, die »weiß« oder, genauer, *nicht* »schwarz« oder »anders« sein wollen. »Schwarz« sein zu wollen war dagegen immer ein eher ungewöhnliches Phänomen.

Hinsichtlich der Frage, ob es unser spezielles Anliegen sein sollte, eine Beziehung zwischen unseren gegenwärtigen und früheren afrikanischen kulturellen Praktiken herzustellen, denke ich noch immer, daß eine solche Aktivität sich lohnt. Obwohl mich die postkolonialen Theorien von Edward Said, Homi Bhabha, Gayatri Spivak und Trinh Minh-ha sehr beeindrucken und überzeugen, denke ich nicht, daß sie erschöpfend darüber Auskunft geben, was wir möglicherweise über unsere Beziehung zu »anderen Welten« jenseits der Hegemonie des Westens sagen können.

Was sie in meinen Augen geleistet haben, ist, die Begriffe des »Heimatlandes« oder der »einheimischen Kultur« zu problematisieren. Demnach sind Afro-AmerikanerInnen keine ImmigrantInnen, obwohl wir immer Leute zu uns gezählt haben und zählen, die erst vor kurzem aus der Karibik oder aus Afrika angekommen sind. Als eine Gruppe leben wir länger in Nord- und Südamerika als irgendjemand sonst, mit Ausnahme der IndianerInnen. Im übrigen war die Frage, ob unser »Heimatland« in Afrika eine entscheidende Rolle in unserer Kultur oder in unserem Diskurs spielen sollte, seit dem 19.Jahrhundert und möglicherweise schon früher unter afro-amerikanischen Intellektuellen umstritten.

Entscheidender für mich ist, daß wir historisch fortwährend alternative kulturelle Formationen hervorgebracht haben, die nicht nur den vorherrschenden Diskurs in Frage stellten und zu unterminieren versuchten, sondern auch weiterhin die Durchsetzbarkeit eines institutionalisierten und anerkannten hegemonialen Diskurses anfechten. Ob diese Aktivität nun aus unserer Erfahrung von Sklaverei, Segregation und Unterdrückung resultiert oder auf kulturelle Vorbilder in früheren afrikanischen Gesellschaften zurückgeht oder eine Kombination aus beidem darstellt, ist nicht der entscheidende Punkt. Am wichtigsten scheint mir, daß dies die Möglichkeit eröffnet, die Funktion von Kultur in antihegemonialer Weise zu bestimmen.

Seit der Zeit, als ich *Black Macho* schrieb, haben gewaltige Veränderungen stattgefunden, was die Verfügbarkeit von Materialien über die Geschichte und Literatur von weißen und schwarzen Frauen während der Sklaverei, der Rekonstruktion und der Bürgerrechts- und Frauenbewegung betrifft. Inzwischen konnten wir nicht nur die Entstehung von Black Women's Studies beobachten, darüber hinaus sind Women's Studies und Black Studies seit 1979 zu einflußreichen akademischen und intellektuellen Diskursen geworden. [...]

Wenn ich ehrlich bin, so war das, was mich anfangs am Feminismus am meisten anzog, seine implizite Kritik der Familie. Nach dem Moynihan Report und anderen maßgeblichen Quellen besagte das konventionelle Wissen, daß schwarze Familien gänzlich verschieden von weißen seien. Wilhelm Reich's Warnungen vor familiärer Repression als Grundlage des politischen Autoritarismus und R.D.Laing's Bild davon, wie bestimmte Familien beinahe zwangsläufig schizophrene Kinder produzieren, hätten am besten meine furchterregendsten Vorstellungen über die Funktion der Familie zusammengefaßt, ohne Rücksicht auf »Rasse«.

Doch ich hatte, als ich *Black Macho* schrieb, wenig Freud, Reich oder Laing gelesen, und auch nicht Juliet Mitchell's *Psychoanalysis and Feminism* (1974), das mir seitdem geholfen hat, diese Texte zu verstehen. Es waren eher die komischen Darstellungen des *New Yorker*-Humoristen James Thurber von verklemmten, exzentrischen weißen New England-Familien, in denen disparate Persönlichkeiten beständig zusammenstießen und einander nie zuhörten, die am treffendsten zum Ausdruck brachten, was ich sah, wenn ich an »die Familie« dachte.

Ich stellte mir damals die konventionelle Familie als Folterkammer vor, entworfen, um Frauen zu unterdrücken und zu verdrängen. Ich habe nie verstanden, wieso amerikanische Feministinnen nicht mehr daran interessiert waren, wie die Familie im besonderen und persönliche Beziehungen im allgemeinen eine entscheidende Rolle dabei spielen, Frauen mit ihrer Stellung im Leben zu versöhnen. Genauer: wie unsere Eltern, die von ihren Eltern zerbrochen wurden, uns zerbrechen müssen.

Es ist ihre traurige Pflicht, die ersten zu sein, die uns klarmachen, was wir realistischerweise von diesem Leben zu erwarten haben und was nicht. Wenn irgendetwas noch mehr für die »minoritäre« oder schwarze Familie zutrifft, dann dies. Für mich ist es das, wovon August Wilson's Stück *Fences* wirklich handelt. Das eindrucksvollste Beispiel, das die Geschichte uns gibt, ist weniger als hundertfünfzig Jahre alt: es ist das der Sklavenfamilie im Vorkriegs-Süden, in der eine Sklaven-Mutter ihre Kinder schlägt, um sie auf die Peitsche des Herrn vorzubereiten oder auch, im Fall der Mädchen, auf seine »Zärtlichkeit«. [...]

In *The Myth of the Superwoman,* der weitaus schwieriger zu schreibenden Hälfte des Buches, rede ich über den Konflikt zwischen meiner Mutter und mir und über meinen Aufenthalt in einem Jugendheim, als ich siebzehn war. Ausgehend von dieser Geschichte komme ich zu verschiedenen Schlüssen hinsichtlich der Möglichkeit von Feminismus in der Black Community.

Was noch auszuarbeiten blieb, war meine Beziehung zu meiner Familie als Autorin und als Frau. Damals fiel es mir schwer, zuzugeben, daß mein Familienleben ernsthaft gestört war. Ich räumte lediglich ein, daß die Beziehungen zwischen Männern und Frauen und zwischen Müttern und Töchtern in der »Black Community« überschattet und eingeschüchtert waren durch das normale »weiße« amerikanische Leben, wie es die Medien und die populäre Kultur darstellten. Obwohl dies in der Tat zutraf, denke ich heute, daß das Problem sehr viel weiter reicht. Das Problem war nicht die schwarze Familie, sondern die Familie, nicht die »schwarze« oder »weiße« Kultur, sondern das Faktum, daß in den Staaten kulturelle Verschiedenheit als etwas Äußerliches betrachtet wird, dessen wir uns zu entledigen haben. Was die Situation zu klären half, war die Art, in der die Rechte »die Familie« und traditionelle Werte immer wieder verteidigt, um progressiven Veränderungen entgegenzuwirken – vom Recht auf Abtreibung über Bürgerrechte (für Schwarze, Schwule, Latinos und Menschen aus Asien) und soziale Rechte bis hin zum Recht auf freie Meinungsäußerung.

Doch damals war ich noch nicht so weit, eine solche These zu vertreten; ich hatte mein Leben noch nicht mit dem zusammengebracht, was ich als mein Wissen von der Welt verstand. Dies war zum Teil so, weil ich meine Erfahrungen, die Ausnahmen und Widersprüche, die sie zu meinen damaligen Ansichten als Feministin aufwarfen, noch verleugnete. Die entscheidende Selbsttäuschung bestand vielleicht darin, ein Bild von mir als Kind der schwarzen Mittelklasse zu zeichnen, das aufgewachsen wäre in all der Mittelklassensicherheit seines weißen Gegenstücks in Scarsdale – einem Ort, an dem ich nie gewesen war, der mich jedoch faszinierte und von dem ich mir vorstellte, daß er dieselben Gefahren barg wie das Leben in Sugar Hill in Harlem.

In meinen späteren Texten erwähnte ich oft die Heroinsucht meines Vaters, der an einer Überdosis starb, als ich dreizehn Jahre alt war. Doch das war eine Geschichte, die ich nicht erzählen wollte, als ich *Black Macho* schrieb. Ich hatte gelernt, mich wegen meines Vaters so zu schämen, daß sehr wenige meiner Freunde überhaupt von ihm wußten. In dem Buch erzählte ich, was ich zu erzählen gelernt hatte: er sei ein klassischer und Jazz-Musiker gewesen und bei einem Autounfall ums Leben gekommen. Von meinem Stiefvater, der bei General

Motors am Fließband arbeitete und eigentlich derjenige war, der meine Vorstellung von Männern prägte, redete ich so wenig wie möglich.

Mein Vater Earl, der Jazzmusiker, und meine Mutter Faith, die Künstlerin war, heirateten in den 50ern heimlich, als sie noch ins College gingen. Sie waren zusammen in Sugar Hill aufgewachsen, ihre Mütter arbeiteten Downtown in den Fabriken zusammen als Näherinnnen, und sie gingen miteinander, seit Faith sechzehn war. Doch meine Großmutter Momma Jones war so streng mit Faith, obwohl sie damals schon zwanzig war, daß sie ihr nichts von der Heirat erzählte, bis sie einmal so spät nach Hause kam, daß Momma Jones ihr Prügel androhte. Danach lebten Faith und Earl, die immer sehr wenig Geld hatten, teils in Brooklyn, teils in Momma Jones' Haus und einige Zeit im Haus meiner Großmutter Momma T. Nach etwas mehr als zwei Jahren hatten Earl und Faith zwei Kinder: meine Schwester Barbara und mich. Inzwischen war Earls Drogengebrauch, der in den Jazzmusiker-Kreisen angesagt war, in denen er verkehrte (Sonny Rollins, Jackie McLean, Max Roach, Abbie Lincoln, Bud Powell), viel schlimmer geworden. Faith trennte sich schließlich nach vier Jahren Ehe von ihm, als ich gerade zwei war.

Wir wohnten danach bei unserer Großmutter Momma Jones, deren Haus in der Edgecombe Avenue lag, direkt neben dem Appartmenthaus, in dem meine andere Großmutter, Momma T., lebte. Mein Vater besuchte Momma T. oft, so daß es viele Möglichkeiten für mich gegeben hätte, ihn zu sehen, wenn meine Mutter mir es nicht verboten hätte – obwohl sie merkte, daß sie mir nicht erklären konnte, warum ich ihn vor meinem sechsten Geburtstag nicht sehen sollte. Trotzdem begegnete ich ihm fast jedesmal, wenn ich Momma T. besuchen durfte, aber ich lernte ihn nicht kennen. Ich glaube nicht, daß das Wissen, das ich durch die Jahre hinweg über Drogenabhängigkeit, Jazzmusiker, Rassismus und die psychische Zerbrochenheit schwarzer Männer in den 50ern angesammelt habe, jemals die Leere ausfüllen wird, die seine Abwesenheit geschaffen hat. Ich realisierte nicht, daß ich ihn liebte, bis er starb. Oder, besser gesagt, es war mir nicht möglich, ihn nicht zu lieben. [...]

Der Mann, den ich dagegen kennenlernte, war mein Stiefvater Birdie, ein Jugendfreund meines Vaters. Er war auch in der Edgecombe Avenue aufgewachsen, hatte aber nie die High School beendet und nicht das College besucht. Er traf sich mit meiner Mutter von der Zeit an, als wir Vaters Haus verließen und er war es auch, der uns von Momma T's zu Momma Jones Haus brachte. Er kam an Weihnachten und brachte einen Baum und Geschenke mit. Er nahm uns mit in die Bibliothek und ins Kino und ging mit uns in den Park, während meine Mutter ihre Studien im College fortsetzte und schließlich die Schule abschloß. Er war freundlich und lustig und er mochte es, mit uns Spaziergänge durch die alte

Nachbarschaft zu machen und jedem zu erzählen, daß wir seine Töchter wären. Das war ziemlich amüsant, denn er sah sehr hell aus und wir waren das glatte Gegenteil.

Im Mai 1962, als ich zehn Jahre alt war, heiratete Faith Birdie und er zog bei uns ein. Beinahe vom ersten Tag an erinnere ich mich daran wie an einen Alptraum, der nicht enden wollte. Seine eigene Kindheit war die Hölle gewesen – obwohl er nicht so darüber sprach. Er erzählte davon, als ob es ein Witz gewesen wäre und er die schlechte Behandlung verdient hätte. Seine Mutter ließ ihn im Krankenhaus zurück, weil sie die Rechnung nicht bezahlen konnte und kam nicht zurück, um ihn zu holen. Seine Tante zog ihn mit der Hilfe ihres Mannes auf, der bei der Post arbeitete. Sie war eine starke Alkoholikerin und häufig in psychiatrischer Behandlung. Regelmäßig habe sie sich betrunken und ihn mitten in der Nacht rausgeworfen. Er habe dann im Flur oder auf dem Dach geschlafen. Bei einem solchen Leben war es kaum verwunderlich, daß er die High School mit sechzehn verließ und einen Job anfing, obwohl er immer meinte, es sei dumm von ihm gewesen, die Schule zu verlassen.

Nachdem er meine Mutter geheiratet hatte, lernte ich ihn als äußerst unberechenbaren und vulgären Menschen kennen. Obwohl er nicht gewalttätig war, dachte ich immer, daß er es sein könnte und fürchtete mich sehr vor ihm. Ich hatte niemals jemanden so fluchen gehört wie ihn, und wenn die Männer, mit denen er zur Arbeit fuhr, auf dem Rückweg von Tarrytown nach Manhattan an der Bar anhielten, trank auch er zuviel, was sein launisches Verhalten erklärte. Als ich älter war, lernte ich beim Trinken mit ihm, daß seine Laune sich radikal ändern konnte, wenn er trank.

Er hatte sehr spezielle Regeln und Vorschriften, wie das Haus geführt werden sollte. Meiner Schwester und mir war es nicht erlaubt, ins Schlafzimmer meiner Eltern zu gehen, wir durften nicht im Wohnzimmer essen, wir mußten das ganze Geschirr spülen (meine Mutter machte keine Hausarbeit) und sollten im Bett sein, bevor er nach Hause kam. Er arbeitete in der Nachtschicht bei General Motors, und wenn er gegen 3 Uhr nachts nach Hause kam, weckte er uns oft alle, einschließlich meiner Mutter, auf, wenn er dachte, daß wir seine Vorschriften nicht befolgt hatten. Fluchend und schreiend lief er dann durch die Wohnung und drohte, meine Mutter oder auch uns zu verprügeln. Schließlich beruhigte er sich und wollte bloß reden. Manchmal, wenn am nächsten Tag keine Schule oder wenn es Sommer war, ging er und holte Eiscreme oder irgendwelche anderen Snacks für uns. Dann erzählte er oft Geschichten über seine Kindheit und wie er behandelt worden war und gab uns zu verstehen, wie glücklich wir dran wären.

Ich hatte meine erste sexuelle Erfahrung nicht lange nachdem Faith und Birdie geheiratet hatten, während ich mit der Hochbahn, die an unserem Haus vorbeilief, zur Schule fuhr. Ein Mann, dessen Gesicht ich niemals sah und an dessen Hautfarbe ich mich nicht erinnern kann, betatschte mich. Ich hatte zu große Angst, um zu protestieren und er sagte kein Wort.

Ich kann mich nicht erinnern, jemals mit meiner Mutter über Sex geredet zu haben. Mein Stiefvater dagegen sprach selten über etwas anderes. Seine Art, darüber zu sprechen, war es, uns – oft ziemlich lustige – Geschichten zu erzählen, wie er als junger Mann immer wieder ahnungslose Frauen ausgenutzt hatte. Der Punkt, auf den er dabei allzu gerne kam, war, daß Männern nicht zu trauen sei: sie wollten nur das eine und wir wären besser dran, sie nie 'ran zu lassen. Wenn wir trotzdem Sex haben wollten, sollten wir ein Kondom benutzen, das er Regenmantel nannte.

Während dieser Jahre brachen er und meine Mutter oft miteinander, doch sie kamen immer wieder zusammen. Es war die Überzeugung meiner Mutter, daß sie seine finanzielle Unterstützung und seine »starke Hand« brauche, um uns zu erziehen. Obwohl sie eine brilliante Künstlerin und Feministin war und ist, muß ich gestehen, daß ich diese Haltung nie verstand. Zugegeben, seit diesen Zeiten (die schlimmsten habe ich nicht beschrieben) hatte er sich langsam geändert und war auch milder geworden. Ich glaube, daß er heute sein damaliges Verhalten bedauert, auch wenn er dies nie ausdrücklich gesagt hat. Vielleicht hat es auch deshalb so lange gedauert, bis ich ihm schließlich zugestand, ein anderer Mann geworden zu sein, nicht länger der, der mich terrorisiert hatte.

Als ich mich als Teenager in Harlem zu verabreden begann, erwartete und fand ich keine besseren Männer als es mein Vater und mein Stiefvater waren. Ich erwartete und fand Feindseligkeit, Anmache, Konkurrenz, Gewalt, Unehrlichkeit, Misogynie und Ignoranz. Diese Erfahrungen hatten eine Menge zu tun mit meinen »Theorien« als schwarze Feministin über schwarze Männer und über die Beziehungen zwischen schwarzen Männern und Frauen. Die Geschichte, die ich erzähle, macht diese »Theorien« nicht weniger wahr oder unwahr. Sie macht sie einfach weniger pauschal. Ich will damit nicht sagen, daß es keine schwarzen Männer gäbe, die niederträchtig zu Frauen sind, und in der Tat sehe ich diese Niederträchtigkeit als ein politisches Problem in unserer Community. Was ich sagen will, ist, daß mir damals nicht klar war, daß es andere Männer gab.

Als ich *The Myth of the Superwoman* schrieb, warnte mich mein Agent und Verleger, daß es extrem riskant für mich wäre, die Geschichte meiner Einweisung in ein Jugendheim mit siebzehn zu erzählen. In der Tat wäre es riskant gewesen, oder zumindest problematisch, wenn ich die ganze Geschichte der familiären Turbulenzen beschrieben hätte, die mich dorthin brachten. Überflüssig zu sagen, daß es eine weitaus kompliziertere und wichtigere Angelegenheit war, als ich sie in dem Buch darstellte. Erst in den letzten Jahren habe ich begonnen, das kleine Mädchen zu verteidigen und seiner Geschichte zuzuhören, statt die Position meiner Mutter gegen sie einzunehmen. Das ist nicht einfach, weil ich jahrelang aus Angst gelernt hatte, sie zu ignorieren und abzutun.

Ich machte einige Erfahrungen in diesem katholischen Heim, die es mir ermöglichten, eine Feministin zu werden. Ich denke, es hatte damit zu tun, daß ich auf das kleine Mädchen in mir hörte angesichts anderer Mädchen, die eindeutig mißbraucht, vernachlässigt und benachteiligt worden waren. Ich war ganz sicher, daß man mich niemals mißbraucht, vernachlässigt und benachteiligt hatte, daß, was auch immer geschehen war, ganz und gar meine Schuld war. Heute bin ich davon nicht mehr überzeugt. Es ist meine eigene Geschichte, die ich heute hören möchte, doch ich beginne erst damit. Inzwischen scheint es fast unmöglich, viele schwarze Frauen zu finden, die das für wichtig halten, trotz des Markterfolgs schwarzer Frauenliteratur. Historisch betrachtet ist es jedoch überhaupt nicht ungewöhnlich, daß schwarze Frauen es schwierig und beschämend finden, ihre Geschichten zu erzählen.

Der erste Roman einer schwarzen Frau war Harriet Wilsons *Our Nig,* geschrieben in den 1860ern über die rassistische Behandlung, die sie als Dienstmädchen im Norden erfuhr. Im Bewußtsein dessen, daß sie es sich nicht leisten konnte, die weißen Abolitionisten anzugreifen, die darauf beharrten, daß der Feind die Sklavenhalter-Klasse des Südens sei, verarbeitete sie ihre Geschichte, indem sie einen »Roman« über eine Figur namens Frado schrieb. Ihre autobiographische Darstellung erscheint so übersetzt in die dritte Person, wobei sie, nach eigenem Eingeständnis, »absichtlich ausließ, was am meisten Beschämung bei unseren guten abolitionistischen Freunden zuhause auslösen würde.« Frados weiße, unverheiratete Mutter verläßt sie als Kind. Als Erwachsene heiratet sie einen Mann, der vorgibt, der Sklaverei entflohen zu sein und sie schließlich auch verläßt. Solche »realistischen« Elemente brachen mit den sentimentalen Konventionen der Frauenliteratur des 19.Jahrhunderts und führten dazu, daß Wilsons Roman unbeachtet blieb. Als ich *Black Macho* schrieb, war ihr Buch völlig unbekannt. Erst 1983 entdeckte der afro-amerikanische Literaturwissenschaftler Henry Louis Gates, Jr. es wieder und unterstützte eine neue Edition des Romans.

Ich sympathisiere heute weitaus mehr mit zwei anderen schwarzen Schriftstellerinnen derselben Periode, die ich häufig in *Black Macho* erwähne: Harriet Jacobs und Charlotte Forten Grimke. Während ich sie damals beide wegen ihrer viktorianischen Skrupel kritisierte, die ich als unnatürlich und selbstverachtend für schwarze Frauen empfand, hat es die afro-amerikanische Literaturkritik ermöglicht, sie heute in einer völlig anderen Weise wahrzunehmen.

In der Einleitung zu einer kommentierten Edition von *Incidents in the Life of a Slave Girl* weist Jean Fagin Yellin nach, daß Jacobs ihre Erzählung selbst geschrieben und nicht, wie man bisher annahm, der weißen Abolitionistin Lydia Maria Child diktiert hat. Das macht sie zur einzigen schwarzen Frau, die tatsächlich ihre eigene Sklavinnen-Geschichte geschrieben hat in der Tradition von Frederick Douglass und so vielen anderen männlichen Ex-Sklaven. Wenn wir dies bedenken, erscheint uns die Sentimentalität ihres Textes in einem anderen Licht. Harriet Jacobs hatte keine andere Alternative als öffentlich zuzugeben, daß sie bereitwillig außerehelichen Sex mit einem Mann gehabt hatte, um die Geschichte ihres Lebens als Sklavin und ihrer Flucht zu erzählen. Es waren genau die Zeichen ihres Widerwillens – ihr Gebrauch eines Pseudonyms, ihr Einsatz von Taktiken der konventionellen Frauenliteratur des 19.Jahrhunderts und ihr Bestehen darauf, daß sie es geschafft hatte, der Begierde ihres grausamen Herrn zu entkommen –, die die schwarze Literaturwissenschaft dazu bewegten, die Bedeutung und die Authentizität ihrer Erzählung so lange geringzuschätzen.

Auch Charlotte Forten Grimke war bis vor kurzem als schwarzes Mittelklasse-Mädchen des 19.Jahrhunderts für uns verloren, wie sie in Ray Allen Billingtons ausgewählter Edition ihrer Tagebücher (1953) erschien. Die vollständigeren Tagebücher wurden erst 1988 in der, wiederum von Henry Louis Gates, Jr. herausgegebenen *Schomburg Library of Nineteenth Century Black Women Writers* zugänglich gemacht. Brenda Stevensons einfühlsame Einführung zu dieser Edition und der erweiterte Text zeigen Forten als traurige junge Frau, deren Mutter starb, als sie ein Baby war und deren Vater sie als Kind verließ. Obwohl sie aus den beiden angesehensten Abolitionisten-Familien des schwarzen Philadelphia kam, hatte sie die meiste Zeit ihres Lebens finanzielle Schwierigkeiten. Sie litt an einer Atemwegserkrankung und war fast immer zu krank zum Arbeiten. Ihr Wunsch war es, Schriftstellerin zu sein, aber die finanzielle Not zwang sie dazu, als Lehrerin zu arbeiten, eine Arbeit, die sie nicht besonders mochte, obwohl sie damals noch ein seltenes Privileg für eine schwarze Frau darstellte. Ihre ungewöhnliche Familie scheint ihr ebensoviel Kummer verursacht zu haben wie sie ihr beistand, aber es überrascht nicht, daß Charlotte, die sehr religiös und aufopfernd war, es sich selten erlaubte, über die Probleme ihrer Familie im Detail zu schreiben. Die einzige Person, die sie jemals wirklich kritisierte, war sie selbst.

Es war meine Absicht beim Schreiben dieser neuen Einleitung zu *Black Macho and the Myth of the Superwoman,* zu erklären, wie ich zu einigen der Positionen kam, die ich in dem Buch vertrete und warum meine Ansichten sich geändert haben. Es war schwieriger als ich erwartet hatte. Als ich das Buch zur Vorbereitung zum erstenmal wieder las, war meine spontane Reaktion, es zu zerstören, so daß niemand es jemals wieder lesen könnte. Wie viele schwarze Schriftstellerinnen im 20., 19. oder auch 18.Jahrhundert haben genau dies gedacht und getan?

Ich wollte das Buch zerstören, weil meine Sehnsucht nach einem anderen Leben und meine Wut über meinen marginalen Status als schwarze Schriftstellerin auf seinen Seiten so greifbar waren. Wie besessen die Stereotypen über schwarze Frauen und Männer wiederholend, wollte ich mich für immer von ihnen befreien. Wie auch immer, dies war mir nur ein wenig mehr möglich als Harriet Wilson, Harriet Jacobs und Charlotte Forten. Aber vielleicht können wir, wenn wir beginnen, unsere eigenen Worte und Gefühle in der Öffentlichkeit zu behaupten, die Mittel zur Re-Produktion unserer eigenen Geschichte ergreifen, und Freiheit wird eine Möglichkeit werden in einem Sinn wie niemals zuvor.

New York, 1990

Original: »How I Saw It Then, How I See It Now«; Vorwort zur zweiten Auflage von Michele Wallace, Black Macho and the Myth of the Superwoman, Verso, London & New York 1990, pp. xvii-xxxviii

Übersetzerin: Sabine Grimm

Henry Louis Gates, Jr.

Writing »Race« and the Difference It Makes
Die Unterscheidung zwischen »Rasse« und Rasse

Wahr ist, daß mit dem Niedergang des humanistischen Ideals der Renaissance hin zu Spezialistentum und intellektueller Leere heute von den »führenden Köpfen des Fachs« eine möglicherweise selbstmörderische Linie verfolgt wird. Gleichzeitig müssen wir zusehen, wie unser Fach in alle Richtungen ausfranst, nachdem ihm sein Zentrum abhanden gekommen ist. Ein Beispiel sei kurz genannt: unser Berufsverband, die Modern Language Association. Ein kurzer Blick in das dicke Programm der letzten Tagung zeigt, daß unser Bereich in mittlerweile auf die Zahl 500 angeschwollene, verschiedene Kategorien zerstückelt worden ist. Nur ein Beispiel:
»The Trickster Figure in Chicano and Black Literature«. Klar, daß eine solche fortschreitende Trivialisierung der Fragestellungen diese Tagungen zum Gespött der Presse gemacht hat.

W. Jackson Bate, »The Crisis in English Studies«

Für das Individuum liegt die Sprache im Grenzbereich zwischen Selbst und Anderen. Das Wort in der Sprache ist immer ein fremdes. Es wird nur dann zum eigenen, wenn der Sprecher es mit seinen eigenen Absichten, seinem eigenen Ton füllt, wenn er sich das Wort aneignet und seinen eigenen semantischen und expressiven Zwecken unterordnet. Auch vor dieser Aneignung existiert das Wort nicht in einer neutralen oder objektiven Sprache (denn wir lernen unsere Wörter nicht aus dem Wörterbuch), sondern als Teil der Sprache von bestimmten Personen, es existiert in ihren Mündern, in ihren Kontexten und dient ihren Zwecken. Von dort muß man die Wörter herausgreifen und zu den eigenen machen.

Michail Bachtin, »Discourse in the Novel«

Sie können sich nicht selbst repräsentieren, sie müssen repräsentiert werden.

Karl Marx, »Der 18. Brumaire des Louis Bonaparte«

1

Spielt »race« bzw. »ethnische Zugehörigkeit«[*] als Kategorie in der Literaturwissenschaft und in der Geschichte der Literaturkritik dieses Jahrhunderts überhaupt eine Rolle? Wenn wir uns die Geschichte der westlichen Literatur und Literaturwissenschaft so betrachten, würden wir zunächst sicher antworten: »nein«

oder zumindest »nicht explizit«. Noch vor zehn Jahren hätten selbst die schärfsten und hellhörigsten KritikerInnen behauptet, daß, von ein paar unglücklichen Ausrutschern in der Geschichte der Literaturwissenschaft abgesehen, »race« für die Literaturkritik niemals von Bedeutung gewesen ist. Seit T.S. Eliot werden alle Texte des westlichen Literaturkanons so behandelt, als sprächen sie im Grunde alle von den »Bedingungen des menschlichen Daseins« oder seien eine Antwort darauf, da sie untereinander durch formale Wiederholung und Neubearbeitung dieser Thematik in Beziehung stehen. Zwar sind die meisten KritikerInnen überzeugt, daß Bewertungsmaßstäbe nie absolut sind und historisch bedingten Voraussetzungen unterliegen, aber manche Texte des Kanons (so das Argument) scheinen doch von den zeitlich bedingten Werturteilen unabhängig zu sein, diese zu transzendieren und unweigerlich von den Bedingungen des menschlichen Daseins an sich zu erzählen. Wo der Ort der Texte der »Anderen« sei (egal, ob diese merkwürdig metaphorische Negation der europäischen Literatur nun afrikanische, arabische, chinesische, lateinamerikanische, jiddische Autoren oder gar Autorinnen meint), diese Frage wurde in den Disziplinen der »Literatur«, »abendländischen Literatur« oder »vergleichenden Literaturwissenschaft« bis vor kurzem nicht gestellt. Sie wurde von einem Diskurs ausgeblendet oder unterdrückt, der die kanonisierte Literatur der nicht-kanonisierten erbarmungslos gegenüberstellt. In den meisten Überlegungen zu den Inhalten und Formen dessen, was Literaturwissenschaft sein soll, kam »race« als unsichtbare, aber nicht zu vernachlässigende Größe zum Tragen, implizit zwar, aber immer gegenwärtig.

Das ist nicht immer so gewesen. Mitte des 19.Jh. sind Begriffe wie »Nationalgeist« und »Epoche« allgemein anerkannte Kategorien gewesen, die in den damaligen Theorien über Wesen und Wirkung von Literatur eine große Rolle gespielt haben. Ein Werk war nur dann wahrhaft große Literatur, wenn es »Nationalgeist« und »Epoche« reflektieren konnte. Montesquieu sah in *De l'ésprit des lois* die sozialen Institutionen einer Kultur als Träger und Bewahrer eines sie leitenden »Geistes« und Giambattista Vico las in *Principi di una scienza nuova* Literatur vor dem Hintergrund komplexer historischer Zyklen. W. Jackson Bate hat gezeigt, wie geschickt Friedrich und August Schlegel »Nationalgeist« und »Epoche« als Interpretationsgrundlage genutzt haben. Aber erst Hippolyte-Adolphe Taine machte das Implizite explizit, indem er »die Rasse, die Sphäre und den Zeitpunkt« als positive Kriterien einführte, anhand derer jedes Werk beurteilt werden konnte und die, per Definition, jedes Werk widerspiegelte. Seine *Geschichte der Englischen Literatur* begründete das Feld, auf dem im folgenden während des 19.Jh. die jeweiligen Vorstellungen von »Nationalliteratur« konstruiert wurden.

Für Taine war »Rasse« der Ursprung der spezifischen Gefühls- und Denkstrukturen: »Und damit berühren wir den Kern des Menschen, denn um diesen

Begriff zu erläutern, müssen wir die Rasse selbst betrachten, ... den Bau seines Charakters und Geistes, seine gewöhnliche Art, zu denken und zu fühlen; ... die Unregelmäßigkeit und die Sprunghaftigkeit des Begriffes, die in ihm die Entstehung schöner Anordnungen und harmonischer Formen beeinträchtigen; die Mißachtung des Scheines; das Bedürfniß nach Wahrheit; das Anschmiegen an abstrakte und trockene Gedanken, die in ihm das Gewissen zum Nachtheile anderer Eigenschaften ausbilden.« Die Rasse«, folgerte er, besitzt »einen eigenen Zug, ... eine von allen Regungen und Bewegungen dieser Rasse unzertrennliche Besonderheit. Es sind dies die großen Ursachen, denn es sind die allgemeinen und permanenten Ursachen, ... die unzerstörbar, immer und überall thätig und schließlich unfehlbar vorherrschend sind«. »Die Poesien«, so Taine, und alle sonstigen Formen gesellschaftlichen Ausdrucks »sind in Wirklichkeit nur die Abdrücke des Stempels dieser Ursachen.«[1]

»Rasse« umfaßte für Taine alles: »Dies ist die erste und reichste der Hauptkräfte, von denen sich die geschichtlichen Ereignisse ableiten lassen«; sie bekundete »eine Gemeinsamkeit des Blutes und des Geistes, die noch heute all' ihre Sprößlinge verbindet.« Und damit wir auch wirklich richtig verstehen, daß Rasse *von Natur aus* prägend ist, weist uns Taine abschließend darauf hin, »daß sie nicht blos eine Quelle, sondern vielmehr ein See, ein tiefes Bassin ist, in das die anderen Quellen seit einer Menge von Jahrhunderten ihre Gewässer ergossen haben.«[2]

Taines Originalität liegt nicht in seinen Vorstellungen über Wesen und Funktion von Rasse/race, sondern in der fast naturwissenschaftlichen Anwendung dieser Kategorie auf die Literaturgeschichte. So wie er dachte man über *race* schon während der Aufklärung, wenn nicht sogar seit der Renaissance. 1850 war es ein Allgemeinplatz, daß es unüberbrückbare rassische Unterschiede gebe. Als Abraham Lincoln 1862 eine kleine Gruppe von schwarzen Führern ins Weiße Haus bestellte, um ihnen seine Pläne für die Rückführung aller Schwarzer nach Afrika mitzuteilen, beruhte seine Argumentation auf eben diesen »natürlichen« Unterschieden. »Ihr und wir gehören unterschiedlichen Rassen an«, sprach er. »Zwischen uns ist ein so großer Unterschied, wie er größer zwischen Rassen nicht sein kann.« Und weil man diesen Unterschied nie überbrücken könne, so Lincoln, sollten die Sklaven und Ex-Sklaven eben zurück nach Afrika gebracht werden. Die Entstehung eines Kanons für Nationalliteraturen ging Hand in Hand mit der Vorstellung von Intellektuellen, daß *race* ein »Gegenstand« sei, eine unauslöschliche Quantität, die unweigerlich Form und Kontur des Denkens und Fühlens festlegte, genau wie die Anatomie der Menschen eben auch.

Welche Rolle spielt nun »race« als Kategorie der Textinterpretation für die literaturwissenschaftlichen Richtungen, die sich ausdrücklich nur mit der Sprache der Texte beschäftigen wollten, also für Practical Criticism und New Criticism?

»Race« wurde, wie alle »ungehörigen« und »unpassenden« Kategorien in bezug auf den Aufbau des literarischen Kunstwerks ausgeklammert oder außer Kraft gesetzt. In dieser Theorietradition, deren Erben wir alle sind, wurden Texte dann in den Kanon aufgenommen, wenn sie die Kultur erweitern und erhöhen konnten. Eliots simultane Anordnung der Texte, die die abendländische Literatur begründen, beinhaltet das Kriterium »race« nur implizit. Geschichte, Sphäre und sogar Zeitpunkt spielten aber für die Textinterpretation auf dem Umweg über die Philologie und die Etymologie wieder eine Rolle. Das Lexikon (im anglo-amerikanischen Raum vor allem das »Oxford English Dictionary«) war die Festung, in der Taines Kriterien Schutz fanden. Sobald der Wert eines literarischen Kunstwerks in den Glauben an einen Kanon verkleidet worden war, dessen Autoren nachweislich aus ein und demselben Kulturkreis stammten, der sich sowohl auf die griechisch-römische als auch auf die jüdisch-christliche Tradition berief, war es nicht mehr notwendig, von »ethnischer Zugehörigkeit« zu reden, denn diese war bei allen Autoren »gleich«. Einer, der sich nicht als Erbe dieser Traditionen verstand, gehörte per Definition zu einer anderen »kulturellen Gemeinschaft«.

Trotz ihres Postulats des unumstößlichen Primats der Sprache für die Bewertung eines literarischen Werks, verweilten die Blicke sowohl I.A.Richards' als auch Allen Tates, in je separaten Vorworten zu Gedichtsammlungen von schwarzen Dichtern, auf deren schwarzem Antlitz und beide erinnern uns daran, wie wichtig es ist, dies bei der Lektüre immer vor Augen zu haben.[3] Der sehr leicht zu identifizierende Rassismus der ländlichen Südstaatler war eben nur eine extreme Manifestation der gleichen Unterstellungen, auf die auch der literarische Formalismus aufbaut. Die Bürger der Republik der Literatur waren eben alle weiß und fast alle Männer. Eliots Tradition der Simultaneität hatte die Differenz, wenn es sie überhaupt gab, getilgt. Für Schriftsteller einer farbigen Kultur war Eliots Traditionsfiktion das literarische Äquivalent zum »grandfather clause«.[4] Als Antwort auf den Satz in Robert Penn Warrens »Pondy Woods«: »Nigger, deine Brut ist nicht metaphysisch genug«, gibt Sterling Brown stolz zurück: »Cracker, deine Brut ist nicht exegetisch genug«. Dieser *signifyin(g) pun*, dieses Wortspiel, dekonstruiert den inhärenten Rassismus dieses Traditionsanspruchs.

2

In der Biologie ist »Rasse« schon längst kein bedeutungsvolles Kriterium mehr. Wenn wir von »der weißen Rasse«, »der schwarzen Rasse«, »der jüdischen Rasse« oder der »arischen Rasse« reden, ist das eine biologisch unzutreffende Bezeichnung, weil es im Grunde Metaphern sind. Dennoch wimmelt es in unserer Sprache von solchen Verwendungen des Begriffs »Rasse«, die allesamt ihren Ursprung in den zweifelhaften Pseudowissenschaften des 18. und 19. Jh. haben. Ein

Blick in die *New York Times* genügt und wir finden Schlagzeilen wie »Präsident der Universität fürchtet Rassenproblem an Schulen«, oder »Tausende von Demonstranten in Paris gegen Rassismus«. Im Leitartikel »The Lost White Tribe« der *New York Times* vom 29.März 1985 steht zu lesen: Wiewohl »Rassismus nicht nur auf Südafrika beschränkt« sei, müsse man dieses Land dennoch scharf verurteilen, denn »nachdem es die religiösen Glaubenssätze der abendländischen Kultur verraten hat, wird Rassenzugehörigkeit nun zum Prüfstein für politische Rechte«. Das erinnert an Eliots »Verfall der Sensibilität«, den er auf die Greueltaten, die »unter Brüdern« im Ersten Weltkrieg begangen wurden, zurückführt. (Für viele Nicht-Weiße jedoch rührt der Verfall der Sensibilität eher von Kolonialismus und Sklaverei her.) In all diesen Verwendungen wird so getan, als sei »Rasse« ein objektiver Klassifikationsbegriff, tatsächlich ist es jedoch eine gefährliche Trope.

Die durch die landläufigen Verwendungen des Begriffs »Rasse« entstandenen Vorstellungen von Differenz beschreiben zwar Differenzen, aber schreiben sie gleichzeitig auch erst ein in die Sprache, in Wertesysteme, in Traditionen von Kunst oder in das Erbgut. Gleichzeitig werden besondere Zuschreibungen wie Rhythmus, sportliche Leistungsfähigkeit, Reflexionsvermögen, Hang zum Wucher, Treue usw. vorgenommen. Die Zusammenhänge zwischen »Volkscharakter« und den eben genannten Eigenschaften wurden gerade durch »Rasse«-Metaphern gestiftet. Indem man sich abwechselnd auf Gott, die Biologie oder die natürliche Ordnung der Dinge beruft, werden scheinbar unvoreingenommene Beschreibungen von unterschiedlichen Neigungen und Wesenszügen bestimmter Völker oder Kulturen verbreitet. Zora Neale Hurston schreibt, sogenanntes Volksbewußtsein werde in den Mündern der Menschen zum gefährlichen Sprengstoff.[5] Zu meinem Erstaunen erklärte mir einmal ein Mitglied des englischen Parlaments den Unterschied zwischen irischen Protestanten und Katholiken anhand ihrer »klar und eindeutig erkennbaren Unterschiede in der Volkszugehörigkeit«. »Sie meinen, Sie können sie auseinanderhalten?«, fragte ich ungläubig. »Natürlich«, sagte der Mann, »jeder Engländer kann das.«

»Race« ist zu einer Metapher geworden für den grundsätzlichen, irreduziblen Unterschied zwischen verschiedenen Kulturen, Sprachgemeinschaften oder Anhängern unterschiedlicher Wertesysteme, die in der Regel auch gegensätzliche ökonomische und politische Interessen verfolgen. Es wurde zur ultimativen Metapher für Differenz, weil es so beliebig zu verwenden ist. Biologische Kriterien, die z.B. anatomische Unterschiede der Geschlechter definieren, sind auf »ethnische Unterschiede« nicht anwendbar. Dennoch: durch den sorglosen Umgang mit Sprache zwingen wir unseren Formulierungen die Natürlichkeit solcher Differenzen gerade erst auf. Dieser naive Sprachgebrauch schadet gesellschaftlich mehr, als er nutzt, denn die vielschichtigen Probleme kultureller und ethnischer Differenz werden dadurch eher verschärft als beseitigt – besonders in Zeiten, da Rassismus wieder salonfähig geworden ist. Die extreme »Andersartigkeit« der Schwarzafrikaner bleibt weiterhin ein Streitpunkt auch und gerade in internationalen humanitären Institutionen wie etwa der Katholischen Kirche. Während eines Besuchs in Westafrika überquerte Papst Johannes Paul II den Togosee, um Aveto, den »obersten Priester« von Togos traditioneller afrikanischer Religionsgemeinschaft zu treffen. Dies geschah am Rande des Heiligen Waldes in Togoville, dem historischen Ort der Begegnung zwischen der Katholischen Kirche und den schwarzen Religionen. Es war ein Treffen ersten Ranges: der Papst, begleitet vom vatikanischen Staatssekretär und anderen hohen Offiziellen, und Aveto, von fünf seiner höchsten Priester und Priesterinnen umgeben, erteilten sich ihren Segen und diskutierten dann über die Verträglichkeit ihrer beiden Glaubensrichtungen. Der Papst, immer ein ausgesprochener Kritiker von kreativen Versuchen, traditionell schwarzafrikanische (»animistische«) Glaubensrichtungen in die von Rom definierte zu integrieren, erklärte nach dem Treffen mit dem mystischen, schwarzen »Anderen« im Herz der Finsternis, er sei immer noch sehr besorgt über »die große Ideenverwirrung«, »den synkretistischen Mystizismus, der sich nicht mit der Kirche verträgt« und die »Gebräuche, die nicht dem Willen Gottes entsprechen«. Damit sprach er kurzerhand den Afrikanern das Recht ab, die christliche Religion nach ihren eigenen Vorstellungen zu gestalten, wie das diverse westliche Kulturen auch gemacht haben.[6]

Hunderte von Menschen werden jeden Tag umgebracht, allein um des Unterschieds willen, einer anderen »ethnischen Gemeinschaft« anzugehören. Diese Morde verpflichten uns, die Vorstellung von Differenz, die in den Metaphern von »Rasse« oder »ethnischer Zugehörigkeit« eingeschrieben ist, zu dekonstruieren und den Diskurs über »race« zu analysieren, um die verdeckten Wissens- und Machtverhältnisse zu enthüllen, die dem populären und wissenschaftlichen Gebrauch dieses Begriffs zugrundeliegen. [...]

Es ist wichtig, von einer Vielzahl von methodologischen und formalen Ansätzen aus, die merkwürdige Dialektik von formalem Sprachgebrauch und der Einschreibung metaphorischer, rassischer Verschiedenheit zu untersuchen. Nancy Stepan hat in *The Idea of Race in Science* gezeigt, wie diese Metapher zeitweilig sogar universelle und transzendentale Begründungen vor allem in der Biologie gefunden hat. Europäische Autoren haben immer wieder versucht, die rhetorische Figur der »Rasse« zu mystifizieren, sie zu naturalisieren, zu verabsolutieren und wesenhaft zu machen. Sie schrieben die Unterschiede als unveränderliche und endgültige fest, auf die sie sich beriefen oder die sie gedankenlos reproduzierten. Ohne große Mühe aber wird man feststellen, daß diese pseudowissenschaftlichen

Kategorien selbst rhetorische Figuren sind. Wer hat je Schwarze, Rote, Weiße, Gelbe oder Braune gesehen? Diese Begriffe sind willkürliche Konstrukte und nicht Abbilder der Wirklichkeit. Aber Sprache ist nicht nur das Medium dieser oft heimtückischen Verdrehungen, sie ist deren Zeichen. Der alltägliche Sprachgebrauch bezeichnet den Unterschied zwischen Kulturen, bezeichnet, wieviel Macht sie jeweils besitzen, indem er die Distanz zwischen Untergeordneten und Übergeordneten, zwischen Leibeigenem und Herrn durch die Metaphern der »ethnischen Zugehörigkeit« ausbuchstabiert. Dieser Sprachgebrauch entwickelte sich zeitgleich mit der Herausbildung einer politisch-ökonomischen Ordnung, durch die die farbigen Kulturen in mehrerlei Hinsicht von der abendländischen, jüdisch-christlichen und griechisch-römischen Kultur dominiert wurden. Wir müssen die bestehenden Literaturtheorien dazu verwenden, die Formen dieser Einschreibung sichtbar zu machen, um die weitreichenden – aber verdeckten – ideologischen Zusammenhänge, die auch bereits in der Theoriebildung stecken, zu entlarven. Im folgenden möchte ich an einem typischen Beispiel aufzeigen, wie die abendländische Kultur das Schreiben selbst als Mittel gebraucht, um farbige Kulturen ein- bzw. auszugrenzen. Denn die Fähigkeit, Schreiben und Lesen zu können, ist, wie ich hoffentlich zeigen kann, das Siegel, das rassistische und ökonomische Entfremdung zusammenhält.

3

Woran könnte man diese These besser belegen, als am Beispiel der ersten englischen Dichterin in schwarzer Tradition, der afrikanischen Sklavin Phillis Wheatley. Stellen wir uns die Szene einmal vor.

Eines schönen Morgens im Frühjahr 1772 schreitet eine junge Afrikanerin ernst in die Hallen des Bostoner Gerichts, um dort einer mündlichen Prüfung unterzogen zu werden, deren Ergebnis ihr Leben und ihre Arbeit bestimmen wird. Vielleicht bekommt sie einen ziemlichen Schreck, als sie in den Raum tritt. Denn dort sitzen achtzehn ehrwürdige Bürger und Notable Bostons im Halbkreis versammelt, unter ihnen John Erving, ein angesehener Händler, der Reverend Charles Chauncey, Pastor der Zehnten Kongregationskirche und John Hancock, der später noch zu Ruhm und Ehre gelangen wird, weil er die Unabhängigkeitserklärung mitunterschreibt. In der Mitte sitzen wohl Seine Exzellenz, Thomas Hutchinson, der Gouverneur der Kolonie, und gleich daneben Andrew Oliver, der Gouverneursleutnant.

Weshalb hat sich diese illustre Gruppe dort versammelt? Warum haben sie es für notwendig erachtet, dieses kaum achtzehnjährige, afrikanische Mädchen herbei zu zitieren? Die Runde der »respektabelsten Figuren in Boston«, wie sie sich selbst nennen, hat sich zusammengefunden, um die junge Afrikanerin zu einem schmalen Gedichtbändchen zu befragen, deren Verfasserin sie angibt zu sein. Wir können nur ahnen, welche Fragen sie dem schriftstellerischen Grünschnabel wohl gestellt haben. Vielleicht verlangten sie von ihr, die griechischen und lateinischen Götter, auf die viele ihrer Gedichte anspielten, genau und laut und deutlich zu benennen und zu erklären, wer sie waren. Vielleicht mußte sie ein paar lateinische Verben konjugieren oder sogar irgendwelche Abschnitte aus lateinischen Texten übersetzen, da ihr Master John Wheatley behauptet hatte, sie habe darin »einige Fortschritte gemacht«. Vielleicht wollten sie aber auch, daß die junge Frau einige Schlüsselpassagen aus Alexander Popes und John Miltons Werken auswendig aufsagte, da sie behauptete, sie sei von diesen beiden Dichtern unmittelbar beeinflußt worden. Wir wissen's nicht.

Was wir aber wissen, ist, daß die Antworten der afrikanischen Dichterin ausreichten, um die achtzehn illustren Herren dazu zu veranlassen, eine »Bescheinigung« zu verfassen und zu veröffentlichen, einen Brief »an die Öffentlichkeit«, der den Gedichtband auch einleitet, und der auszugsweise so lautet:

> Wir, die Unterzeichnenden, bestätigen der gesamten Welt, daß die im folgenden näher bezeichneten Gedichte, wie wir uns wahrlich überzeugen konnten, von Phillis, einem jungen Negermädchen, geschrieben wurden, die erst jüngst als unkultivierte Barbarin von Afrika gebracht ward und seither in nachtheiligem Schicksale als Sklavin einer Familie dieser Stadt dient. Sie wurde von einigen der besten Richter geprüft, und sie kamen zu dem Schluß, daß sie befähigt sei, sie verfaßt zu haben.[7]

Dieses Dokument war derart wichtig für die Suche nach einem Verleger, daß es im Vorwort von *Poems on Various Subjects, Religious and Moral* eine zentrale Stellung mit Signalwirkung einnimmt, als das Buch 1773 in London erscheint. Ohne diese »Bescheinigung«, behaupteten Wheatleys Verleger, würde niemand glauben, daß eine Afrikanerin diese Gedichte selbst geschrieben hat. Die großen Achtzehn drückten sich in ihrem Brief unmißverständlich aus: »Unzählige wären sogleich mit dem Verdacht zur Stelle, dies seien nicht die Gedichte der Phillis.« Phillis Wheatley hatte zusammen mit ihrem Master John Wheatley bereits 1770 in Boston versucht, einen ähnlichen Band zu veröffentlichen, doch die Verleger glaubten ihnen nicht. Mit der »Bescheinigung« in der Hand, fuhr Phillis Wheatley drei Jahre später mit dem Sohn ihres Masters, Nathaniel, nach England, um die letzten Verhandlungen für die Veröffentlichung ihres Gedichtbands mit Hilfe der Gräfin von Huntingdon und dem Grafen von Dartmouth zu führen.

Diese merkwürdige Anekdote, die sicherlich eine der seltsamsten mündlichen Prüfungen beschreibt, die je in eine Akte gelangten, ist nur ein Bruchteil der umfassenderen, noch kurioseren Geschichte der Zeit der Aufklärung. Seit Beginn des 17. Jh. haben sich die Europäer immer wieder laut die Frage danach gestellt, ob die afrikanische »Spezies«, wie sie meist genannt wurde, überhaupt literarisch schöpferisch sein konnte, ob sie zu Kunst und Wissenschaft taugte. Wenn ja, so wurde argumentiert, wären die afrikanische und die europäische Variante des Menschens grundsätzlich ähnlich. Wenn nicht, dann war klar, daß die Afrikaner von Natur aus zum Sklaventum bestimmt waren.

Weshalb war die Frage nach Literatur und Wissenschaftlichkeit bei den Afrikanern so wichtig für die Debatte über Sklaverei im 18.Jh.? Ich will hier nur kurz eine These skizzieren: Nach Descartes war Vernunft die höchste und privilegierteste Eigenschaft des Menschen. Schriftliche Texte wurden als sichtbares Zeichen von Vernunft angesehen, vor allem nachdem der Buchdruck entwickelt und verbreitet worden war. Schwarze galten als »vernunftbegabt« und somit als Menschen, wenn – und nur wenn – sie ihre Fertigkeiten in den »Künsten und Wissenschaften« unter Beweis stellen konnten, was im 18.Jh. eine andere Bezeichnung für »Schreiben« war.

Während also die Aufklärung sich durch die Entwicklung eines Vernunftbegriffs auszeichnete, benutzte diese Epoche gleichzeitig die An- bzw. Abwesenheit von Vernunft, um farbige Kulturen, die die Europäer seit der Renaissance unablässig »entdeckten«, in ihrem Menschsein zu beschränken und einzugrenzen. Das Bestreben, menschliches Wissen zu systematisieren (charakteristisch für die Aufklärung), führte ohne Umwege dazu, die schwarzen Kulturen auf die untersten Plätze in der »großen Kette des Seins« – eine alte Vorstellung, die alle Lebewesen hierarchisch von den Pflanzen, Insekten und Tieren über die Engel bis hinauf zu Gott persönlich anordnete – zu verbannen.

Um 1750 war die Kette perfekt kalibriert: Die menschliche Skala reichte von »den niedrigsten Hottentotten« (den schwarzen Südafrikanern) zum »ruhmreichen Milton und Newton«. Konnten Schwarze Literatur schreiben und veröffentlichen, dann konnten sie sich tatsächlich auch ein paar »Riesenschritte« in der Kette des Seins hochmogeln. Viele Rezensionen von Wheatleys Gedichtband argumentierten beispielsweise, daß die Veröffentlichung ihres Werks bedeutete, daß Afrikaner tatsächlich menschliche Wesen waren und deshalb nicht versklavt werden sollten. Wheatley selbst wurde bald nach Erscheinen ihres Buchs aus der Sklaverei entlassen. Was bei ihr noch eher implizit vonstatten ging, war fünfzig Jahre später gang und gäbe. George Moses Horton war Mitte der 1820er in Chapel Hill ein anerkannter »Sklaven-Dichter«. Sein Master ließ seitenweise Anzeigen in Zeitungen der Nordstaaten abdrucken, in denen er versprach, seinen Sklaven frei zu lassen, wenn es genügend Interessenten an Hortons Gedichten gab und das Buch sich gut verkaufte. Schreiben war für diese Sklaven keine Geistestätigkeit, sondern ein Tauschgeschäft, bei dem sie um ihre Anerkennung als menschliche Wesen feilschen mußten.

4

Schwarze und viele andere farbige Kulturen hatten keine Schrift. Schrift, so behaupteten die Europäer, hatte eine übergeordnete Stellung, was die Künste anbetraf, denn nur in ihr war der Ort des »Genius«, sie war das sichtbare Zeichen der Vernunft an sich. Obgleich die Schrift also eine untergeordnete Stellung in bezug auf die Vernunft hatte, drückte sich doch die Vernunft in diesem Medium aus. Wir wissen um die Vernunft nur durch Schrift, sie repräsentiert Vernunft. Diese Repräsentation kann nun aber mündliche oder schriftliche Form annehmen. Und obwohl es ausgezeichnete Wissenschaftler gibt, die die mündliche Form privilegieren, zogen doch die meisten Europäer immer die schriftliche Form vor (zumindest dann, wenn sie über die Afrikaner räsonnierten), um zu prüfen, inwieweit die Afrikaner menschliche Wesen sein können, zum Fortschritt taugen und einen höheren Platz in der großen Kette des Seins einnehmen können.

Der unmittelbare Zusammenhang zwischen politisch-ökonomischer und kultureller Entfremdung läßt sich sehr gut an dem folgenden Statut aufzeigen, das 1740 in South Carolina verfaßt wurde und verhindern sollte, daß schwarze Sklaven Lesen und Schreiben lernten, geschweige denn Fertigkeiten darin erlangten:

»And whereas the having of slaves taught to write, or suffering them to be employed in writing may be attending with great inconveniences;
Be it enacted, that all and every persons whatsoever,who shall hereafter teach, or cause any slave or slaves to be taught to write, or shall use or employ any slave as a scribe in any manner of writing whatsoever, hereafter taught to write; every such person or persons shall, for every offense, forfeith the sum of one hundred pounds current money.«
[Wer Sklaven das Schreiben beibringt oder sie für Schreibarbeiten einsetzt, muß mit großen Unannehmlichkeiten und Strafe rechnen. Hiermit wird also beschlossen, daß alle, die von nun an irgendwelchen Sklaven das Schreiben lehren bzw. sie zum Schreiben heranziehen oder sie als Schreiberlinge benutzen, alle die werden für jedes Vergehen dieser Art mit einer Strafe von 100 Pfund belegt.]

Schreiben und Lesen lernen war somit nicht nur schwer, es war ein Verstoß gegen das Gesetz. Bereits 1705 versuchte der holländische Seefahrer Willem Bosman den Zusammenhang zwischen dem Warencharakter des Schreibens und rassistischer bzw. ökonomischer Entfremdung durch einen Mythos zu verschleiern, den ihm nach seinem Bekunden die Afrikaner, die er »entdeckt« hatte, selbst erzählten. Nach Bosman erzählten die Schwarzen:

> »... daß am Anfang Gott die Schwarzen und Weißen gleichermaßen geschaffen hatte. Er ließ den Schwarzen die erste Wahl und sie wählten das Gold, und überließen den Weißen das Wissen um die Schriftkunst. Gott erfüllte ihnen ihren Wunsch, doch da er über diese Gier erzürnt war, beschloß er, daß die Weißen hinfort ihre Beherrscher wären, und die Schwarzen beugten sich und dienten fortan als Sklaven.«[8]

Bosmans Entstehungsmythos hatte natürlich die Funktion, eine von den Europäern geschaffene, politische Ordnung zu naturalisieren. Aber erst Hume sollte Bosmans Geschichte Mitte des 18.Jh. mit dem notwendigen aufklärerischen Vernunftgedanken ausstatten. In seinem Essay »Über nationale Charaktere« von 1748 macht sich Hume Gedanken über die »charakteristische« Aufteilung der unterschiedlichen Völker in der Welt. In einer 1753 angefügten Fußnote postuliert Hume mit der gesamten Autorität des philosophischen Diskurses die grundsätzliche Identität von Aussehen, Charakter und intellektuellen Fähigkeiten:

> »Ich hege den Verdacht, daß die Neger und allgemein alle anderen Menschenrassen (denn es gibt vier oder fünf verschiedene Arten) den Weißen von Natur aus unterlegen sind. Es gab noch nie eine zivilisierte Nation von anderer Hautfarbe als der weißen oder auch einen einzelnen von Bedeutung in Tat und Spekulation. Keine erfindungsreichen Manufakturen bei ihnen, keine Künste, keine Wissenschaften ... Ein so gleichartiger und konstanter Unterschied könnte nicht in so vielen Ländern und Jahrhunderten auftreten, wenn die Natur nicht einen ursprünglichen Unterschied zwischen diesen Menschenrassen gemacht hätte. Ganz zu schweigen von unseren Kolonien, sind Negersklaven in ganz Europa verstreut, von denen keiner jemals Anzeichen der Erfindungsgabe gezeigt hat ... In Jamaica spricht man tatsächlich von einem gebildeten und begabten Neger [Francis Williams, der in Cambridge ausgebildete Dichter, der lateinische Verse schrieb]; doch wird er wahrscheinlich für sehr geringe Leistungen bewundert, wie ein Papagei, der einige Worte deutlich sprechen kann.«[9]

Humes Meinung zu diesem Thema wurde, wie nicht anders zu erwarten, zur Norm.

Kant führt in seinen *Beobachtungen Über das Gefühl des Schönen und Erhabenen* (1764) Humes Ansatz weiter aus, und zwar im vierten Abschnitt mit der Überschrift: »Von den Nationalcharakteren, in so ferne sie auf dem unterschiedlichen

Gefühl des Schönen und Erhabenen beruhen«.[10] Zuerst behauptet er: »So wesentlich war der Unterschied zwischen [dem schwarzen und dem weißen] Menschengeschlecht, und er scheint eben so groß in Ansehung der Gemütsfähigkeiten als der Farbe nach zu sein.«(S.880) Dann verkündet er, als einer der ersten bedeutenden europäischen Philosophen, mit absoluter Überzeugung den unmittelbaren Zusammenhang zwischen Hautfarbe und Intelligenz:

> »Der Pater Labat meldet zwar, daß ein Negerzimmermann, dem er das hochmütige Verfahren gegen seine Weiber vorgeworfen, geantwortet habe: Ihr Weiße seid rechte Narren, denn zuerst räumet ihr euren Weibern so viel ein, und hernach klagt ihr, wenn sie euch den Kopf toll machen. Es ist auch, als wenn hierin so etwas wäre, was vielleicht verdiente, in Überlegung gezogen zu werden, allein kurz um, dieser Kerl war vom Kopf bis auf die Füße GANZ SCHWARZ, ein deutlicher Beweis, daß das, was er sagte dumm war.« (S.882) [Hervorh. H.L.G.]

Der Zusammenhang zwischen »schwarz« und »dumm« wird als selbstverständlich vorausgesetzt. Im selben Tenor wie Hume und Kant behauptet Hegel, die Schwarzen hätten keine Geschichte, weil sie keine eigene Schrift besäßen und die Schreibkunst auch in keiner europäischen Sprache beherrschten. Daß Hegel die fehlende Geschichtsschreibung so scharf kritisierte, liegt daran, daß sie in unmittelbaren Zusammenhang mit kollektivem, kulturellen *Gedächtnis* gebracht wird. Metaphern des kindlichen Wesens von Sklaven, der verkleideten, marionettenhaften Persönlichkeit von Schwarzen, gründen alle auf der Annahme, sie hätten kein Gedächtnis, keine Erinnerung. In dem Roman *Ida May: Ein Lebensbild (1854)* schreibt Mary Langdon: »Sie sind nur Kinder ... Selten hört man sie von vergangenen Dingen reden, die Hauptsache ist, sie haben genug zu Essen im jetzigen Moment«.[11] Ohne Schrift gibt es keine wiederholbaren Zeichen, die die Vorgänge des Verstandes und die Vernunft festhalten können. Ohne Gedächtnis oder Verstand keine Geschichte. Ohne Geschichte keine Menschlichkeit, so jedenfalls wurde es von Vico bis Hegel verfügt.

5

Paradoxerweise entstand also anglo-afrikanische Literatur als Reaktion auf die Behauptung ihres Nichtvorhandenseins. Die Schwarzen reagierten auf die schwerwiegenden Vorurteile über ihre »Natur« auf die direkteste Weise: sie begannen, Bücher, Gedichte und autobiographische Erzählungen zu schreiben. Politische und philosophische Schriften waren die wichtigsten Texttypen der damaligen Zeit. Am häufigsten jedoch waren autobiographische »Befreiungsgeschich-

ten«, die damals ihre Blütezeit hatten. Um dem Vorwurf zu begegnen, ihnen feh-
le eine offizielle, kollektive Geschichte, veröffentlichten Schwarze individuelle
Lebensgeschichten, die, zusammengenommen, die umfassendere, aber fragmen-
tierte Geschichte der Schwarzen in Afrika erzählen sollten, die nun über die
ganze kalte Neue Welt verstreut waren. Das erzählte, beschreibende »Eye(Auge)«
stand im Dienste einer Postulierung sowohl des individuellen als auch des kollektiven »I (Ich)« der ganzen kulturellen Gemeinschaft. Der Text schuf den Autor,
und von schwarzen Autoren erhoffte man sich, daß sie das Bild ihrer Kultur und
Ethnie im europäischen Diskurs etablierten bzw. revidierten. Das Gesicht ihrer
Kultur war also abhängig von den Aufzeichnungen der schwarzen Stimme. Eine
Stimme setzt ein Gesicht zwar voraus, doch in diesem Fall wurde davon ausgegangen, daß die Stimme die eigentlichen Konturen des »Schwarzen Gesichts« allererst bestimmte.

Die Aufzeichnung einer authentischen schwarzen Stimme − ein Befreiungs-
schrei aus der diskursiven Stummheit, die das aufklärerische Europa als Legitimation für die Aberkennung eines menschlichen Wesens der Afrikaner hernahm −
war das langersehnte Mittel, wie Afrikaner zu Europäern, Sklaven zu ehemaligen
Sklaven, Tiere zu Menschen werden konnten. Diese Vorstellung war der Kern
der Entstehung von schwarzer Literatur im 18.Jh. und fünf der frühesten Skla-
venerzählungen beziehen sich auf die Metapher der Stimme in ihren Texten,
nämlich auf das sprechende Buch, wenn es in zentralen Szenen um Lernprozesse
auf dem Weg in die Freiheit geht.[12]

Diese fünf Autoren waren durch die Wiederverwendung einer Trope zum
Anfang einer ersten schwarzen Signifikantenkette geworden und resignifizierten
implizit eine andere metaphorische Kette, nämlich die »große Kette des Seins«.
Die Schwarzen standen dort immer auf der untersten Stufe des Menschseins oder
neben den Affen als deren Vettern. Da, nach Hume, die Schreibkunst den
Mensch vom Tier unterscheidet, verwiesen diese Schriftsteller durch ihr Signify-
ing implizit auf die rhetorische Figur der Kette selbst. Allein dadurch, daß sie Au-
tobiographien schrieben und veröffentlichten, kritisierten sie die bestehende
Ordnung der abendländischen Kultur, deren hervorstechendstes Merkmal für sie
die Sklaverei war. Die Schriften von James Gronniosaw, John Marrant, Olaudah
Equiano, Ottabah Cugoano und John Jea kritisierten das Zeichen »Kette des
Seins« und den metaphorischen Platz, auf den Schwarze darin verwiesen wurden.
Diese schwarze Signifikantenkette war, durch den »einfachen« Akt des Schreibens
selbst, unabhängig von jeder Intention, die erste politische Geste in der anglo-
afrikanischen Literatur. Ihr kollektiver Akt legte den Grundstein für schwarze Literatur und definierte sie als »Kette des Anderen«, als Kette des schwarzen Seins
aus der eigenen Perspektive. Das Buch »zum Sprechen« bringen bedeutete also

politisches Engagement und Kritik am fundamentalsten Zeichen europäischer Vorherrschaft – der Schrift –, am Warencharakter des Schreibens, am Text und an der Technologie der Vernunft. Dennoch müssen wir uns fragen, ob die Art von Subjektivität, die diese Autoren im Akt des Schreibens finden wollten, durch einen Prozeß erreicht werden konnte, der von Anfang an so paradox erschien. Wie kann das schwarze Subjekt sich als hinreichend ganzes Selbst in einer Sprache setzen, in der »Schwarz« das Zeichen von Abwesenheit ist? Kann Schreiben, mit dem Unterschied, den es macht und markiert, die Schwärze des schwarzen Gesichts maskieren, welches sich den Texten des westlichen Literaturkanons zuwendet? Noch dazu mit einer Stimme, die dieses idiomatische Englisch spricht, das die unreduzierbaren Elemente kultureller Verschiedenheit beinhaltet, die doch immer die schwarze von der weißen Stimme unterscheiden? Wir wissen, daß wir uns durch unsere Schriften nicht vom Rassismus befreien konnten. Wir sind von falschen Voraussetzungen ausgegangen, als wir glaubten, daß Rassismus in dem Moment aufhören würde, wenn wir unsere weißen Unterdrücker überzeugt hatten, daß auch wir Menschen waren. Schreiben sollte dabei das umfassende »Menschlichkeitszertifikat« sein, wie Paulin Hountondji treffend bemerkte. Aber schwarze Literatur, vor allem Sklavenliteratur, hat die kulturellen Unterschiede nicht beseitigt. Im Gegenteil, das Einschreiben der schwarzen Stimme in die westlichen Literaturen hat gerade die kulturellen Eigenheiten und Differenzen bewahrt, so daß sie innerhalb einer bestimmten abendländischer Tradition, nämlich der Schreibtradition der »black difference«, des schwarzen Unterschieds, immer wieder von neuem herangezogen, bestätigt und imitiert wurden.

Wir Schwarze haben versucht, uns aus der Versklavung freizuschreiben, die aus mehr als bloß körperlichen Fesseln besteht. Schwarze Schriftsteller nahmen die Herausforderung der großen, weißen Literaturtradition an und schrieben, als ob ihr Leben davon abhinge – was es in gewisser Weise auch tat, zumindest das Überleben der »race« innerhalb des westlichen Diskurses. Aber wir haben mit der Herausforderung auch ihre Voraussetzungen angenommen, was vielleicht eine Falle war. Falle? Erinnern wir uns des merkwürdigen Falls Edmond Laforest.

Edmond Laforest, ein bekanntes Mitglied der haitianischen literarischen Vereinigung *La Ronde*, wollte durch seinen Freitod 1915 ein symbolisches und paradoxes Statement hinterlassen. Es betraf das verzerrte Verhältnis eines sog. Minderheitenschriftstellers zum Akt des Schreibens in der anderen, neuen Sprache der Herrschenden. Mit dem unnachahmlichen, hier aber tödlichen Hang zur großen Geste, stand Laforest auf einer Brücke, band sich seelenruhig das französische Larousse-Wörterbuch um den Hals und sprang dann in den Tod. Andere schwarze Autoren sind metaphorisch vor und nach ihm unter dem Gewicht der neueren, fremden Sprachen auch untergegangen, aber Laforest wollte mit seinem Tod ein

Symbol für diese untragbare Situation setzen, in der die Schwarzen immer, und nur, als Lehrlinge und die Weißen als deren Meister auftreten.

Diese permanente »Lehrlingssituation« muß von schwarzer Seite her kritisiert werden, noch dazu, da sie für schwarze AutorInnen und KritikerInnen gleichermaßen zutrifft. Wir müssen lernen »in der anderen Sprache zu sprechen, ohne unsere eigene zu vergessen«, wie Jacques Derrida schreibt.[13] Wenn wir durch einfache Umkehrung einen ebenfalls essentialistischen Begriff von »race« postulieren (wie es in der négritude-Bewegung geschehen ist, deren Vertreter Léopold Senghor rief: »Wir fühlen, also sind wir.«), dann geben wir zuviel auf: nämlich die Basis einer allen gemeinsamen Menschlichkeit. Davor warnt auch Anthony Appiah, weil eine ebenfalls essentialistische Aneignung des Begriffs »race« nur zu neuen Festschreibungen der merkwürdigsten Stereotypen führen würde.[14] Wie können wir also als LiteraturwissenschaftlerInnen Derridas Aufforderung nachkommen? Die Literaturwissenschaft hat, wie ihr Objekt, die Literatur, ebenfalls einen Kanon. Früher habe ich geglaubt, das wichtigste sei, den Kanon der Literaturtheorie zu beherrschen, ihn zu übernehmen und anzuwenden. Mittlerweile jedoch bin ich davon überzeugt, daß wir uns unserer eigenen schwarzen Tradition zuwenden müssen, aus der heraus wir eigene Literaturtheorien entwickeln können, die unseren literarischen Texten adäquat sind. Alice Walkers Wiederaufnahme von Rebecca Cox Jacksons Parabel von der Textinterpretation durch Weiße (die Jackson 1836 geschrieben hat) betont dies nachdrücklich. Jackson, eine schwarze Visionärin, behauptete, sie habe, wie Jea, das Lesen von Gott gelernt. In ihrer Autobiographie erzählt sie ihren Traum, in dem ein weißer Mann zu ihr kommt, um ihr zu zeigen, wie sie das Wort Gottes zu interpretieren und zu verstehen habe, da Gott ihr nun das Lesen beigebracht hat:

> »Ein weißer Mann nahm mich bei der rechten Hand und führte mich zur Nordseite des Raumes, wo ein rechteckiger Tisch stand. Auf diesem lag ein geöffnetes Buch. Er sprach: »Durch dieses Buch sollst Du von der Genesis bis zur Offenbarung erfahren.« Und dann führte er mich zur Westseite des Raumes, wo auch ein Tisch stand. Und er sah genau wie der erste aus. Er sprach: Fürwahr, Du sollst vom Anfang der Schöpfung und vom Ende aller Zeiten erfahren. Dann führte er mich noch zur Ostseite des Raumes, wo ebenfalls ein Tisch und auf ihm ein Buch waren, genau wie die ersten beiden, und sprach: Ich werde Dich lehren. Fürwahr, Du sollst vom Anfang und vom Ende aller Dinge erfahren. Fürwahr, Du sollst gut unterrichtet werden. Ich werde Dich unterrichten.
> Dann erwachte ich und sah ihn so deutlich wie in meinem Traume. Und er kam täglich, um mich zu lehren. Und wenn ich an ein schwieriges

Wort kam, so stand er neben mir und lehrte mich das Wort richtig zu verstehen. Und wenn ich grübelte und Dinge nur schwerlich begreifen konnte, war er da und lehrte mich, sie zu begreifen. Und oh, diese Mühe und Arbeit, die ich ihm machte, weil ich so unwissend war, diese Anstrengung, die er unternehmen mußte, damit ich die ewigen Worte begreifen konnte, ließen mich oftmals bittere Tränen vergießen. Denn es erschien mir, als sei ich so tief begraben unter dem Erbe meiner Väter, daß ich niemals herausgeschaufelt werden könnte«.[15]

Alice Walker nimmt Jacksons Parabel vom »Lehrlingsverhältnis«, in dem der »weiße Mann« die Position des Vermittlers der richtigen Interpretation einnimmt, wieder auf. In *Die Farbe Lila* unterhalten sich Celie und Shug darüber, daß man sich »vom alten weißen Mann« abwenden müsse, was bald darauf dazu führt, daß sie »den Mensch/Mann« abschaffen wollen als Mittler zwischen »den Frauen« und »allem anderen«:

> »... erst mußt Du den Mensch [Mann, engl.:»man«] von deinem Augapfel wegkriegen, bevor du irgendwas sehen kannst.
> Der Mensch [Mann] verdirbt alles, sagt Shug. Er ist auf deiner Schachtel mit Haferflocken, in deinem Kopf und überall im Radio. Er will, daß du denkst, er is überall. Sobald du glaubst, daß er überall is, glaubst du, er ist Gott. Aber das isser nicht. Wenn du versuchst zu beten und der Mensch [Mann] sich vor dich hinplumpsen läßt, dann sag ihm, er soll verduften, sagt Shug.«[16]

Celies und Shugs allgegenwärtiger Mensch/Mann läßt das schwarze Schimpfwort für weiße Machtstrukturen anklingen: »der Mann«[the man]. Für uns nicht-westliche, nicht-kanonisierte KritikerInnen bedeutet »den Mensch[Mann] von deinem Augapfel wegkriegen«, daß wir versuchen müssen, die differenzierten Literaturtheorien und Methoden zu nutzen, um uns unsere eigenen »colonial discourses« wieder anzueignen und selbst zu definieren. Wir müssen sie nutzen, insofern sie der Analyse unserer eigenen Literaturen dienen. Doch die Gefahr dabei ist, was Anthony Appiah den »Naipaul-Irrtum« nennt:

> »Man muß nicht erst beweisen, daß afrikanische Literatur grundsätzlich das gleiche ist wie europäische Literatur, um sie mit denselben Mitteln zu analysieren ... Wir dürfen auch nicht die noch düsterere post-koloniale Denkrichtung einschlagen und behaupten, daß afrikanische Literatur es verdient, untersucht zu werden, gerade (und dennoch eben *nur*) weil sie grundsätzlich genauso ist wie die europäische.«[17]

Das Verstehen der afrikanischen Texte darf nicht über die Einbettung in die europäische Kulturtraditionen erfolgen, so Appiah. Wir müssen untersuchen, wie Schreiben und ethnische Zugehörigkeit zusammenhängen, wie Haltungen gegenüber unterschiedlichen »Rassen« literarische Texte von uns und über uns hervorbringen und strukturieren. Wir müssen kritische Ansätze finden, mit denen wir in der Lage sind, die Spuren von ethnischer Differenz in Texten aufzuzeigen. Aber wir müssen auch sehen, wie bestimmte Formen der Differenz und die Codes, in denen wir diese vermeintlichen Differenzen bestimmen, sich wechselseitig hervorbringen, gegenseitig bestärken und erhalten. Genauso wichtig ist es, die Sprache der gegenwärtigen Literaturtheorien zu untersuchen und vor allem zu zeigen, daß hermeneutische Verfahren nicht universell, farbenblind, unpolitisch und objektiv sind. Einige mögen sich fragen, ob »der Strukturalismus auf Afrika deshalb nicht anwendbar ist, weil er aus Europa kommt«,[18] aber das Interesse der KritikerInnen aus der Dritten Welt sollte eher dahingehen, den ideologischen Subtext, den jede Literaturtheorie beinhaltet und spiegelt, zu erforschen und dessen Zusammenhang mit der Produktion von Bedeutung in den Blick zu rücken. Keine wissenschaftliche Theorie sei sie marxistisch, feministisch, post-strukturalistisch oder Kwame Nkrumahs »consciencism« – kommt ohne ihre spezifischen Werte und ohne Ideologie aus, wie verborgen sie auch immer sein mag. Der Versuch, über unsere eigenen Diskurse zu verfügen, indem wir westliche Theorien unkritisch übernehmen, bedeutet nur, eine Form des Neokolonialismus gegen eine andere einzutauschen. Um zu unserer eigenen Tradition zu finden, haben sich viele TheoretikerInnen dem black vernacular [meint: Eigenheiten von Sprache und anderen symbolischen Formen eines eingegrenzten kulturellen Raums, A.d.Ü.] zugewandt, um die Bedeutungsprozesse der »black difference« herauszuarbeiten, was die Basis für jede Theorie über den sogenannten Diskurs des Anderen sein muß.

Anmerkungen:

★ A.d.Ü.: Der englische Begriff »race« ist umfassender und vielschichtiger als das deutsche Wort »Rasse«, das so eindeutig von der nationalsozialistischen Vergangenheit vorbelastet ist und damit auch ausschließlich auf diesen Kontext beschränkt bleiben muß. »Race« erschließt ein weitgefächertes semantisches Feld und beinhaltet »ethnische Zugehörigkeit«, »Ethnie«, »Kultur«, »Hautfarbe«, sowie die ebenfalls dubiosen deutschen Wörter »Volkszugehörigkeit« und »Volk«, je nach Kontext. Wenn es im englischen Original in allen eben aufgeführten Hinsichten verwendet wurde, bleibt es hier unübersetzt.

1 Hippolyte-Adolphe Taine (1878), *Die Geschichte der englischen Literatur*, Bd.1, Leipzig, S. 11/12.

2 ibid., S.16/17.

3   vgl. I.A.Richards, Einleitung zu Claude McKay, *Spring in New Hampshire and Other Poems*, London 1920, sowie Allen Tate, Einleitung zu Melvin B. Tolson, *The Libretto for the Republic of Liberia*, New York 1953.

4   Die »Großvater-Klausel« war eine Bestimmung in verschiedenen Verfassungen der Südstaaten, wonach die Männer, deren Väter bereits vor 1867 wählen durften, nicht denselben hohen Anforderungen für eine Wahlberechtigung entsprechen mußten, wie die, deren Väter vor 1867 nicht wählen durften. Faktisch bedeutete das, daß Weiße bevorzugt wahlberechtigt waren, Schwarze nicht.

5   vgl. Zora Neale Hurston (1984), *Dust Tracks on a Road: An Autobiography*, Urbana, p.326.

6   vgl. *Ithaca Journal*, 9.&10. August 1985, pp.9&8.

7   vgl. Phillis Wheatley (1985), Vorwort zu *Poems on Various Subjects, Religious and Moral*, New York, S.VII.

8   vgl. Willem Bosman (1967), *A New and Accurate Description of the Coast of Guinea (1705)*, London, S.146/47.

9   David Hume (1988), *Politische und Ökonomische Essays*, Bd.1, Hamburg: Meiner Verlag, S. 165, FN 13. (Übers. Susanne Fischer)

10 Immanuel Kant (1963), *Werke in sechs Bänden*, Hg. Wilhelm Weischedel, Bd. 1, *Vorkritische Schriften bis 1768*, Darmstadt.

11 Mary Langdon (~1860), *Ida May: Ein Lebensbild*, Leipzig und Dresden o.J., S.139.

12 Vgl. James Albert Ukawsaw Gronniosaw (1770), *A Narrative of the Most Remarkable Particulars of the Life of James Albert Ukawsaw Gronniosaw, An African Prince*, Bath; John Marrant (1785), *Narrative of the Lord's Wonderful Dealings with John Marrant, A Black*, London; Ottabah Cugoano (1787), *Thoughts and Sentiments on the Evil and Wicked Traffic of the Slavery and Commerce of the Human Species*, London; Olaudah Equiano (1789), *The Interesting Narrative of the Life of Olaudah Equiano, or Gustavus Vassa, The African. Written by Himself*, London; und John Jea (1806), *The Life and Sufferings of John Jea, An African Preacher*, Swansea.

13 vgl. Jacques Derrida (1985), »Racism's Last Word«, in: ed. H.L.Gates,Jr., »*Race*«, *Writing and Difference*, Chicago & London, p. 333.

14 vgl. Anthony Appiah (1985), »The Uncompleted Argument«, in: ed. Gates,Jr. 1985.

15 vgl. Rebecca Cox Jackson (1981), »A Dream of Three Books and a Holy One«, *Gifts of Power: The Writings of Rebecca Cox Jackson, Black Visionary, Shaker Eldress*, ed. Jean McMahon Humez, Amherst,Mass., p. 146/47.

16 Alice Walker (1986), *Die Farbe Lila*, S.141/42.

17 vgl. Anthony Appiah (1984), »Strictures on Structures«, in: *Black Literature and Literary Theory*, ed. Henry L.Gates,Jr., New York, p.146.

18 vgl. ibid., p.145.

Original: »Writing ›Race‹ and the Difference It Makes«; aus: Henry Louis Gates (ed.), ›Race‹, Writing and Difference, The University of Chicago Press 1985, pp. 1-15

Übersetzerin: Bettina Seifried

Tzvetan Todorov
»Rasse«, Schreiben, Kultur

Seit mehr als zehn Jahren beschäftige ich mich mit dem Problem, wie »das andere« wahrgenommen wird, ganz gleich, ob es ein individuelles oder kollektives »anderes« ist. Daher nahm ich ohne zu zögern Henry Louis Gates' Angebot an, einen Beitrag für die Ausgabe von *Critical Inquiry*, die dem Verhältnis von »Rasse« und schriftlichen Texten gewidmet ist, zu liefern – obwohl ich mich bei diesem Thema eher im französischen Bereich der Literatur- und Geistesgeschichte denn im britischen oder amerikanischen spezialisiert habe. Als ich Gates' Angebot annahm, war mir nicht klar, daß trotz enger Berührungspunkte hinsichtlich des Gegenstands ein grundlegender Unterschied in bezug auf die jeweilige Tradition der Textwissenschaft besteht. Ich selbst stehe eben in der europäischen und nicht in der anglo-amerikanischen Tradition, und meine Einwände rühren sowohl aus dem Unterschied zwischen beiden, als auch aus ihren Verknüpfungen. Die folgenden Seiten handeln also nicht nur von kulturellen Unterschieden, sie sind selbst ein lebendiger Beweis dafür.

»Rassismus« bezeichnet ein spezifisches Verhalten, das darin besteht, Verachtung oder Aggressivität gegen andere zu zeigen, aufgrund ihrer physischen Unterschiedlichkeit (die nicht auf die Geschlechtszugehörigkeit verweisen) zu einem selbst. Man beachte, daß das Wort »Rasse« in dieser Definition nicht auftaucht. Dies führt uns zur ersten von vielen Überraschungen: Obgleich Rassismus ein nicht zu verleugnendes soziales Phänomen ist, gibt es keine »Rassen« an sich. Genauer gesagt: Es gibt eine Unmenge von physischen Unterschieden zwischen Menschen, aber diese Unterschiede lassen sich nicht zu verschiedenen »Rassen« addieren. Wir würden zu vollkommen verschiedenen Aufteilungen der menschlichen Spezies kommen, je nach dem, ob wir bei der Beschreibung einer »Rasse« die Kategorie Haut, die Beschaffenheit des Blutes, den genetischen Aufbau oder die Knochenstruktur zugrundelegen. Deshalb ist der Begriff »Rasse« für die heutige Biologie unbrauchbar geworden. Diese Tatsache verhindert jedoch rassistisches Verhalten in keiner Weise. Rassisten mußten sich noch nie auf wissenschaftliche Untersuchungen stützen, um ihre Verachtung und Aggressivität zu begründen. Sie beziehen sich allein auf die oberflächlichen Auffälligkeiten in der physischen Beschaffenheit (die, anders als »Rassen«, vorhanden sind), wie Hautfarbe, Behaarung und Körperbau.

Es hat also seinen guten Grund, das Wort »Rasse« im Titel der Ausgabe in Anführungszeichen zu setzen, denn »Rasse« gibt es eben nicht. Allerdings bin ich nicht so recht überzeugt davon, daß alle Beiträge diese Annahme stützen. Ich habe den Verdacht, daß einige Autoren die Existenz eines Gegenstands »Rasse« hinter dem Wort dennoch postulieren. In der Einleitung [Writing »Race« ... hier im Buch] weist Gates darauf hin, daß »in all diesen Verwendungen [des Begriffs »race«] so getan [wird], als sei »Rasse« ein objektiver Klassifikationsbegriff, tatsächlich ist es jedoch eine gefährliche Metapher«. (S. 75) Und dann definiert er das Ziel dieser Sonderausgabe von *Critical Inquiry* : »... die Vorstellungen von Differenz, die in den Metaphern von »Rasse« oder »ethnischer Zugehörigkeit« eingeschrieben sind, zu dekonstruieren und den Diskurs über »race« zu analysieren, um die verdeckten Wissens- und Machtverhältnisse zu enthüllen, die dem populären und wissenschaftlichen Gebrauch dieses Begriffs zugrundeliegen«. (S. 76) Bis hierhin stimme ich ihm voll und ganz zu, wiewohl ich nicht umhin kann, darauf zu verweisen (der kulturelle Unterschied verlangt's ...), daß die heftigen Anspielungen auf eine bestimmte Richtung in der Literaturtheorie (»dekonstruieren«, »Differenz«, »Wissens- und Machtverhältnisse«) ebenfalls davon zeugen, daß der Autor dieser Zeilen ein ganz spezielles Wissen besitzt und deshalb auch in bezug auf seine Leser ein bestimmtes Machtverhältnis etabliert. Aber das ist nicht das Problem. Das Problem beginnt dann auf Seite 87, wenn derselbe Autor schreibt: »Wir müssen untersuchen, wie Schreiben und ethnische Zugehörigkeit zusammenhängen, wie Haltungen gegenüber unterschiedlichen »Rassen« literarische Texte von uns und über uns hervorbringen und strukturieren.« Was mir daran mißfällt, ist, daß Gates hier durch die Hintertür wieder einführt, was er selbst eine »gefährliche Metapher« genannt hat: Wenn es keine unterschiedlichen »Rassen« gibt, wie können sie sich dann auf literarische Texte auswirken?

Rassistische Haltungen hat es immer gegeben, aber sie hatten nicht immer dieselben Auswirkungen. Paradoxerweise wird nämlich Rassismus (und Sexismus) zu einem immer gewichtigeren sozialen Phänomen, je weiter sich Gesellschaften ihrem jeweiligen Ideal von Demokratie annähern. Eine mögliche Erklärung dafür ist, daß die dominante Ideologie in traditionellen, hierarchisch gegliederten Gesellschaften von klaren sozialen Unterschieden ausgeht und daher körperliche Unterschiede keine große Rolle mehr spielen. Es ist deshalb wichtiger, zu wissen, wer Herr und wer Knecht ist, als danach zu fragen, wessen Haut hell und wessen Haut schwarz ist. Das ist in demokratischen Gesellschaften anders. Obwohl es auch dort keine wirkliche Gleichheit gibt, wird die Idee einer idealen Gleichberechtigung von allen geteilt. Unterschiede (wenn auch in abgeschwächter Form) gibt es zwar weiterhin, aber die dominate Ideologie weigert sich, dies anzuerkennen. Daher spielen scheinbar eindeutige und »natürliche« körperliche Unterschiede eine viel gewichtigere Rolle. Die Abschaffung der Sklaverei bedeutete den Aufstieg des Rassismus' in den USA. Die einstigen Unterschiede in der sozialen Hierarchie, die zu machen es nun verboten war, wurden so der »Rasse« zugeschrieben.

Die nächste Überraschung erwartet uns, wenn wir uns das Verhältnis von Wissenschaft und Rassismus näher betrachten. Die Unterschiedlichkeit von Menschen lassen sich in zwei Variablen aufteilen: in körperliche Unterschiede und in Unterschiede im sozialen Verhalten. Rassismus beginnt dann, wenn beides aufeinander bezogen wird, d.h., wenn davon ausgegangen wird, daß das eine das andere bedingt. Das entspricht wissenschaftlichem Denken, denn Wissenschaft ist darum bemüht, Ordnung ins Chaos zu bringen. Deshalb kann es nicht überraschen, daß mit dem Aufkommen der Naturwissenschaften im 18.Jh. auch die ersten Theorien über »Rasse« erschienen. Heute wird unterschieden zwischen Rassismus – einer allgegenwärtigen Verhaltensweise – und »Rassentheorien«, die vor allem von Mitte des 18.Jh. bis in unsere Fünfziger Jahre florierten. Rassismus und Rassentheorien sind unterschiedliche Phänomene, die jedoch zusammenhängen. [...] Wenn Rassentheorien dazu dienen, Rassismus zu legitimieren, hat das katastrophale Auswirkungen: Hitlers Rassismus hat genau das getan. [...]

Rassentheorien waren immer sowohl relativistisch als auch universalistisch. Was Tatsachen betrifft, nehmen sie eine relativistische Haltung ein, weil sie letztlich die Möglichkeit einer »Gemeinsamkeit des menschlichen Seins« leugnen und Diskontinuitäten unter den verschiedenen »Rassen« hervorheben. Was jedoch Werte betrifft, argumentieren diese Theorien universalistisch. Sie gehen davon aus, daß es überall dieselben Werte gibt und daß es deshalb möglich ist, innerhalb eines einzigen Wertesystems zu bestimmen, welche »Rassen« überlegen und welche minderwertiger sind. Die Ideologie des »kulturellen Unterschieds«, die heute anstelle der Rassentheorie existiert, hat diese Spaltung geerbt und ist in Gefahr, abwechselnd von einem übertriebenen Universalismus und einem maßlosen Relativismus vereinnahmt zu werden.

Ein übertriebener Universalismus verwischt sämtliche kulturelle Unterschiede im Namen der Vereintheit der menschlichen Spezies und der Vielfalt der Individuen. Bei der Beschreibung der Anderen wird so eifrig gegen Stereotypen angegangen, daß den Anderen jede Eigenheit abgesprochen wird. Es stimmt zwar, daß »der Orient« eine viel zu vage Kategorie ist, weil sie sowohl Syrien als auch Japan beinhaltet. Es stimmt auch, daß die Verwendung einer solch weiten Kategorie viel über die Obsessionen von Wissenschaftlern und Weltenbummlern aussagt. Aber heißt das auch, daß es keine japanische Kultur oder nahöstliche Gepflogenheiten gibt und daß es unmöglich ist, sie zu beschreiben? Sagen die früheren Beschreibungen überhaupt nichts über die Kulturen aus? Sind sie nur Zeugnis der Vorurteile derer, die sie geschrieben haben? Vermitteln diese Beschreibungen nicht trotz der Voreingenommenheit ihrer Autoren etwas über die jeweiligen Gesellschaften?

Gegenwärtig erscheint mir jedoch die Gefahr eines übertriebenen Relativismus besonders problematisch. Universalismus kam in Verruf, weil es sich zeigte, daß er seinen Ansprüchen nicht gerecht werden konnte. Das sogenannte Universelle bei den meisten früheren und heutigen Theoretikern entpuppte sich als unbewußter Ethnozentrismus, als Mega-Projektionen ihrer eigenen Charakteristika. Was als Universalität dargestellt wurde, ist im Grunde nichts anderes als eine genaue Beschreibung der Eigenschaften weißer Männer aus einer Handvoll westlicher Länder. Ihr Versagen sollte uns aber nicht verleiten, die Idee selbst aufzugeben, denn das würde die Vorstellung eines gemeinsamen menschlichen Seins unmöglich machen. Das wäre noch gefährlicher als ethnozentristischer Universalismus. Stattdessen wäre es sinnvoll, die Verengungen des vorangegangenen Universalismus so weit wie möglich zu erweitern, bis er in der Lage ist, sowohl die Vielfalt der Kulturen untereinander als auch die Unterschiede innerhalb ein und derselben Kultur zu erklären. [...]

Wir werden nicht nur durch kulturelle Unterschiede getrennt, wir sind auch durch eine allen gemeinsame menschliche Identität vereint. Gerade das macht Kommunikation, Dialog und letztlich das Verstehen von Andersartigkeit möglich. Verstehen ist genau deshalb möglich, weil es kein radikales Anderssein gibt. Das bedeutet nicht, daß die Aufgabe deshalb leichter wäre, aber es genügt bereits, an die Möglichkeit ihrer Umsetzung zu glauben, um zu einem tieferen Verständnis von den Anderen zu gelangen. Wenn man jedoch von der Unmöglichkeit von Kommunikation zwischen den Kulturen ausgeht, rückt man sich selbst in die Nähe von rassistischen, der Apartheid förderlichen Annahmen, die unüberwindliche Kluften innerhalb der menschlichen Spezies postulieren. [...]

Bis hierher habe ich mich mit dem Problem von »Rasse« befaßt. Was hat aber Schreiben und Schrift damit zu tun? Theoretisch gibt es zwei mögliche Verbindungen zwischen beiden: entweder erklärt sich Schreiben durch »Rasse« oder andersherum. Im einen Fall geht man davon aus, daß Unterschiede in der Literatur aus der unterschiedlichen ethnischen Zugehörigkeit ihrer Autoren herrühren. Im anderen Fall glaubt man, daß Literatur (und möglichst auch Literaturkritik) gewisse Wahrheiten über »Rassen« oder Rassismus aufzeigen kann.

Merkwürdigerweise geht keiner der Texte im vorliegenden Band [gemeint ist die Sondernummer »Race, Writing and Difference« von »Critical Inquiry«] vom zweiten Fall aus. Vielleicht weil ein solcher Fall von deterministischem Denken im Augenblick verpönt ist unter WissenschaftlerInnen. Wir mögen es einfach nicht, wenn die Wirklichkeit dazu dienen soll, Literatur zu erklären. Uns gefällt es besser, wenn Literatur die Wirklichkeit erklärt. [...] Trotzdem war ich einigermaßen erstaunt, daß keine der mehreren hundert Fußnoten, die in der Ausgabe versammelt sind, auf gerade die Denkrichtung verweist, die versuchte, Unterschiede in der Literatur durch unterschiedliche »Rassenzughörigkeit« zu erklären. Taine wird zwar erwähnt, doch ich befürchte, daß Gates nicht mehr als die Einleitung zu Taines *Geschichte der Englischen Literatur* gelesen hat, denn die Darstellung ist mehr als dürftig. Kein Wort über die Entwicklung der Literaturwissenschaft in Nazi-Deutschland. Dabei könnte man nicht behaupten, daß das unwichtig gewesen ist, denn Literaturgeschichtler wie Josef Nadler, Franz Koch, Clemens Lugowski, Heinz Kindermann und andere haben durchaus versucht, Literaturwissenschaft mit der Rassentheorie des Führers in Einklang zu bringen. [...]

Die Frage nach der Determiniertheit von literarischen Texten durch »Rassenzugehörigkeit« ist so anachronistisch gar nicht, denn das Wort »race« wird und wurde häufig in der Bedeutung »Kultur« verwendet. Dieser Aspekt wird in der Einleitung zwar erwähnt, betrifft da jedoch nur die Literaturwissenschaft, nicht die literarischen Texte selbst. Ich bin mir aber nicht sicher, ob ich Gates in diesem Abschnitt richtig verstanden habe. Einerseits stimmt er Anthony Appiah zu, der von ihm mit folgendem Statement zitiert wird: »Man muß nicht erst beweisen, daß afrikanische Literatur grundsätzlich das gleiche ist wie europäische, um sie mit denselben Mitteln zu analysieren« (vgl. S. 86). Natürlich bemühen sich analytische Konzepte um Universalität (auch wenn es immer wieder in der Praxis scheitert). Es wäre eine Form von Diskriminierung, wenn man eine ganze Nation von vornherein aus der Analyse ausschließen wollte. Es kann nun vorkommen, daß das ursprüngliche Konzept nicht in der Lage ist, neue Fakten zu erklären: dann muß es modifiziert oder durch ein anderes Konzept ersetzt werden. Aber auch dieses neue Konzept wird zunächst wieder universellen Anspruch haben. Konzepte sind darin Arbeitern vergleichbar: um ihren wahren Wert zu messen, ist es wichtig zu wissen, was sie leisten können, nicht, woher sie kommen.

Derselbe Gates erklärte jedoch eine Seite vorher: »Früher habe ich geglaubt, das wichtigste sei, den Kanon der Literaturtheorie zu beherrschen, ihn zu übernehmen und anzuwenden. Mittlerweile jedoch bin ich davon überzeugt, daß wir uns unseren eigenen Traditionen zuwenden müssen, aus denen heraus wir eigene Literaturtheorien entwickeln können, die unseren literarischen Texten adäquat sind«. (vgl. S.85) Sagt er damit im Grunde nicht aus, daß der Inhalt eines Gedankens von der Hautfarbe des Denkers abhängig ist? Fällt er damit nicht dem Rassismus anheim, den er bekämpfen wollte? Wenn das nicht eine Form von kultureller Apartheid ist: um schwarze Literatur zu analysieren, dürfen nur Konzepte verwendet werden, die auch von Schwarzen formuliert wurden. Wie weit soll denn das zum Imperativ gewordene Sprichwort – »Only birds of a feather can think together«(»Nur die mit demselben Gefieder sind Brieder« [sächs.]) – noch gehen? Dürfen nur Fußballspieler andere Fußballspieler analysieren, weil nur deren Konzepte und Theorien dem Gegenstand adäquat sind? Dürfen Renaissance-Texte nur mit Begriffen aus der Renaissance erklärt werden, mitteralterliche Texte nur mit mittelalterlichem Vokabular?

Fast alle Aufsätze in »*Race*«, *Writing and Difference* konzentrieren sich auf die zweite Möglichkeit des Zusammenhangs zwischen »Rasse« und Schreiben. Sie versuchen, »Rasse« und Rassismus in ihrer textuellen Erscheinungsform zu begreifen. Ich möchte die Aufsätze in zwei Gruppen teilen.

Die erste Gruppe von Analysen, die fast zwei Drittel aller Texte ausmacht, untersucht das Bild des Anderen in der europäischen Literatur. Der Schwerpunkt liegt dabei auf der englischen Literatur des 19. und frühen 20. Jahrhunderts. Das hat seinen Grund sicher darin, daß die AutorInnen zum großen Teil aus dem Fachbereich Anglistik/Amerikanistik kommen, doch ich finde es schade, daß es kein breiteres Spektrum bei der Textanalyse gibt [...]. Ich hätte es begrüßt, wenn auch politische, naturwissenschaftliche und philosophische Texte aus derselben Zeit unter dem Aspekt von »race«/Rassismus bearbeitet worden wären. Da es uns allen letztlich um Ideologie geht, ist die Trennlinie zwischen Fiktion und Sachtext nicht mehr eindeutig, und es ist klar, daß diese Texte sich gegenseitig stark beeinflußt haben, egal welchem Genre sie zugerechnet werden. [...] Ich hätte gern mehr erfahren über die Bilder von anderen »Rassen«, nicht nur der Schwarzen, sondern auch der Gelben zum Beispiel, oder wie Weiße von Nicht-Weißen gesehen werden. Außerdem war ich überrascht, wenn nicht sogar schockiert darüber, daß es nicht einmal einen Hinweis auf die verabscheuenswürdigste Form des Rassismus gibt: auf den Anti-Semitismus. Wenn man bedenkt, daß die »Endlösung« der Nazis vom »Judenproblem« zum größten rassistisch bedingten Massaker der Menschheitsgeschichte führte, gibt es nur einen Grund, warum die AutorInnen das nicht ansprechen: sie haben es »aktiv ignoriert«. [...]

Diese Art Untersuchungen bergen eine doppelte Gefahr. Einerseits setzt sich die Thematik bereits aus Stereotypen zusammen. Die Anderen sind entweder Edle Wilde oder räudige Köter. Dazwischen gibt es meist nichts. In beiden Fällen aber werden sie den europäischen Weißen diametral gegenüber gestellt: entweder als Unterlegene (von den Anhängern der Zivilisation) oder als Überlegene (von den Befürwortern des Primitivismus). Das wird so zu einer »manichäischen Allegorie«, einem, nach Abdul R. Jan Mohamed, »Feld aus diversen, aber gegenseitig austauschbaren Oppositionen von Weiß und Schwarz, Gut und Böse, Über- und Unterlegenheit«. Das Risiko, daß eine manichäische Allegorie auch zu einer manichäischen Interpretation führt, ist groß. Dabei tauschen eben nur Gut und Böse die Plätze: auf der rechten Seite nun die ekelhaften weißen Kolonialherren, auf der linken die unschuldigen schwarzen Opfer. [...]

Die andere Gefahr ist weniger greifbar und daher nicht leicht zu umgehen. Sie rührt nicht unmittelbar aus dem Aufbau von binären Oppositionen, sondern aus der Leichtigkeit, mit der die richtige Seite bestimmt wird. Rassistische und kolonialistische Autoren waren im 19. Jahrhundert in völligem Einklang mit der öffentlichen Meinung. KritikerInnen heutzutage haben in diesem Sinn ihre Nachfolge angetreten, wenn auch mit dem Gegenstandpunkt: Rassismus zu verurteilen geschieht wiederum in Übereinstimmung mit der öffentlichen Meinung. In Publikationen oder an Universitäten zu verkünden, man sei gegen Rassismus, ist weder ein großes Verdienst, noch erfordert es viel Zivilcourage. Indem wir uns stolz als Antirassisten bezeichnen, können wir auf einfache Art und Weise unser Gewissen beruhigen. Was ist darüber hinaus gefordert? [...] Wir sollten uns der Probleme bewußt werden, die hinter dem gegenwärtigen »guten Gewissen« liegen und die damit zusammenhängenden Allgemeinplätze hinterfragen. Wir werden dann einige unerwartete Entdeckungen machen. Die »Gewißheiten« unserer Zeit sollten nicht einfach geschluckt werden, ganz gleich ob sie Rassismus oder irgendetwas anderes betreffen. [...]

Der zweiten Gruppe von Texten in *»Race«, Writing and Difference* (Appiah, Carby und Johnson) ist etwas gemeinsam, was sie von den anderen unterscheidet. Sie haben ausschließlich afro-amerikanischen AutorInnen zum Gegenstand und untersuchen den Blick auf »race« und Rassismus nicht von der Seite der Täter her, sondern aus der Sicht der Opfer. Außerdem beschäftigen sie sich nicht mit dem Bild der Anderen (einem Objekt), sondern mit den Anderen – die nur von den Weißen so genannt werden – als schreibendes Subjekt. Vor allem der letzte Punkt hat große Wirkung: verglichen mit allen anderen Aufsätzen in diesem Sammelband habe ich von ihnen am meisten gelernt. [...]

Original: »›Race‹, Writing and Culture«; aus: Henry Louis Gates (ed.), ›Race‹, Writing and Difference, The University of Chicago Press 1985, pp. 370-380
Übersetzerin: Bettina Seifried

Henry Louis Gates, Jr.

Talkin' that Talk
Diese Sprache sprechen

Vor dem Erscheinen der Ausgabe von *Critical Inquiry* mit dem Titel »*Race*«, *Writing and Difference*[1] gab es eine heftige Diskussion zwischen uns Herausgebern und größere Debatten sowie einen längeren Briefwechsel mit Tzvetan Todorov, weil wir uns entschlossen hatten, das Wort »race« im Titel in Anführungszeichen zu setzen. Wir wollten durch die Einklammerung darauf hinweisen, daß »race« eine Metapher ist und sich nicht auf eine Gegebenheit außerhalb des Sprechakts oder auf ein Ding, das so in der wirklichen Welt vorkommt, bezieht.

Warum war das notwendig? Warum ist es nicht bloß reine Spitzfindigkeit, darauf hinzuweisen, daß Adjektive wie rot, gelb, braun und schwarz eben nur Metaphern sind, wenn man sie auf die sogenannte »Hautfarbe« anwendet? [...] Weil wir die weit verbreitete Praxis in der westlichen Welt bekämpfen müssen, das »Wesen« des Anderen in absoluten Begriffen zu erklären, in Begriffen, die Unterschiede kulturellen Ursprungs als transzendentale, *natürliche* Kategorien bzw. »Wesenszüge« definieren. Die Aufsätze in »*Race*«, *Writing and Difference* machen deutlich, daß »race« kein Ding an sich ist. Sobald wir nämlich davon ausgehen, daß »race« als solche existiert, als Kategorie für etwas, was bereits »da« ist, dann besteht die Gefahr der Verallgemeinerung. Durchaus wahrnehmbare Unterschiede zwischen Menschen werden so als durchgängig und a priori festgelegt verstanden. Die Geschichte des abendländischen Diskurses über »race« ist voll von Schlußfolgerungen und Annahmen, die jedoch mehr von einem spezifischen »Vernunft«-begriff als von empirischen Beobachtungen geleitet wurden. Das »Denken in Rassebegriffen« ist ein Denken von Ursache und Wirkung in festgelegten Einheiten und ohne jeglichen Rückbezug auf Erfahrung. Als beispielsweise Autoren mit afrikanischer Abstammung im 18.Jh. anfingen, literarische Werke in Englisch zu veröffentlichen, sahen sie sich einem kollektiv verfaßten, rassistischen Text gegenübergestellt, den die Europäer über sie angefertigt hatten. Daher ist es auch nur zu verständlich, daß die meisten anglo–afrikanischen Texte aus dieser Zeit – seien es Phillis Wheatleys Elegien, Olaudah Equianos Autobiographie oder Ignatius Sanchos Epistel – sich direkt gegen die europäischen Fiktionen über »den Afrikaner« wendeten und versuchten, Afrika innerhalb der abendländischen Literatur ins Leben zu rufen, seine Stimme in diesem Diskurs vernehmlich zu machen. Als die Afrikaner an den Hof der westlichen Literaturen kamen, waren sie bereits durch einem vorab feststehenden, rassistischen Subtext abgeurteilt. Mit diesem Subtext mußten sie sich irgendwie auseinandersetzen, ihn bestätigen oder verwerfen. Da die Existenz rassischer »Eigenarten« aber durch »die Wissenschaft« abgesichert war, bestand für die Afrikaner wenig Hoffnung, sich von den europäischen Phantasien über ihre »Andersartigkeit« frei zu sprechen/schreiben.

Mit unserer Entscheidung, »race« in Anführungszeichen zu setzen, wollten wir auf die Tatsache verweisen, daß es »races« einfach nicht gibt, und daß jede Behauptung des Gegenteils, aus welchen irrigen Gründen auch immer, auf äußerst gefährliches Terrain führt. [...] Es gibt genug Länder, in denen gerade der Glaube an rassisch bedingte Wesenszüge die Politik bestimmt. Unsere Aufgabe muß sein, Sprache genauer und sorgfältiger zu verwenden, um auf die Gefahren des achtlosen Umgangs mit problematischen Begriffen hinzuweisen, denn diese Begriffe bedrohen oft das Leben und die Freiheit derer, die keine »weiße« Hautfarbe haben.

Todorov wollte, daß »race« immer in Anführungszeichen steht, in jedem Aufsatz, nicht nur im Titel und im Vorwort. Für ihn ist »Rassismus ... eine Verhaltensweise, die sich darin zeigt, daß anderen, aufgrund von physischen Unterschieden (und zwar nicht solchen, die sich auf ihre Geschlechtszugehörigkeit beziehen) zwischen mir und ihnen, mit Verachtung oder Aggressivität begegnet wird.« (vgl. S. 89) Das Problem bei dieser Definition ist, daß sie auf dem *Zeigen* von »Verachtung« und »Aggressivität« gründet. Die afro-amerikanische Geschichte ist voll von Beispielen »rassistischen« Wohlwollens, »rassistischer« Bevormundung, Güte und sexueller Anziehungskraft, die nicht oder nicht nur auf Verachtung und Aggressivität beruhen. Todorovs Definition impliziert, daß nur die Rassisten sind, die aufgrund von vermeintlichen Wesensunterschieden biologischer Art bösartig handeln. Dagegen behaupte ich, daß »Rassismus« immer dann am Werk ist, wenn man anfängt, individuelle Eigenschaften zu verallgemeinern und die jeweiligen Personen entsprechend zu behandeln. Solche Verallgemeinerungen stützen sich auf eine vorab festgelegte Anzahl von Veranlagungen oder Verhaltensweisen, die alle Mitglieder einer durch physische Merkmale definierten Gruppe scheinbar teilen. Dies schließt auch »metaphysische« Merkmale ein: »Skip, sing uns eins von diesen alten Negerspirituals, die deine Leute so lieben«, oder »Ihr habt das Tanzen im Blut«, oder auch »Schwarze sind deshalb so ausgezeichnete Basketballspieler, weil sich bei ihnen ein außergewöhnlicher Muskelaufbau mit einem gut ausbalancierten Gefühl für Rhythmus paart«. Das alles sind rassistische Aussagen, die, obwohl sie selten mit aggressiver oder verächtlicher Absicht geäußert werden (sie sind »gut gemeint«), doch eine solche Wirkung haben. »Rassismus« ist also eine Neigung zur Verallgemeinerung, die sich auf ein »Wesen« gründen, das scheinbar biologisch festgelegt ist. Todorovs behavioristische Definition vernachlässigt auch die unzähligen Fälle, in denen das Verhalten einer bestimmten Haltung oder Einstellung untergeordnet ist und diese nur reflektiert. Seine Definition ist merkwürdig begrenzt, weil sie von physischen Charakteristika ausgeht und nicht von der unterstellten Natürlichkeit eines übergreifenden, »metaphysischen« Charakters. Der Irrtum der Rassisten liegt in ihrem Denken und nicht oder nicht nur in ihrem Verhalten.

Todorovs Kritik daran, daß wir »race« nicht in jedem einzelnen Aufsatz in Anführungszeichen gesetzt haben, überrascht. Die Herausgeber von *Critical Inquiry* und ich haben lange darüber diskutiert, ob wir das tun sollten. Letztlich kamen wir zu dem Schluß, daß unser Anliegen bereits durch Titel und Einleitung verständlich sein sollte, und im weiteren erwarteten wir von unseren Lesern, daß sie die Klammer selbst setzen konnten, wann immer einer dieser Begriffe wie »race«, »rassisch« usw. vorkam. Da durch jeden einzelnen Aufsatz gezeigt wird, daß »race« kein objektiver Sachverhalt ist, blieb es den Autoren überlassen, den Begriff nicht in Anführungszeichen zu setzen, wenn sie so ihr Ziel auf subtilere Weise erreichen wollten.

[...] Todorov fragt sich also, ob ich nicht meine eigenen Mahnungen mißachten würde und den Begriff »race« unüberlegt in meinem Aufsatz ge- und mißbrauchen würde. Darauf möchte ich nun, obwohl es mich eher amüsiert, etwas ausführlicher eingehen. Todorov stellt meine Ansicht infrage, daß wir zu unseren eigenen, schwarzen literarischen Traditionen zurückkehren müssen, um von da aus Literaturtheorien zu entwickeln, die unseren Literaturen angemessen sind. Er wirft mir vor, ich impliziere damit, daß »der Inhalt eines Gedankens von der Hautfarbe des Denkenden abhängig« sei. (S. 93) Wenn dem so ist, fährt er fort, dann denke ich in der Tradition des Sprichworts »Only birds of a feather can think together« [Nur die mit demselben Gefieder sind Brieder – sächs. Sprichwort] und würde somit genau den Rassismus praktizieren, der doch bekämpft werden soll. Das sei nichts anderes als »kulturelle Apartheid: um schwarze Literatur zu beschreiben, darf man also nur von Schwarzen formulierte Konzepte und Ansätze verwenden«. (S. 93) Dies sind fadenscheinige Argumente, die zeigen sollen, daß ich mich unbewußt desselben Rassismus schuldig mache, den ich verurteile. »Wenn ›ethnische Differenzen‹ nicht bestehen«, so fragt er, »wie können sie dann auf literarische Texte einwirken?« (S. 90) Todorovs Frage ist unaufrichtig, und er übergeht leichtfertig ein Problem, mit dem alle TheoretikerInnen der sogenannten »nicht kanonisierten« Literaturen konfrontiert werden. Er versucht, den Begriff der Differenz, ohne den eine wirklich neue Theorie der Weltliteratur nicht auskommt, von einem neo-kolonialen Standpunkt aus zu vereinnahmen.

Der Begriff, durch den ich meine Behauptung stütze, ist Haltung: »wie Haltungen gegenüber [ausgewiesenen oder scheinbaren] kulturellen Unterschieden

Texte von und über uns hervorbringen und strukturieren«. (S. 87) Es ist natürlich so, daß die in der europäischen und amerikanischen Literatur dargestellten schwarzen Charaktere und Typen ihre eigene Geschichte (fast schon ihr eigenes »Leben«) haben, die ständig wiederholt, bearbeitet oder widerlegt wird. Deshalb ist auch klar, daß Texte der afrikanischen und afro-amerikanischen Literatur ebenfalls Schlüsselfiguren, Metaphern und Topoi, die für diese literarische Tradition spezifisch sind, aufnehmen, wiederholen, variieren, sie widerlegen und revidieren. Der Begriff, der in meiner Behauptung etwas unterging, ist *Text:* Wir müssen uns den schwarzen Texttraditionen zuwenden, um Literaturtheorien zu entwickeln, die das Spezifische unserer Literaturen fassen können. Davon war und bin ich überzeugt, umso mehr, als ich bei Todorov lesen mußte: »Dürfen wir, um Fußballspieler zu beschreiben, nur deren spezifische Konzepte und »Theorien« verwenden?« (S. 94)

Es ist schon sehr naiv zu glauben, daß schwarzamerikanische und afrikanische LiteraturwissenschaftlerInnen eine Literaturtheorie einfach übernehmen könnten, die ja von europäischen oder U.S.-amerikanischen KritikerInnen in bezug auf ihre jeweils eigene Literatur entwickelt worden ist, ohne deren textuelle Spezifik in Betracht zu ziehen. Da Todorov ja offensichtlich etwas von Anthony Appiahs Aufsatz gelernt hat, will ich diesen am besten noch einmal zitieren, und zwar die Stelle, wo er über den von ihm so treffend formulierten »Naipaul-Irrtum« spricht (ein Abschnitt, den Todorov tunlichst überlesen hat): »Wir dürfen auch nicht die noch düsterere post-koloniale Denkrichtung einschlagen und behaupten, daß afrikanische Literatur es verdient, untersucht zu werden, gerade (und dennoch eben *nur*) weil sie grundsätzlich genauso ist wie die europäische.« (Hervorhebung v.Gates) Appiah warnt dann anschließend vor den verheerenden Folgen, die es hat, wenn wir von den Lesern fordern, afrikanische Texte über eine Einbettung in europäische Traditionen zu verstehen.[2]

Warum hat Todorov gerade diese kritischen Stellen in Appiahs Argumentation ausgelassen? Weil er meinen angeblichen »Rassismus« entlarven möchte und weil er eben die Notwendigkeit eines Projekts nicht sieht, das Appiah, Houston A.Baker, Wole Soyinka und ich (neben anderen) als absolut wesentlich betrachten, wenn es je etwas wirklich »afrikanisches« innerhalb der zeitgenössischen Literaturwissenschaft geben soll. Indem uns Todorov sogar das Recht abspricht, überhaupt den Versuch zu unternehmen, zeigt er sich als jemand, der uns entweder übel gesonnen ist, oder der dem, wie Appiah sagt, »post-kolonialen Vermächtnis« anhängt.

Ich habe nie behauptet oder gedacht, daß »der Gehalt eines Gedanken von der Hautfarbe des Denkers abhängt«. Nur ein Dummkopf – oder ein Rassist – würde das sagen. Da man von mir in meinem Bereich weiß, daß ich Studierende und KritikerInnen jeglicher ethnischer und kultureller Zugehörigkeit dazu ermuntere, über schwarze Literatur zu schreiben, finde ich Todorovs Versuch, sich über unser Vorhaben lustig zu machen, fast schon bestürzend. Obwohl Todorov offenbar besser als ich selbst weiß, was ich denke, sollte ich vielleicht doch noch einmal deutlich machen, worum es mir geht.

Literaturtheorien sind text-spezifisch, also von bestimmten Texten abhängig und auf diese gemünzt: die New Critics haben die »metaphysical poets« des 17.Jh. analysiert, die Strukturalisten bestimmte narrative Formen aus Romanen der klassischen Moderne, die Dekonstruktivisten wiederum fanden ihr ideales Betätigungsfeld bei den Romantikern. Jeder Ansatz beansprucht zwar für sich, »universelle Aussagen« (so Todorov) zu machen, doch tatsächlich schreiben europäische und amerikanische LiteraturwissenschaftlerInnen über europäische und amerikanische SchriftstellerInnen einer bestimmten Epoche, Kunstrichtung oder Gruppe und errichten darauf ihre Theorien. [...] (Allerdings will ich anerkennen, daß Todorov, neben Sartre, zu den wenigen weißen Literaturkritikern dieses Jahrhunderts gehört, die überhaupt je Werke der schwarzen Literatur gelesen haben.) Diese Feststellung gehört bereits zu den Allgemeinplätzen der Geschichte der Literaturtheorie. Warum macht Todorov daraus eine Parodie? Weil er dann behaupten kann, ich sei ein Rassist.

Mein Standpunkt ist eindeutig: um schwarzer Literatur ein theoretisches Fundament zu geben, müssen wir tun, was alle tun. Und das heißt, die Texte, die unsere Tradition ausmachen, sorgfältig lesen, anhand der gemachten Beobachtungen sinnvolle Kriterien und Prinzipien formulieren, die diese Tradition strukturieren, um dann auf diese zurückgreifen zu können, wenn Texte in dieser literarischen Tradition untersucht werden. Alle TheoretikerInnen verfahren so, und wir sollten es auch. Todorovs Position – ich will sie die neo-koloniale Position nennen – behauptet, daß es unwichtig ist, »wo [analytische Konzepte] herkommen«. (S. 93) Ich dagegen behaupte, daß KritikerInnen von schwarzer Literatur in eine Falle tappen, wenn sie europäische oder U.S.-amerikanische Theorien unkritisch und ungeachtet ihrer Herkunft übernehmen. Dann befinden sie sich nämlich schon wieder im altbekannten, kolonialistischen Lehrlingsverhältnis zwischen Weißen und Schwarzen. (Bitte beachten Sie, Mr. Todorov, daß ich von »KritikerInnen von schwarzer Literatur«, nicht von »schwarzen KritikerInnen« sprach.) Das textuelle Feld muß schon bekannt sein, die literarische Tradition bereits etabliert, bevor darüber Theorien entworfen werden können.

Was ist an meiner Position nun kontrovers oder gar »rassistisch«? Ich denke, daß Todorov damit genau deshalb Probleme hat, weil durch meine Position klar wird, daß das, wovon europäische und amerikanische LiteraturwissenschaftlerInnen glauben, es sei ihr Thema, nämlich die wundersame Institution »(Welt-)Literatur«, in Wirklichkeit nur den Teil der Institution meint, der von weißen Auto-rInnen besetzt ist. Uns davon abhalten zu wollen, unsere Texte so zu lesen, wie diese es nahelegen, heißt nichts anderes, als neue Formen des Neo-Kolonialismus zu etablieren. Der Versuch, unsere Texte so zu lesen, bedeutet aber nicht, daß »schwarze« Texte keine »weißen« Vorgänger haben können oder daß westliche Literatur- und Theorietraditionen für die Analyse »anderer« Literaturen über-haupt nicht von Bedeutung sind. Bestimmte Aspekte des formalen Sprachge-brauchs in der Literatur scheinen durchaus allen Traditionen gemeinsam zu sein: z.B. die Struktur der Metapher, der *style indirect libre*, der *skaz*, den die russischen Formalisten analysiert haben – all das gibt es eindeutig auch in den »nicht-kano-nisierten« Literaturen. Mit unserem Ansatz soll nicht das Rad neu erfunden wer-den. Wir wollen nur die Besonderheit unserer Literaturtradition herausarbeiten, wir wollen wissen, was die *signifying black difference* ist und wie die Bedeutungs-prozesse des »schwarzen Unterschieds/Andersseins« funktionieren. Ein Wissen-schaftler, der sich mit schwarzer Literatur beschäftigt und der das nicht zum Ziel hat, erweckt unweigerlich das rassistische Stereotyp des Minstrel Man zu neuem Leben – Tzvetan Todorov mit schwarz angeschmiertem Gesicht. Wer wollte schon so blöd aussehen?

Todorov rügt uns Herausgeber, weil wir uns der literaturwissenschaftlichen Richtungen nicht angenommen haben, die historisch literarische Unterschiede explizit auf kulturelle bzw. »rassische« Unterschiede zurückgeführt haben, wie et-wa die Arbeiten von Josef Nadler, Franz Koch, Clemens Lugowski und Heinz Kindermann. Es wäre sicher interessant, diese Autoren in einem Aufsatz geson-dert vorzustellen und deren Werk zu analysieren, aber wir kamen zu dem Schluß, daß die Einleitung zu »*Race«, Writing and Difference* nicht der geeignete Ort dafür war, da es mir dort allein darum ging, die Konsequenzen aufzuzeigen, die es hat, wenn weiße rassistische Literaturwissenschaftler Unterschiede in der schwarzen Literatur durch »Rassenunterschiede« erklären. Die Zitate von Taine in der Ein-leitung habe ich aus Walter Jackson Bates Einführung zu der von ihm herausge-gebenen Neuauflage von Taines *The History of English Literature*. Ich habe auch Bates selbst zitiert, um die Leser darauf zu verweisen, wo der Ursprung seiner be-dauerlichen rassistischen Aussagen über die »fortschreitende Trivialisierung der Themen«, die nun die Diskussionen in der Modern Language Association be-stimmen, liegt. Bates ist der Meinung, daß Themen wie »The Figure of the Trickster in Chicano and Black Literature« das Fach Anglistik/Amerikanistik in eine »Krise« geführt haben, aber für uns bedeutet die Einführung solcher Themen im Gegenteil die Rettung der Anglistik/Amerikanistik, die bislang von Weißen über Weiße für Weiße gemacht wurde. Schade, daß Todorov das nicht begriffen hat. Ich habe ein in unseren schwarzen Kreisen sehr beliebtes Spielchen gemacht,

Mr. Todorov, wir nennen es Signifying. Ich habe Bates gesignifyed – meine schwarzen Leser hätten das gleich begriffen, da sie mit dieser Art verschlüsseltem Hinweisen vertraut sind. [...]

Ein weiterer Punkt, über den Todorov sich wundert, ist, warum viele schwarze AutorInnen den Rassismus als Folge des Humanismus und der Philosophie der Aufklärung betrachten. Diese Behauptung erscheint ihm nicht nur unrichtig, sondern geradezu gefährlich. Ich kann hier nur für mich selber sprechen, kann allerdings jederzeit begründen, warum ich diese Behauptung aufrechterhalten will. Wir brauchen uns bloß anzuschauen, wie AutorInnen afrikanischer Herkunft von der europäischen Literaturwissenschaft, damals wie heute, rezipiert worden sind. (Übrigens muß Todorov tatsächlich noch viele Hausaufgaben machen, wenn er wirklich glaubt, daß es die Abschaffung der Sklaverei war, die den Rassismus in den USA erst hervorgebracht hat. (vgl. S. 90) Rassismus entstand zeitgleich mit der Sklaverei.) In der Aufklärung haben sogar die »egalitärsten« Denker noch argumentiert, daß »der Afrikaner« nur, wenn er in der Lage ist, selbst literarische und philosophische Schriften zu verfassen, beweisen kann, daß er oder sie den Europäern in bezug auf ihre »geistige Kapazität« gleichwertig ist. Gegen die Sklaverei zu sein, bedeutete noch lange nicht, daß man kein Rassist war. Es war sehr gut möglich, die Versklavung abzulehnen und dennoch der Überzeugung zu sein, daß die Schwarzen von Geburt oder Natur aus minderwertig sind. Todorovs Behauptung und sein Versuch, die Aufklärung zu retten, sind, historisch gesehen, nicht nur unrichtig, sondern geradezu gefährlich. In meinem Buch *Black Letters and the Enlightenment* versuche ich zu zeigen, wie Rassismus und – ich wage kaum es auszusprechen – Logozentrismus Hand in Hand arbeiteten, um die Schwarzen auf die vielleicht schlimmste Art und Weise zu unterdrücken: indem sie sie als »Untermenschen« behandelten, als »andere Spezies«, wie Hume deutlich sagte, weil sie keine literarischen und philosophischen Schriften verfassen konnten. War Kant plötzlich kein Rassist mehr, dachte er nun nicht mehr, daß es einen natürlichen, festgefügten Zusammenhang zwischen »Dummheit« und »Schwarzsein« (seine Worte) gab, nur weil er später die *Grundlagen der Metaphysik der Moral* geschrieben hat? Wohl kaum. Im Gegenteil, für die schwarzen Leser dekonstruiert sein Aufsatz »Beobachtungen über das Gefühl des Schönen und Erhabenen« letztlich seine *Metaphysik der Moral*. So zeigt sich, daß die *Metaphysik* nur ein weiteres Beispiel ist für die bemerkenswerte Fähigkeit der europäischen Philosophen, das »Menschsein« in den idealen Kategorien »weiß« und »männlich« zu definieren, und alles, was dem nicht entspricht zu verachten, zu kolonisieren und auszubeuten. Todorovs Position ist ein gutes Beispiel für Houston Bakers Definition des »Rationalisten«, der »behauptet, er sei frei von Verallgemeinerungen und ideologischen Vorurteilen«, während er doch eine Ideologie des Egalitarismus und Universalismus verfolgt, die das Echo der kritischen Stimme des Anderen ausblenden will. Warum sonst stellt er unseren Versuch, Literaturtheorien mittels unserer eigenen Bilder, Vorstellungen und Stimmen neu zu formulieren, so in Frage? Wie können wir je Theorien entwickeln, die unserer Literatur angemessen sind, wenn wir uns nicht vom Diskurs der weißen Master und Meister ab- und zur kritischen Sprache des *black vernacular,* der schwarzen Sprach- und Sprechgewohnheiten, hinwenden? Ich sehe diese Herausforderung mit Baker als Chance, als Möglichkeit, die wir nutzen sollten; Edward Said und Gayatri Spivak tun das (noch) nicht. Wenn man aber Todorovs Ideologie des Egalitarismus und Universalismus folgt, riskiert man, daß der europäische Diskurs den der Schwarzen in sich aufnimmt, ihn naturalisiert und kolonisiert. Darin sehe ich eine große Gefahr. Wole Soyinka hat uns vor dem neo-kolonialen Wolf gewarnt, der im Schafspelz der »Universalität« daherkommt. [...] Wir müssen den im Egalitarismus und Universalismus verwurzelten Rassismus in allen Sprachen, die uns eigen sind, angreifen. Todorov hört uns nicht einmal zu, wenn wir in seinem akademischen Jargon sprechen. Wie soll er uns je verstehen, wenn wir in unserer Sprache sprechen, »talk that talk« in der Sprache der Schwarzen? Mag sein, daß einige nun denken, wir sollten aufgeben, aber noch bin ich optimistisch. »Things is just gettin' innerestin'«, wie LeRoi sagt.

Anmerkungen

1   Henry Louis Gates, Jr. (ed.): ›Race‹, Writing and Difference, Universsity of Chicago Press, 1985.

2   vgl. Anthony Appiah (1984), »Strictures on Structures«, in: *Black Literature and Literary Theory*, ed. Henry L.Gates,Jr., New York, p.146.

Original: »Talkin' That Takl« aus: Henry Louis Gates, Jr. (ed.): ›Race‹, Writing and Difference, University of Chicago Press, 1985, pp. 406-411.

Übersetzerin: Bettina Seifried

Michele Wallace

Variationen über Negation

Das Häretische an schwarzer feministischer Kreativität

Seit der Veröffentlichung von Toni Morrisons *The Bluest Eyes* vor neunzehn Jahren verfassen schwarze Schriftstellerinnen Literatur, die die im wesentlichen politischen Schranken ihrer »Unsichtbarkeit« überwindet und sich nun an die Welt richtet. Doch trotz des kommerziellen Erfolgs einiger weniger bleiben die kreativen Leistungen der meisten schwarzen Schriftstellerinnen praktisch unbeachtet – vor allem wenn sie nicht in die Kategorien des »Buch-des-Monats« oder in die New York Times-Bestsellerliste passen. Daß das tieferliegende Ursachen hat, wird deutlich, wenn man bedenkt, daß schwarze Feministinnen in der Hauptrichtung des Feuilletons und in akademischen Diskursen überhaupt keine Stimme haben, obwohl wir durch die elektronischen Medien im Kulturbereich mit Interpretationen und Analysen überschwemmt werden. Schwarze Schriftstellerinnen und Literaturwissenschaftlerinnen werden regelmäßig daran gehindert, auf die Definition der Bereiche Literatur und Literaturtheorie Einfluß zu nehmen. Der deutlich sichtbare Erfolg einiger weniger schwarzer Schriftstellerinnen dient nur dazu, zu verschleiern, wie radikal schwarze feministische Kreativität die weiße, männlich dominierte kulturelle Hegemonie in Frage stellen könnte.

Für diesen Zustand ist zwar im einzelnen niemand, aber im allgemeinen jede/r mitverantwortlich. Universitäten, Museen und Verlage – nach Ishmael Reed »kulturelle Vollzugsanstalten«, die von den Verteidigern des Status Quo geleitet werden –, sind die unerbittlichen Schiedsrichter über kulturelle Standards. Sie schließen alle nicht-elitären Ansätze aus, die von Minderheiten, postmodernen Theorien, vom *new historicism* und Dekonstruktivismus, vom Marxismus und der Afro-Amerikanistik ausgehen. Trotzdem sind viele Vertreter dieser Richtungen und sogar einige schwarze Wissenschaftlerinnen nicht bereit, exklusivistische Gesellschaftsspielchen wie »Kanonbildung« und die Produktionsverhältnisse von Wissen zu hinterfragen. Schlimmer noch: Selbst schwarze Feministinnen neigen zu der Meinung, daß schwarze Frauen weder Interesse noch die Fähigkeit zeigten, Kritik und theoretische Analysen zu formulieren. [...]

Im Mittelpunkt meiner Analyse stehen schwarze Schriftstellerinnen und die Frage nach dem Grad, in dem ihr Schreiben einen Problembereich eröffnet, der gerade für den schwarzen Feminismus wichtig ist. Dabei möchte ich zeigen, wie schwarze Schriftstellerinnen und Wissenschaftlerinnen im Bereich der Wissensproduktion, zu dem auch Literaturtheorie gehört, völlig unterrepräsentiert sind. Mein Hauptanliegen ist jedoch, zu zeigen, welchen Problemen schwarze weibliche Kreativität allgemein innerhalb der anglo-amerikanischen Kultur ausgesetzt ist. In den Bereichen Musik und Oper oder in der Model-Branche dient die weithin sichtbare Medienpräsenz von schwarzen Frauen als symbolischer Ersatz für die ihnen vorenthaltene Macht auf politischer und ökonomischer Ebene, wo ihre Abwesenheit kaum auffällt. In den politisch potentiell einflußreicheren Gebieten von Film, Theater und TV-Journalismus ist schwarze feministische (oder überhaupt weibliche) Arbeit praktisch unsichtbar. Ich gehe davon aus, daß der Ausschluß von schwarzen Frauen aus den Machtbereichen der akademischen Wissensproduktion wie Literaturtheorie (und selbstverständlich mehr noch in der Anthropologie, Geschichte, Linguistik usw.) ebenfalls diesem hegemonialen Grundschema entspricht, einem Schema, in dem schwarzen Frauen als Klasse systematisch jede sichtbare Form von diskursiver und intellektueller Subjektivität verweigert wird.

Wenn ich vom kreativen Schaffen schwarzer Frauen als schwarze feministische Kreativität spreche, so meine ich damit zweierlei. Erstens: Unter Feminismus verstehe ich einen (noch nicht ganz ausformulierten) sozialistischen Feminismus, dessen Ziel eine auf Befreiung gerichtete, tiefe (fast notwendigerweise gewaltlose) politische Umwälzung ist. Zweitens gehe ich davon aus, daß schwarze feministische Kreativität, soweit es ihre formalen und kommerziellen Voraussetzungen zulassen, immer eine Kritik an gegenwärtigen repressiven politischen, ökonomischen und sozialen Zuständen sein muß, die nicht nur schwarze Frauen, sondern alle Schwarze betreffen. Von der schwarzen Frau, deren Gesicht auf dem Cover von *Vogue* erscheint, über die Platten von schwarzen Rapperinnen zu Sue Simmons, die auf NBC in *Live at Five*[1] den »bösen« Wilson Pickett interviewt, setzt sich alles schwarze weibliche Schaffen dafür ein, daß die Welt ein Ort wird, an dem alle farbigen Frauen, ihre Männer und Kinder sicher sind. Dennoch werde ich mich auf schwarzes weibliches Schaffen in seiner kodiertesten, fortgeschrittensten Form beziehen, nämlich so, wie es in den Werken von Toni Morrison, Alice Walker und Ntozake Shange, in den Darbietungen der Sängerinnen Nina Simone, Miriam Makeba und Betty Carter oder in Kunstwerken wie denen von Faith Ringgold und Bettye Saar zum Tragen kommt – als das Inkommensurable, als Variationen über Negation. Ich will im folgenden also versuchen, die Dialektik eines kreativen Projekts zu beschreiben, das gezwungen ist, sich als das »Andere« zu einem Schaffensprozeß von weißen Frauen und schwarzen Männern zu begreifen, die ja selbst bereits »das Andere« symbolisieren.

In einem Versuch, die Unbeliebtheit von Nora Zeale Hurstons Buch *Their Eyes Were Watching God* unter schwarzen Schriftstellern in den 30ern zu erklären, schlägt Barbara Johnson folgendes Schema vor, das Hurstons Stellung zum dominanten Diskurs beschreiben soll: Weiße Männer machen, da sie für das »Gesetz des Vaters« stehen, universelle Aussagen. Die Aussagen weißer Frauen sind dazu komplementär und verweisen so auf ihre unweigerlich ambivalente Beziehung zum Sitz der Macht. Schwarze Männer machen Aussagen des »Anderen«. Beide Positionen sind zwar marginal und vielleicht das Gegenstück zum Status Quo, aber nichtsdestoweniger in ihrer Bedeutung vollkommen abhängig von ihrem jeweiligen Verhältnis zum Zentrum und zum »Gesetz«. Schwarze Frauen müssen von dem Ort aus, der dann noch übrig bleibt, sprechen. Johnson schlägt vor, den Diskurs schwarzer Frauen durch Klein-»x« für radikale Negation zu repräsentieren. »Die schwarze Frau ist gleichzeitig unsichtbar und allgegenwärtig«, so Johnson in einer Analyse zu aktuellen Versuchen von progressiven schwarzen und weißen Männern sowie weißen Frauen, schwarze Frauen in ihre politischen und kulturellen Statements einzubeziehen, »sie steht nie für sich selbst, sondern wird von den anderen für ihre Zwecke vereinnahmt.«[2]

Obwohl auf kulturpolitischer Ebene das Interesse am »Anderen« beständig zunimmt, [...] muß der Diskurs des schwarzen, feministischen Schaffens sich immer zuerst mit den bereits bestehenden Aussagen und Forderungen der Diskurse der weißen Frauen, der schwarzen Männer, der »Dritten Welt« oder der »Minderheiten« auseinandersetzen und sich von ihnen abgrenzen. Wichtig ist nun die Frage: Gibt es einen Ort jenseits des »Anderen«, so wie es gegenwärtig definiert ist, für einen weiteren Gegendiskurs?

Ich will an einem Beispiel aufzeigen, wie schwierig diese Frage ist. Der marxistische Historiker Hayden White bezeichnet die Lücken innerhalb des rational, logisch und daher universell genannten Diskurses als das »Tropologische« und meint damit, daß alle schriftlichen Beweisführungen und Argumentationen letztlich immer auf rhetorische Figuren zurückgreifen.[3] Ich möchte lediglich hinzufügen, daß diese Tropen bzw. Lücken im vorherrschenden Diskurs Wegweiser zu den Stellen sind, wo die Körper – die Körper derer, die negiert wurden – begraben liegen. »Es ist niemals ein Dokument der Kultur, ohne zugleich ein solches der Barbarei zu sein.«, hat Walter Benjamin einst geschrieben.[4] Mehr noch: »Der Mythos der objektiven Analyse stützt die epistemische Autorität der weißen Männer«, so die feministische Philosophin Alison Jagger. Sie beschreibt, wie dies auch »emotional« zu deren »Vormachtstellung« führt. Deshalb muß eine subversive Kritik bei den »verbotenen Gefühlen als Hauptgrund für die Analyse« ansetzen, was nichts anderes heißt als daß das Private immer schon das Politische gewesen ist, lange bevor die Frauenbewegung dies publik gemacht hat.[5]

Doch niemand – weder Hayden White noch irgendwer sonst – untersucht auf dieser Ebene die Beziehungen zu einem schwarzen feministischen Diskurs.

Mich interessiert deshalb die kulturelle Perspektive für den schwarzen Feminismus, der sich in einer Gesellschaft, in der Schreiben Wissen und Macht bedeutet, nicht entwickeln darf. Wie setzt sich schwarze feministische Kreativität letztlich in Schreiben um? Und wenn das geschieht, sind dann Mißverständnisse oder gar die Unmöglichkeit des Verstehens nicht schon vorprogammiert, da wir alles durch das bereits vorher Gelesene begreifen (vgl. Roland Barthes in S/Z)?[6] Und wie können schwarze feministische Arbeiten je selbstkritisch werden, wenn sie immer schon im Vorfeld an finanziellen Problemen und Zensur scheitern und die Autor-ität der Verfasserinnen negiert wird?

Hayden White verwendet das »Tropologische«, um die Diskontinuitäten der kulturellen Hegemonie der weißen Männer, auch »Phallozentrismus« genannt, aufzuzeigen, während er gleichzeitig eben diese Vorherrschaft bekräftigt. Fast jede phallozentristische Kritik weist dieses Problem auf, was es erschwert, sie sich nutzbar zu machen. In *Blues, Ideology and Afro-American Literature* verwendet der schwarze Literaturwissenschaftler Houston Baker beispielsweise Whites Theorie nicht dazu, die kulturelle Hegemonie weißer Männer zu kritisieren, sondern fügt dem nur eine Nebenform kultureller Hegemonie, nämlich die schwarzer Männer, hinzu. Bakers Schlüsseltrope in seiner Beschreibung der Werke von Richard Wright ist ein schwarzes Loch, ein Raum, in dem die Schwerkraft so groß ist, daß kein Licht durchgelassen wird, weshalb es vollkommen schwarz erscheint. Im Gegensatz zu dem, was wir über Löcher im allgemeinen gelernt haben, sind schwarze Löcher im Weltall nicht leer. Es sind unvorstellbar dichte Sterne. »Sie sind von einem ›Ereignishorizont‹ umgeben, einer Membrane, die verhindert, daß etwas aus ihnen herauskommt, wenigstens nicht unverändert«, so Baker. »Wenn Licht in ein schwarzes Loch fällt, verschwindet es«, es verwandelt Energie in unendlich komprimierte Masse und »alle Objekte werden auf ein Nullvolumen zusammengedrückt«.[7] Für Baker sind Wrights *Native Son*, seine Autobiographie *Black Boy* und seine Kurzgeschichten ein schwarzes Ganzes/Loch [»w/hole«], satt und voll. Er schreibt: »Richard Wrights Übersetzung der Sehnsucht eines schwarzen Lebens für den Blues in eine unwiderstehliche Differenz macht ihn zum unanfechtbaren Meister des schwarzen Ganzen.«[8] Eine solche »Meisterschaft« in den Black Studies scheint zwar die kulturelle Hegemonie der weißen Männer, den Phallozentrismus, beseitigen zu wollen, dient aber letztlich nur dazu, die feministischen (weiblichen) Beiträge auszublenden. Man(n) verbirgt, was man(n) ausschließt. Die prinzipiellen Mechanismen des Phallozentrismus bleiben intakt, während mit Wright ein weiterer Mann in den amerikanischen Literaturkanon aufgenommen wird.

Wenn wir aber dennoch Whites und Bakers These akzeptieren, daß die Verwendung von figurativer Sprache die Logik der kulturellen Hegemonie aufbrechen kann, dann kann die Metapher vom schwarzen Loch weitergetrieben werden. [...] Physiker glauben heute, daß schwarze Löcher in andere Dimensionen führen, in denen die Objekte oder die Energie wieder Volumen, Masse, Form, Richtung und Geschwindigkeit, kurz alle Eigenschaften der Sichtbarkeit und Konkretheit, gewinnen, aber in einer anderen, vielleicht unvorstellbaren Dimension. Das Bild vom schwarzen Loch als Prozeß, der von verschiedenen Perspektiven her unterschiedliche (oder gar keine) Erscheinungsformen hat, scheint mir angemessen, wenn wir uns »Inkommensurabilität« bzw. »Variationen über Negation« als Charakteristikum von schwarzer feministischer Kreativität vorstellen wollen.

Die Metapher des schwarzen Loches gewinnt so nicht nur eine sexuelle Dimension. Sie bleibt auch nicht beschränkt auf eine ethnische, die implizieren würde, daß erfolgreiche schwarze Frauen, die kreativ tätig sind, letztlich nur einen sehr kleinen Teil ausmachen. Diese Metapher zielt eher darauf ab, daß sogar die erfolgreichen unter ihnen in ihrem jeweiligen Bereich im Grunde nichts zu sagen haben. In dem Maß also, in dem Kunst ein Nebenprodukt verschiedener Interpretationsakte, Klassifikationen und Analysen ist, ist schwarze feministische Kreativität praktisch inexistent – genau so, wie schwarze Löcher nicht existiert haben, bevor sie von den Naturwissenschaften entdeckt wurden. Mit anderen Worten: Das schwarze Loch steht für die unendlich dichte Anhäufung kreativer Akte von schwarzen Frauen, die bislang weder Erklärungsansätze noch ein dazugehöriges Analyseinstrumentarium haben. Da schwarze feministische Kreativität in der Literaturtheorie und an den Orten der Wissensproduktion keine entsprechende Rolle einnehmen kann, weil sie durch interne (psychologische) und externe (ökonomische) Zwänge daran gehindert wird, bleibt sie dem rein Ästhetischen oder Kommerziellen verhaftet. In diesem Ghetto konzentriert sich Kreativität von schwarzen Frauen ganz besonders auffällig auf die Bereiche Musik und, seit neuestem, Literatur. Trotzdem bleibt es selbst für die, die diese Musik und Literatur untersuchen, schwierig, schwarze feministische Kreativität als kontinuierlichen, kohärenten Diskurs zu verstehen, weil sie die Lücken – die Orte, die vom Nicht-Sprechen der schwarzen Frauen reden – nicht als Teil des Ganzen/Loches mitlesen.

Die meisten sehen in der schwarzen Frau nichts, denn für sie kann das Dunkle keinen Inhalt haben. Für Außenstehende ist schwarze feministische Kreativität ein schwarzes Loch, aus dem nichts Beachtenswertes herauskommen kann und in dem alles auf das Nullvolumen der Nichtigkeit schrumpft, verursacht von dem immensen Druck, der falschen Rasse, der falschen Klasse und dem falschen Geschlecht anzugehören. Daher unsere Unsichtbarkeit. [...]

Wenn sich Massenmedien dem Schaffen schwarzer Frauen annehmen, wie Spielberg mit dem Film *Die Farbe Lila*, gilt es, besonders auf das, was unangemessen oder unzureichend ist, hinzuweisen. Seit neuestem taucht dort ein schwarzer Mainstream-Feminismus auf, der ohne Zweifel großen Einfluß darauf haben wird, wie die Literatur schwarzer Frauen feministische Ideen transportieren kann. Eine Repräsentantin ist Oprah Winfrey, die sich im Bereich Programmgestaltung und Fernsehproduktion etabliert hat. Eine andere ist Whoopi Goldberg. Winfrey produziert ihre eigene Talkshow und hat die Rechte an Gloria Naylors *Women of Brewster Place* und Toni Morrisons *Beloved* gekauft. Ihr kommerzieller Erfolg scheint die Frage nach der Unsichtbarkeit schwarzer Frauen zu erübrigen. Klar, wenn schwarze Frauen »die Voraussetzungen erfüllen«, kommen sie weiter.

Mit Whoopi Goldberg tut sich Hollywood allerdings schwer, eine glaubwürdige Story für eine schwarze Komikerin mit Dreadlocks zu erfinden, die zwar die Idee »Marginalisierung aufgrund der Hautfarbe« vermarkten kann, aber nicht zu rassistisch ist, um dadurch einen Boykott hervorzurufen. Das Problem mit Goldberg ist, daß sie eine erfolgreiche schwarze Frau ist, die ihr Haar dennoch im afro-karibischen/afro-amerikanischen Look trägt. Denn wenn schwarze Frauen erfolgreich sein wollen, müssen sie »weiß« werden (vgl. Oprah Winfreys Art zu reden, ihr geglättetes Haar, ihre haut-couture Kleider, ihr allseits positiv kommentierter Gewichtsverlust), weil in der Massenkultur nur die Ware »weiße Frau« (die als »Natur« verkauft und als sie selbst auch ausgelöscht wird) verdinglicht und reproduziert werden kann. Die Ware, die sich im Fernsehen am erfolgreichsten verkaufen läßt, ist die »weiße Frau«. Sie ist das entscheidende Zeichen jeder kommerziellen Anzeige von den Ferien auf den Bahamas bis zur Wirksamkeit eines Schnupfenmittels. Whoopi Goldberg wird zum Problem, weil sie nicht konform geht mit der allgemein verbreiteten Meinung, daß jede Frau am liebsten eine »weiße Frau« sein möchte. Deshalb bin ich gespannt, ob Oprah Winfrey bei der Besetzung der Rollen in den Verfilmungen der schwarzen feministischen Schlüsselwerke, an denen sie die Rechte gekauft hat, ihrem bisherigen Muster entsprechen wird oder nicht.

Ich beabsichtige also im folgenden nicht nur, die Ästhetik zeitgenössischer Literatur schwarzer Frauen zu charakterisieren, sondern diesen Bereich auch als einzigen Ort, an dem schwarze Frauen ihren Blick auf Geschichte, Sexualität und Kultur entwickeln können, zu definieren. Weil Analysen und Interpretationen der Werke von schwarzen Frauen durch schwarze Frauen immer wieder von einer kulturellen Hegemonie der Männer eingegrenzt und entwertet werden, und man sich zufrieden gibt, so wenig wie möglich von »ihr« zu wissen, wird es immer dringlicher, ihr Teilhabe bzw. Nichtteilhabe an der Kultur zu untersuchen, um ihre »Bedeutung« zu entschlüsseln. [...] Ich möchte zeigen, wie sich ihre An- bzw. Abwesenheit auf die Gesamtstruktur des dominanten Diskurses über Sexualität und »Ethnizität« auswirkt und ich möchte herausfinden, welche Geschichte

»sie« wohl geschrieben hätte, wenn es Rassismus und Sexismus nicht gäbe. [...] Mich interessiert vor allem, erstens, wie die erfolgreiche Vermarktung des schwarzen Feminismus sich mit schwarzen feministischen Idealen vereinbaren ließe, und zweitens, welche Probleme entstehen, wenn bestehende kritische Theorien auf den schwarzen Feminismus übertragen werden. Während kritische Theorien bislang das intellektuelle Potential des schwarzen Feminismus übersehen, schaffen sie gleichzeitig neue, unbesetzte Räume für subversive literarische und kulturelle Produktionen. Ich denke hierbei vor allem an Frederic Jamesons Überlegungen zur Postmoderne, Literatur aus der »Dritten Welt« und Lust, sowie feministische semiotische und psychoanalytische Kritikansätze für Film, Literatur und Populärkultur.[9] [...]

Der Grund, weshalb mich das Schweigen schwarzer Frauen im Bereich der Literaturwissenschaft und Wissensproduktion allgemein interessiert, ist subjektiver Natur. 1979 habe ich meine kontrovers diskutierte Aufsatzsammlung *Black Macho and the Myth of the Superwoman* veröffentlicht, in der ich die sich auf *race* und Geschlecht gründende Mythen in der politischen Selbstwahrnehmung der Schwarzen in der Bürgerrechtsbewegung und im Black Power Movement untersucht habe. Es waren vor allem Schwarze, die kritisierten, daß ich »den Opfern die Schuld gebe« und meine Qualifikation als schwarze Theoretikerin in Frage stellten. Man warf mir mein Alter (damals 27), meinen »middle-class« Hintergrund (der gar nicht so »middle-class« ist, wie ich damals dachte), meinen Mangel an Erfahrung mit der Bürgerrechtsbewegung im Süden der USA und meinen unakademischen, autobiographischen Stil vor. Ich wurde beschuldigt, Fakten zu verdrehen und einem weißen Mainstream-Feminismus zu huldigen, der die Probleme der armen, working-class Schwarzen nicht wahrnimmt, und ganz allgemein die harte Arbeit und die Entschlossenheit, die für den schwarzen Befreiungskampf mobilisiert wurden, zu banalisieren.

Als junge, schwarze Theoretikerin, die versucht, kritisch und analytisch an die afro-amerikanische Kultur heranzugehen und dabei auf fast unüberwindliche Widerstände stößt (die ich nie vorausgesehen hätte), war ich mir immer selbst das beste Fallbeispiel für die systematischen Hindernisse, die einem schwarzen Feminismus in den Weg gestellt werden. Obwohl ich selbst weiß, daß mein Buch in verschiedener Hinsicht provozierend ungenau war, glaube ich dennoch, daß die abfällige Kritik daran nicht helfen sollte, mich zu korrigieren, sondern verhindern sollte, daß ich jemals wieder kritische Analysen verfasste. Das Grundproblem war nicht so sehr mein spezifischer Ansatz für einen schwarzen Feminismus und noch nicht einmal die Tatsache, daß ich die Geschichte der Bürgerrechtsbewegung sexualisiert und schwarze Männer kritisiert hatte, obwohl beides viel Wirbel gemacht hat. Das Grundproblem war und ist ein strukturelles und liegt an der (Nicht-)Beziehung von schwarzem feministischen Diskurs und Wissensproduktion bzw. kritischem Diskurs im allgemeinen. Diese Beziehung besteht effektiv nicht.

Schwarze Frauen schreiben kaum kritische Analysen, weder wissenschaftlicher noch essayistischer Art. Wenn und falls sie es doch tun, verlangt man von ihnen, symbolisch gesehen als »weißer Mann« im Diskurs der Allgemeingültigkeit, als »weiße Frau« im Diskurs der Komplementarität oder als »schwarzer Mann« im Diskurs des »Anderen« aufzutreten. Meistens wählen schwarze Frauen keine dieser Optionen. Es gibt einfach keinen theoretischen Diskurs [...], keine Sprache, die den Standort von farbigen Frauen in der U.S.-amerikanischen Gesellschaft analytisch beschreiben und reflektieren würde. Als ich *Black Macho* geschrieben habe, wußte ich nicht, welches Wagnis ich einging. [...] Die wenigsten schwarzen Kritiker haben gesehen, welchen rhetorischen Imperativ die Kombination von »weißen« Medien, Markt und »schwarzer« Leserschaft ergibt, durch den *Black Macho* entstand. Eine schwarze Frau, die über aktuelle kulturelle Belange und deren sozialer Konstruktion schreibt, steht vor einem schier unüberwindlichen Kommunikationsproblem: Wenn sie einen wissenschaftlichen Ansatz wählt, steht ihr keine eigene Sprache oder Autorität zur Verfügung. Sie ist unfähig, zu sagen, was sie eigentlich sagen will, weil sie die eine oder andere Rhetorik der »Universalität«, der »Komplementarität« oder des »Anderen« übernehmen muß. Denn keine dieser Rhetoriken kann die komplexen Zusammenhänge beschreiben, in denen sich schwarze Frauen in bezug auf Produktionen im kulturellen Bereich befinden. Wenn sie andererseits einen informellen Unterhaltungsstil pflegt (wie ich das in *Black Macho* getan habe), wird sie zwar von vielen gelesen, aber doch nur, um sie anzugreifen und zu ächten. Beide Ansätze machen konstruktive Kritik unmöglich. Vielleicht ist der Trick der, einen Mittelweg zwischen wissenschaftlichem und informellem Jargon zu finden, wie es Alice Walker in *In Search of Our Mothers' Garden* versuchte.[10] Doch auch ihre direkte Art, ohne Umschweife zu schreiben, hat Grenzen. Walkers Aufsatzsammlung beinhaltet eine Kritik an *Black Macho*. [...] Sie wehrt sich, was mir heute sehr einleuchtet, dagegen, daß ich geschrieben habe: »Der Mythos der Superfrau« sei »auch von den wenigen schwarzen Schriftstellerinnen und Politikerinnen, die es gab, nie in Frage gestellt worden«. »Das ist nicht wahr«, schreibt sie,

> »Ich kann zwar nicht für die Politikerinnen sprechen, aber für mich selbst sehr wohl. Ich versuche seit Jahren, dieses Stereotyp zu bekämpfen und viele andere schwarze Schriftstellerinnen ebenso. Ich denke dabei nicht nur an Meridian, sondern vor allem an Janie Crawford, Pecola, Sula und

Nell, an Edith Jackson und sogar an Iola Leroy und Megda, himmel-
nochmal. (Alles Romanfiguren, die Ms. Wallace unbekannt sind. Diese
Unkenntnis ist allerdings nur dann gestattet, wenn sie kein Buch über
schwarze Frauen schreiben will.)«[11]

Das stimmt. Aber es ist nicht wahr, daß ich Walkers zweiten Roman *Meridian*
oder Toni Morrisons *Sula* und Zora Neale Hurstons *Their Eyes Were Watching
God* nicht gelesen hatte. Allerdings war Frances Harpers *Iola Leroy* damals schwer
zu kriegen und Megda und Edith Jackson kenne ich bis heute kaum. Wie viele
andere schwarze Frauen, wartete ich immer gespannt auf Neuerscheinungen oder
Wiederauflagen von schwarzen Schriftstellerinnen. Aber als junge Schwarze, die
feministische Solidarität suchte und selbst Schriftstellerin werden wollte, erwartete ich etwas ganz bestimmtes von den Schriftstellerinnen, die ich las. [...]

Als ich damals begann, mich schwarzen Autorinnen zuzuwenden, fühlte ich
mich jedesmal enttäuscht wegen ihres Unwillens, über ihre eigene Situation als
schwarze Schriftstellerin zu schreiben, die mir überaus problematisch erschien.
Ich wollte, daß sie sich sofort und ausdrücklich darüber Gedanken machten und
aufhörten, unablässig auf Lyrismen über ein für immer verlorenes, ländliches,
afro-amerikanisches Idyll auszuweichen. [...]

Um 1975 las ich auch Alice Walkers erste Kurzgeschichtensammlung *In Love
and Trouble* und ihren Aufsatz »In Search of Our Mothers' Garden«, der sofort zur
Basislektüre schwarzer Feministinnen wurde, vom dem ich aber den Eindruck
hatte, daß er von derselben Nostalgie und Überbewertung in bezug auf das Länd-
liche und die selige Ignoranz der Ungebildeten angesteckt war, die ich bei den
anderen schwarzen Autorinnen so problematisch fand. Besonders schwierig war
für mich die den Aufsatz leitende Vorstellung, daß schwarze Autorinnen nun für
die vorangegangenen Generationen schwarzer Frauen, die schweigen mußten,
sprechen sollten. Zum einen, weil im Grunde niemand für andere sprechen kann.
Es ist einfach unvermeidlich, daß wir, sobald wir überhaupt sprechen, andere
zum Schweigen bringen. Das gilt insbesondere für das Sprechen in Druckform.
Zum anderen war dies eine implizite Weigerung, den notwendigen Generations-
konflikt und die Dialektik von Kritik anzuerkennen, was ich absolut lähmend
fand.

Als ich 1978 das Manuskript meines Buches fertigstellte und mich für die
These entschied, daß schwarze Autorinnen den »Mythos der Superfrau« bestärk-
ten, war das kein zufälliger Gedanke und hieß auch nicht, daß ich Pecola, Meri-
dian und Janie Crawford nicht kannte. Ich sehe noch immer das Problem, daß die
Existenz schwarzer Frauen nur sehr oberflächlich abgehandelt wird, und daß die
Texte zeitgenössischer schwarzer Autorinnen, die nun kanonisiert werden, maß-

geblich zu diesem Mißstand beitragen. Ich gebe aber zu, daß ich Hurston, Morrison und Walker zu engstirnig gelesen habe. Mit »engstirnig« meine ich: ohne das Gespür dafür, daß Fiktion immer auf ihre materielle Bedingtheit, den kulturellen Kontext und die psychologischen Voraussetzungen ihrer Produktion verweist, das sich bei mir erst durch die Lektüre der theoretischen Ansätze von Roland Barthes, Julia Kristeva, Fredric Jameson und Barbara Johnson entwickelte.

Besonders die feministische Neuinterpretation von Hurstons *Their Eyes* führte dazu, Janies Aufstieg zur Erzählerin der Geschichte, trotz aller Hindernisse eines umgekehrten Sexismus, der in der vom Rassismus unterjochten Community regiert, als Aktion des Wieder-Verfügbar-Machens der Schwierigkeiten, denen schwarze Schriftstellerinnen ausgesetzt sind, zu betrachten. Nach Barbara Johnsons Interpretation des Textes bilden binäre Oppositionen in der Logik unserer Sprachkultur den Kern, der es uns erst ermöglicht, von Sexualität und *race* zu sprechen. Deshalb spielen sie auch eine zentrale Rolle beim Aufbau von Hurstons Roman und bei der Rezeption nach seiner Veröffentlichung damals. Daß Hurston den falschen Teil der Oppositionspaare besetzte, erklärt, warum die fortwährende Aufspaltung der Differenz, die sowohl Hurstons Erzählung als auch deren Exposition auszeichnet, unvermeidlich war.

Johnsons Aufteilung des Feldes des dominanten Diskurses in die vier Bereiche »Universalität«, »Komplementarität«, »das Andere« und »das x« für radikale Negation, hat zweifelsohne suggestive, erhellende Wirkung, sollte aber nicht soziologisch verstanden werden. Dennoch ist es für mich keine Frage, daß die unerbittliche Logik des Dualismus und der binären Oppositionen (schwarz-weiß, gut-böse, Frau-Mann, um nur ein paar zu nennen) den Diskurs der dominanten Kultur grundsätzlich strukturiert und dazu beiträgt, die fast automatische Auslöschung schwarzer weiblicher Subjektivität zu unterstützen. Die »Einerseits-Andererseits«-Logik der rationalen Argumentation versagt, wenn wir uns nicht eindeutig in eine der vorgesehen Kategorien einordnen können: sei es als einheitliches, universalisierendes Subjekt, was weiße Männer in der Regel für sich beanspruchen, oder in die Kategorie des »Anderen«, in die sich normalerweise weiße Frauen und schwarze Männer einordnen können, und die von Johnson um die Kategorie »Komplementarität« erweitert worden ist, um weiße Frauen von farbigen Männern zu unterscheiden.

Wenn wir nun aber das Gefühl haben, gleichzeitig zwei Kategorien anzugehören – wenn wir schwarz, eine Frau, vielleicht lesbisch und noch dazu arm sind – oder wenn wir diese Aspekte einfach nur gleichzeitig bearbeiten und beschreiben wollen, dann geraten wir in die Gefahr, nicht sinnvoll reden zu können. Denn wir müßten dann aus eben jener radikal unsagbaren Position des »Anderen« des »Anderen« spechen.

Meiner Ansicht nach haben schwarze Autorinnen den »Mythos der Superfrau« bestätigt, indem sie perverse Bilder von Frauen geschaffen haben, die als Trostpreis und zur Verklärung ihrer Randexistenz wenigstens ungeheure Kräfte und Fähigkeiten aufweisen dürfen. Der Mythos der Superfrau, davon bin ich heute wie damals ausgegangen, ist dazu da, den unaufhaltsamen Prozeß der Ausbeutung, Unterdrückung und Verzweiflung schwarzer Frauen, denen alle Bürgerrechte aberkannt sind, zu verdecken. Wichtiger noch als die Frage, ob schwarze Frauen selbst an diesen Mythos glauben oder ob es welche gibt, die Superlative vollbringen (natürlich gibt's die), ist, wie die herrschende Kultur diesen Mythos perpetuiert: nicht, um die schwarzen Frauen zu feiern, sondern um ihn als Waffe gegen sie einzusetzen. Mit einem »Sie ist doch schon befreit« werden so ihre Bedürfnisse ganz unten auf die Liste gesetzt.

Das »Andere« des »Anderen«, oder Inkommensurabilität, setzt wieder beim selben Problem an. Während der Mythos der Superfrau ein Konzept war, um ein kulturell bedingtes, generelles Mißverständnis über schwarze Frauen zu klären, ist das Konzept des »Anderen« des »Anderen« ein Versuch, das Verhältnis von schwarzen Autorinnen und dominantem Diskurs zu bestimmen. Mir scheint es heute wichtiger, den Ansatz des »Anderen« vom »Anderen« zu verfolgen. Nicht, weil ich glaube, daß es keine Mythen (oder Stereotypen, aber der Begriff ist zu schwammig) mehr gibt, sondern weil Mythen durch ihre Enthüllung nicht ausgelöscht werden. Es ist sogar ein Charakteristikum mythischer Bedeutung, daß sie nie ganz aufgedeckt werden kann. Eher trägt die Enthüllung der verborgenen Bedeutung dazu bei, den mythischen Prozeß fortzusetzen. Das hat die Rezeption von *Black Macho* gezeigt: Ich wurde selbst zur mythischen »Superfrau«, die von den Kritikern als mächtig, wortgewandt und unverletzbar hingestellt, in Wirklichkeit aber vollständig zum Schweigen gebracht wurde. Fast möchte ich sagen, daß alle »berühmten« schwarzen Autorinnen, gewissermaßen als Korrelat zum offiziellen »Schweigen« der Masse aller schwarzer Frauen, im dominanten Diskurs unweigerlich in diese unnatürliche Inartikuliertheit gedrängt werden. Lévi-Strauss' Untersuchung zur Verwendung des Ödipus-Mythos bei Freud zeigt, daß Mythosinterpretationen, die nicht danach fragen, wer spricht und wer nicht und weshalb (ein Fehler, den viele feministische und marxistische Freudinterpretationen machten), die Gültigkeit eines Mythos in einem größeren Zusammenhang bekräftigt.[12]

Auch White und Baker haben mit ihren Analysen letztlich die phallozentristischen Prinzipien erhalten. Gleichzeitig aber ist das »Andere« des »Anderen« resistent gegen theoretische Artikulation – daher die Furcht schwarzer Feministinnen vor Theorie, daher die radikale Nichtexistenz oder Unsichtbarkeit schwarzer feministischer Interpretationen im Bereich des dominanten Diskurses und deshalb die Verlagerung schwarzer feministischer Literatur auf Variationen über Negation. [...]

Anmerkungen

1 *Live at Five* ist eine New Yorker Talkshow, die unter der Woche ausgestrahlt wird. Sue Simmons moderiert sie.

2 vgl. Barbara Johnson (1987), *A World of Difference*, p.166-71.

3 vgl. Hayden White (1978), *Tropics of Discourse*.

4 Walter Benjamin (1977), *Illuminationen*, S.254.

5 vgl. Alison Jagger/Susan Bordo,eds.(1989), *Gender/Body/Knowledge*.

6 Roland Barthes (1970), *S/Z*.

7 vgl. Houston Baker (1984), *Blues, Ideology and Afro-American Literature*, p. 145-50.

8 ibid., p.172

9 z.B. Fredric Jameson (1988), *The Ideologies of Theory*; Toril Moi (1985), *Sexual/Textual Politics*; Kaja Silverman (1983), *The Subject of Semiotics*; Julia Kristeva (1976), *Die Chinesin*.

10 Alice Walker (1983), *In Search of Our Mothers' Garden*.

11 ibid., p.324-5.

12 Claude Lévi-Strauss (1961), *Strukturale Analyse des Mythos*.

Original: »Variations on Negation«; aus: Michele Wallace, Invisibility Blues, Verso, London & New York 1990, pp. 213-240

Übersetzerin: Bettina Seifried

Michele Wallace
Spike Lee und schwarze Frauen

In seinem Buch *The Crisis of the Negro Intellectual* hat Harold Cruse auf die Unmöglichkeiten hingewiesen, die sowohl in der Forderung nach völliger Abgrenzung als auch nach totaler Integration für die Schwarzen Nordamerikas liegen. Durch voreilige Verbesserungsvorschläge hat er allerdings vergessen, die Implikationen seiner eigenen Lehre zu beachten: »Integration führt zur Verneinung der eigenen Kultur«, warnte er. Seiner Meinung nach waren integrationistische Intellektuelle wie James Baldwin und Lorraine Hansberry Opfer einer Überdosis von falschem Bewußtsein geworden – ein schwerer Fall von Ignoranz und Gleichgültigkeit gegenüber dem, was *wirklich* schwarz ist. Deshalb rief Cruse nach weitreichenden Veränderungen der schwarzen Selbstwahrnehmung: Schwarze Intellektuelle sollten härtere Positionen einnehmen, mehr für's Kollektiv eintreten und vor allem ihre politischen, wirtschaftlichen und kulturellen Vorhaben im Sinne der Schwarzen planen und ausführen. Was im Black Power Movement auch prompt geschah.

Fast zwanzig Jahre später nahm Greg Tate die Ergebnisse dieser Aufforderung unter die Lupe. In seinem Artikel »The Return of the Black Aesthetic: Cult-Nats Meet Freaky Deke« in der Literaturbeilage der *Village Voice* vom Dezember 1986, listete er die Errungenschaften in puncto hoher und seichter Kunst auf. Sein Allheilmittel, um die offenkundige Kluft zwischen Integration und Kulturnationalismus zu überbrücken, war die Postmoderne. »Schwarze Künstler«, schrieb er, »haben das gesamte ›textuelle Feld der Blackness‹ um die Dimension von fun and games erweitert«, was soviel hieß wie, um sich als schwarz zu verstehen, war es nun nicht mehr notwendig, eine Besinnung auf afrikanische Ursprünge zu fordern oder europäische Einflüsse zu verdammen.

Der vielversprechendste Bote dieses neuen Zeitalters war für Tate der low-budget Film *She's gotta have it* des jungen Filmemachers Spike Lee, den Tate »den schwarzen poststrukturalistischen Traum der Massenunterhaltung« nannte. Lee hatte nicht nur »eine kompromißlose schwarze Vision« formuliert, er hatte den Film zudem »mit einem Kollektiv für'n Appel und 'n Ei gedreht« und damit den »Mythos der Megabudgets von Hollywood« zerstört. Diese Haltung stimmt überein mit Tates Vorstellung von kulturellem Widerstand, der »nicht auf Überwindung der Grenzen der etablierten Kultur zielt und in mystische Freizonen führen soll, sondern der in den Prozeß der Rationalisierung des Kapitalismus durch Massenkultur und Modernismus kritisch eingreift.« Kulturelle Integration und sogar Übereinkunft waren plötzlich in Ordnung, vorausgesetzt, beides fand in einem separatistischen Rahmen statt. Tate beklatschte auch Lees »raceman« Ansichten: »Whoopis blaue Kontaktlinsen, Michaels Nase«, *Die Farbe Lila* – alles nicht schwarz genug.

Als es um Kritik an der Darstellung im Bereich der Sexualität ging, entstaubte Tate das alte Argument, daß es sich um ein authentisches Verhalten der Schwarzen handle. Damit konnte er alles wegwischen und so präsentieren, als ob das die Entdeckung schlechthin sei. Besonders die Geschlechterdifferenz erwies sich als der blinde Fleck in Tates theoretischen Spekulationen. Frauen waren eher zufällig »auch dabei«, wenn er auflistete, wer es richtig machte, angefangen bei Miles Davis über Amiri Baraka zu Nona Hendryx. Er hielt es auch nicht für nötig, zu erwähnen, daß das Vorzeigestück der neuen schwarzen Ästhetik, *She's gotta have it*, die Geschichte einer schwarzen Frau erzählt, die nicht genug vom guten alten Phallus bekommt und deshalb vergewaltigt werden muß. Tates Obsession war nur darauf gerichtet, aus dem Gefängnis der überkommenen Geschichtsschreibung auszubrechen, in dem Schwarze nur eine Statistenrolle hatten. Seine Freude darüber, daß diese Version nun durch lockerflockige Filmspektakel und »fun and games« ersetzt werden konnte, machte die banale Feststellung geradezu überflüssig, daß Frauen dabei fast immer eine Sonderstellung zukommt.

Nach diesem Film kam es bei Spike Lee zu weiteren Kontinentalverschiebungen. Seine Bücher *Spike Lee's Gotta Have It* und *Uplift the Race: The Construction of School Daze*, sowie sein neuester Film *School Daze* entsprechen alle Tates ambivalenter Einstellung zu »Blackness«. Im Frühjahr hat Lee einen Schwarzweiß-Film für Jesse Jacksons Kampagne gedreht und arbeitet jetzt an einem neuen Film. Auch Melvin Van Peebles, der als geistiger Vater dieser Bewegung gilt, macht einen neuen Film. Ebenso Robert Townsend, ein ehemaliger Schauspieler von der Westküste, der vom Rassismus der Filmindustrie genug hatte und beschloß, sein eigenes Ding zu drehen. Im Dunstkreis der Leute um Lee und Townsend hört man von weiteren Projekten.

Vielleicht liegt in der Unbestimmtheit des Mediums Film eine enorme Stärke und möglicherweise ist das der Grund, warum gerade der Film als idealer Ort erscheint, um die schwarze Kultur aus der Unsichtbarkeit und Benachteiligung herauszuführen. Aber das Problem dabei ist, und das haben uns die »blaxploitation« Filme der 60er und 70er gelehrt, daß schwarze Filme sich nur auf dem Markt halten können, wenn sie auch bei einer breiten Masse ankommen. Ich hoffe sehr, daß schwarze Filmemacher wie Lee, Townsend, Van Peebles etc. nicht wirklich glauben, daß sie »blaxploitation« erneut aufgreifen könnten, ohne zu hinterfragen, ob die Erniedrigung von Frauen tatsächlich ein unvermeidliches Nebenprodukt für die Auflösung der Handlung sein muß.

Obwohl es sich erst um den Beginn einer Bewegung und längst nicht um ein ausgewachsenes neues Genre der Filmindustrie handelt, meine ich, daß es nur eine Möglichkeit gibt, eine Renaissance des schwarzen Sexismus in Filmen zu verhindern, und zwar dadurch, daß der Bereich der Geschlechterdifferenz explizit gemacht und auch explizit ein Standpunkt eingenommen wird. Zunächst schien es, als habe Spike Lee mit *She's Gotta Have It* genau das getan. In seinen Aufzeichnungen während der Dreharbeiten schrieb er: »Ich fand es immer erstaunlich, daß Männer jede Frau zwischen fünfzehn und achtzig flachlegen, und das in Ordnung ist. Ihnen wird zugestanden, daß sie Sex haben und ihn auch genießen, das gleiche gilt aber nicht für Frauen. Wenn sie Männer haben wollen, dann werden sie als Huren, Prostituierte, Freaks und Nymphomaninnen bezeichnet. Warum wird da mit zweierlei Maß gemessen? Warum sollte man das nicht mal genauer untersuchen?« Also erfand Lee eine weibliche Protagonistin, die den Sex liebt, Nola Darling heißt und drei Geliebte hat: Greer Childs, ein narzißtischer schwarzer Yuppie-Schauspieler, der sich gern mit Nola zeigt, weil sie sehr attraktiv ist; Jamie Overstreet, eine gestandener Durchschnittskerl, der sie gerne heiraten würde; und Mars Blackmon, gespielt von Lee selbst, ein B-Boy mit Mountainbike, der Nola immer zum Lachen bringt. Nola, ihre Geliebten und ihre Freundinnen geben während des Films immer wieder unterschiedliche Versionen darüber ab, wer Nola nun wirklich sei, den Blick direkt in die Kamera. Somit untergräbt die filmische Struktur jegliche männliche Autorität, die Spike Lee abwechselnd als Regisseur, Drehbuchautor und Produzent haben könnte.

Aber der Spaß hat seine Grenzen. Interessanterweise beginnt der Film mit einem vorangestellten Motto aus Zora Neale Hurstons Roman *Their Eyes Were Watching God*, der die Unmöglichkeit der Versöhnung zwischen Männern und Frauen romantisch verklärt. Auch die drei Lover von Nola erinnern mich stark an Janies drei Ehemänner in Hurstons Roman. Jamie entspricht Logan Killicks, der Janie die eher langweilige Sicherheit von 40 Hektar Land und einem Maultier bieten kann und der sie erniedrigen will, als sie sein Angebot nicht wahrnehmen möchte. Greer Childs erinnert an Joe Starks, der Bürgermeister eines schwarzen Städtchen wird und Janie auf ein Podest stellt. Tea Cake wiederum, der Janie abwechslungsreiche Gesellschaft »im Schmutz, bei den ganz einfachen Leuten« bietet, gleicht Mars Blackmon, dessen Späße konventionelle Männlichkeit kritisieren, auf's Haar. Obwohl es gerade Jamie ist, der Nola, als sie ihn nicht heiraten will, letztlich vergewaltigt und bricht, machen Lees Aufzeichnungen ziemlich klar, daß Jamie der beste der drei Männer sein soll. Beispielsweise ist er der einzige, bei dem Nola einen Orgasmus hat. Lee schreibt, daß er aufpassen muß, damit es nicht zuviele Szenen gibt, in denen Nola weint. Lee ist auch nicht klar, wie er Nola auf die Vergewaltigung reagieren lassen soll. Soll sie ihren Spaß daran haben? Er entscheidet sich dafür, daß er Jamie widerwillig sagen läßt, daß es zumindest ihm gefallen hat. Das vielleicht auffälligste ist, daß Lee es nie als »Vergewaltigung« bezeichnet. Im Film selbst wird das alles nicht so deutlich und Lee verzichtet wenigstens darauf – anders als in den Aufzeichnungen-, daß der »Beste« auch den »Preis« bekommt und Nola heiraten darf. Leider ist aber das Mißtrauen gegenüber weiblicher Sexualität im Film gerade in der Art und Weise, wie das Verhältnis von Nola und ihrer lesbischen Freundin Opal Gilstrap dargestellt wird, besonders offensichtlich. Opal kommt daher wie die Schlange im Garten Eden. In vielerlei Hinsicht und besonders in der Szene, in der Lees spitze Lippen über Nolas Körper wandern, scheint sie weniger eine Person als ein schwarzer Kontinent zu sein, den es zu erforschen und zu erobern gilt. Auch sie redet direkt in die Kamera, aber ihre Sprache ist eher dämlich und ihre Worte löschen sich gegenseitig aus. Sie wirkt, als ob sie in einem Werbespot etwas anpreisen wollte. Dennoch war ich gespannt, was nach *She's Gotta Have It* kommen würde.

Spike Lees *School Daze* spielt auf dem Campus eines schwarzen Colleges und nimmt damit eine im Kanon der afro-amerikanischen Literatur hinreichend bekannte Szenerie wieder auf: Brooker T. Washingtons *Up From Slavery*, W.E.B. Du Bois' *The Souls of Black Folk*, Jean Toomers *Cane*, Ralph Ellisons *Invisible Man* und Amiri Barakas *Tales* haben alle das gleiche Setting. Aber diese literarischen Anspielungen gehen unter in den lebhaften Bezügen zum klassischen »homecoming-football-game«Film, zum Slapstickhumor, zu visuellen Gags, zu Motown, Jazz, Rhythm & Blues, Funk, schwarzem Englisch, Stil und Tanz. Auf die in der afro-amerikanischen Literatur immer wieder gestellte Frage »Was kann ein Schwarzer selbst an einem schwarzen College anderes lernen, als die Lektion, wie man seinem weißen Master brav bei Fuß sitzt«, antwortet Spike Lees Film: »Wenig«. Und dementsprechend verzichtet er auch auf Klassenzimmer, Lehrer und all die anderen Bildungsaccessoires. Widerwillig stelle ich mir nun die Frage: Was kann eine schwarze Zuschauerin von diesem Film lernen?

School Daze ist eine postmoderne Version von Harold Cruses Analyse zu *The Crisis of the Negro Intellectual*. Es geht um die Dichotomien Pan-Afrikanismus versus Anpassung aus wirtschaftlichen Gründen, um schwarzen Selbstwert und Stolz versus Integration – das ganze übertragen in eine Atmosphäre der sich überschlagenden Ereignisse wie etwa im Pop-Kultbuch *Animal House* und des spielerischen, neo-kulturellen Nationalismus aus Ishmael Reeds *Mumbo Jumbo*. Die politische Dimension der Frage »Separatismus oder Integration« jedoch geht völlig im komplett schwarzen Universum des Films unter. Dafür wird aber das postmoderne Bild von der Frau als Monsterputte skizziert, deren abwegiges Begehren die sofortige Bestrafung auf der Leinwand erfordert (wie auch in *Half Moon Street, Blue Velvet, Mona Lisa* usw.). Der Film handelt, etwas halbherzig, von einem Streit zwischen Schülern und Schulverwaltung darüber, ob das Black Mission College Südafrika fallen lassen soll, aber leidenschaftlich wird er erst, wenn es um Sexualität und die Geschlechter geht. Die Zuschauer dürfen einem Wettbewerb zwischen hellhäutigen, betuchten Wannabees und dunkelhäutigen, dreadlockigen Jigaboos der Unterschicht beiwohnen, wobei es jeweils eine weibliche und eine männliche Variante der Austragung gibt.

Die Anfangsszene macht uns mit dem männlichen Trupp bekannt, deren Mitglieder sich mehr mit den globalen Themen der kulturellen Dominanz oder politischen Verantwortung beschäftigen (obwohl viel von dem, was sie machen, ziemlich dämlich ist). Dap, der protonationalistische Held dieser Geschichte und seine Kumpel (d.h. die männlichen Jigaboos) nehmen an einer Veranstaltung gegen Apartheid in Südafrika teil, auf der dem Mission College vorgeworfen wird, sich nicht davon zu distanzieren. Der Rektor des Colleges und der Vorstand, die beide an den Bürgerrechtsdemonstrationen der 60er teilgenommen haben, beobachten die Versammlung vom Fenster des Verwaltungsgebäudes aus. Der Ärger in Form der stylish aufgemachten Gamma Phi Gammas, der Stoßtruppe der Wannabees, läßt nicht lange auf sich warten. Ihr Anführer ist ein prototypischer Nazi, Big Brother Almighty, flankiert von seinen ruhmreichen Gamma Rays. Eine Abkehr von Südafrika und die Forderungen der Schwarzen dort scheren sie einen Dreck. Oder, in der bündigen Formulierung von Big Brother Julian: »Ich bin aus Detroit! Motown!«.

Der eigentliche Konflikt entzündet sich aber an der rituellen Zurichtung von acht glatzköpfigen Kriechern, die sich versklaven lassen, um zu den Wannabees zu gehören und, chain-gangmäßig, an Hundehalsbändern mitgeführt werden. »Nur ein richtiger Mann ist ein Gamma-Mann«, skandieren die Gammas lautstark, »weil nur ein Gamma-Mann ein echter Mann ist«. Bei den Gammas gibt es einen einzigen Randgänger (d.h. er ist der einzige, der zu beiden Gruppen Zugang hat), und es ist niemand anderes als unser big-eye Spike Lee selbst, der Daps Cousin Half-Pint spielt, und auch in diesem Film ist er Autor, Regisseur und Produzent zugleich.

Die Frauen scheinen sich nicht für Politik und kulturelle Themen zu interessieren, es sei denn als passive Konsumentinnen. Das gilt für Wannabees und Jigaboos gleichermaßen. Die Gamma-Frauen tragen teure Kleider und ihre Haare im aufwendigen Farah-Fawcett-Look und sind stark geschminkt. Der Film will auf das »Unechte« an ihnen verweisen, das sich sowohl auf ihr »Möchte-gern-weiß-Sein« [Wannabe!] als auch auf ihre Weiblichkeit bezieht – sie werden präsentiert wie schwarze Frauen, die sich als weiße Frauen verkleiden. Jigaboo-Frauen wiederum sind natürlich. Sie tragen ihr Haar auch auf natürliche Weise. Der Film gibt sie der Lächerlichkeit, Verulkung und Negation preis. Daps Freundin Rachel, laut eigener Aussage »das schwärzeste Ding auf dem Campus«, ist die Anführerin der Jigaboo-Frauen, aber das eher aufgrund ihrer Nicht-Erscheinung. Eigentlich macht sie überhaupt nichts, außer neben Dap herzulaufen, mit ihm ins Bett zu gehen und mit ihm daüber zu streiten, ob sie in ihrem letzten Studienjahr noch einer Studentinnenvereinigung beitreten soll – was sich auf merkwürdige Art mit der Haltung der Jigaboos [die ja im Film gegen die Institution vorgehen] beißt.

Die Frauenangelegenheiten kulminieren in der längsten musikalischen Einlage des Films, in der Nummer »Straight and Nappy«. Auf einmal werden Wannabee- und Jigaboo-Frauen in eine Art Madame Res-Res Friseurladen verfrachtet, um dort die Dinge endlich auf den Punkt zu bringen. Die Cotton-Club Musik und das Josephine-Baker Getanze haben die ganze Hitzigkeit, aber nichts von der Würde der Konfrontation zwischen weißen und puertorikanischen Jungs in der *West Side Story*. [...] An einer Stelle überreichen die Jigaboo-Frauen den Wannabees eine Maske von Vivien Leigh als Scarlett O'Hara, um ihnen einen Spiegel vorzuhalten. Die Wannabee-Frauen kontern mit einer Maske von Hattie McDaniels als ihre eigene Mammy. Welche von beiden wären Sie denn da am liebsten? Aus dem Entweder/Oder wird so für schwarze Frauen im Grunde ein Weder/Noch.

Auf einem noch niedrigeren Niveau in der visuellen Ökonomie des Films finden wir die einheimischen Straßenkids, die Street-Bloods. Ihre Auseinandersetzung mit den Fellas [Jigaboos] beginnt in dem Moment, als ein Kid mit gespielter Tuntigkeit fragt: »Stimmt es, was sie über die Mission-Jungs erzählen?« Es endet damit, daß ein Fella von einem der Straßenjungs meint, er sehe aus »wie eine Nutte«, weil er Jerri-Curl-Haargel benutzt und eine Duschkappe aufhat. An der einzigen Stelle, wo der Film arme Schwarze thematisiert, verunglimpft er sie und spricht gleichzeitig schwarzer Homosexualität jedes Recht ab.

Zum zweiten Mal habe ich *School Daze* in der Fulton Mall in Brooklyn gesehen, unweit von dort, wo Jamie Nola in *She's Gotta Have It* zum ersten Mal trifft. Es war Freitagnachmittag und der Saal voll mit schwarzen Frauen, Mädchen und Kindern. Immer wenn die Jigaboo-Frauen ins Bild kamen, gab es mißbilligendes Gelächter. Vielleicht liegt es daran, daß sie so schwarze Haut hatten oder ihr Kraushaar offen und ungeglättet trugen. Bei den Gamma-Frauen der Wannabees aber war es meist andächtig still im Saal, oder es pfiff anerkennend aus Männermündern und Mädchen »oohten« und »aahten« auf vor Bewunderung. Wen wundert's, die Gamma-Frauen sehen eben genau so aus, wie wir's aus anderen Filmen gewöhnt sind. Sie haben ja auch eine eigene Musiknummer bekommen.

Wenn die Homecoming-Queen, Gamma-Königin Jane Toussaint, blond (gefärbt?) und blauäugig (farbige Kontaktlinsen?), ihre Krone bekommt, singt sie mit den übrigen Gammas ein betörendes »Be Alone Tonight«, ganz professionell à la Motown Girl Group. Sie tragen aufreizend geschnittene, silberschwarze Kleider, die ab dem Knie gerafft und gerüscht sind. Dazu schwarze Lederstilettoes und Sternchen im lang herunterfallenden Haar. Titten und Arsch werden durch Kleiderschnitt und hüftwackelnde Choreographie stark betont. Sie sehen aus wie aus der Virginia Slim-Zigarettenreklame.

Die hellhäutige Jane Toussaint – die im Stil der weißen und schwarzen Girl Groups der 60er zart »Boy, you know I love you« flüstert – wird durch die prachtvolle Ausstellung ihrer Reize auf ihre anachronistische Vergewaltigung vorbereitet, die den Höhepunkt des Films darstellt. Die niederträchtige Tat wird zwar, technisch gesehen, von Half-Pint vollzogen, aber es wurde ihm von Big Brother Julian befohlen und die anderen Gamma-Männer warten währenddessen im Flur. Daß Jane auch noch von ihrem Freund zur Einwilligung überlistet wurde, läßt diese Tat nur noch stärker als kollektiven Willen des ganzen Films erscheinen: metaphorische Gruppenvergewaltigung als filmischer Imperativ. Dap, der vermutlich für die Utopie des Films stehen soll – so wie Jamie für das Idealbild von Männlichkeit in *She's Gotta Have It* stand – muß nun etwas Drastisches tun und weckt alle im Morgengrauen auf, weil er findet, daß Half-Pint zu weit gegangen ist.

Aber wo steht Spike Lee bei all dem? Auf der Seite von Dap oder auf der von Half-Pint, den er ja immerhin selbst spielt? Und sollen wir das jetzt als Fortschritt von der Rolle vom »Mann, der sie zum Lachen bringt« zu der des Vergewaltigers, den die Leute sehen wollen, betrachten?

Ich habe an diesem Tag in Brooklyn zwei Vorstellungen hintereinander angeschaut und war über meine eigene Bereitwilligkeit erstaunt, mich in die jugendlichen Gesichter und verführerischen, verspielten Musikeinlagen zu versenken. Bevor ich ging, war ich noch einmal auf der Toilette des Kinos. Zwei Frauen summten »Do the Butt« vor sich hin, was ein großer Renner in schwarzen Radiostationen wurde. Eine dritte summte nicht, sie stand vor dem Spiegel und versuchte, ihre Haare zu kämmen. Sie war füllig, hatte sehr dunkle Haut, kurzes, aufgehelltes Haar und entsprach in keinster Weise den »Wannabees«, wie *School Daze* sie präsentiert hat. Sie hatte blonde, künstliche Haarteile an einem Kopfband in ihr Haar gebunden und versuchte verzweifelt, diese wieder in Form zu bringen, da sie mit der Zeit strohig geworden waren und unecht aussahen. Ihr junges, hübsches Gesicht schaute prüfend und besorgt in den Spiegel, so wie ich das bei vielen schwarzen Frauen bemerkt hatte, wenn sie sich in der Öffentlichkeit betrachteten.

Es war mir schleierhaft, warum diese Frau den Zusammenhang von ihrem Dilemma und dem des Films nicht bemerkte. War ihr Jane unsympathisch, identifizierte sie sich mit ihr, oder war es ein bißchen beides? Außerdem wurde ich den Verdacht nicht los, daß das blonde Haarteil und die Blondfärbung etwas damit zutun haben, wie schwarze, weibliche Frustration in schwarze Frauenmode verwandelt wird. Das wiederum führt mich zu der Frage: werden schwarze Frauen einen weiteren Schuß »Black Pride« überstehen? (1988)

Original: »Spike Lee and Black Women«; aus: Michele Wallace, Invisibility Blues, Verso, London & New York 1990, pp. 100-110

Übersetzerin: Bettina Seifried

Michele Wallace
Doing the Right Thing

Predige ich Gewalt? Nein, aber verdammt, die Zeiten, in denen 25 Millionen Schwarze stillhalten, während ihre Brüder und Schwestern ausgebeutet, unterdrückt und ermordet werden, müssen endlich ein Ende haben. Die Verfolgungen aufgrund der Hautfarbe, nicht nur in den USA, sondern überall auf der Welt, hören nicht auf. Es wird immer schlimmer (da helfen auch vier Jahre Bush nichts). Und falls Crazy Eddie Koch noch ein viertes Mal als Bürgermeister von New York gewählt werden sollte, wird das, was in Do the Right Thing gezeigt wird, ziemlich harmlos sein. Ja, wir haben die Wahl: Malcolm oder King. Ich weiß, für wen ich mich entscheide.

Spike Lee (und Lisa Jones), *Do the Right Thing: A Spike Lee Joint*,
Fireside Books: Simon & Schuster, 1989.

In diesen miesen Zeiten der Einschränkung der Kunstfreiheit durch die Rechten im Kongress und der reaktionären Intoleranz in den Urteilen des Obersten Gerichtshof der USA scheint es fast unziemlich, auf der richtigen Seite zu stehen und dennoch über die problematische Darstellung von Frauen in Spike Lees neuestem Film *Do the Right Thing* zu schreiben. Es sieht eher so aus, als könnte die einzig angebrachte, progressive Reaktion darauf nur ein Lob für Lees Mut sein, einen Film über »Rassismus« zu machen, der, anders als *Betrayed*, *Mississippi Burning* und *Places in the Heart*, auch wirklich von Schwarzen handelt und nicht damit endet, daß sich Weiße und Schwarze bei der Hand nehmen und gemeinsam *We Shall Overcome* singen, als wäre Martin Luther King Jr. nie erschossen worden. Mir geht es so, erstens, weil ich überzeugt bin, daß es zu weit schlimmeren »Rassen«-unruhen kommen wird als den im Film gezeigten, wenn nicht bald drastische Veränderungen im politischen und wirtschaftlichen Bereich und in der Art, wie »Rassen« präsentiert werden, und in unserer individuellen Haltung zu dem Begriff »Rasse« stattfinden. Zweitens begrüße ich den Film, weil die Geschichte des heißesten Sommertages im New Yorker Stadtteil Bedford-Stuyvesant sich auf die Hoffnungslosigkeit und Verzweiflung einer armen, entrechteten, städtischen, schwarzen (aber männlichen) Bevölkerungsgruppe konzentriert, die immer mehr verelendet, nicht nur in bezug auf den weißen Status Quo, sondern auch im Verhältnis zur schwarzen Mittelklasse. Drittens ist es ein junger, schwarzer, unabhängiger Regisseur, der die Absicht hat, den Prozeß des

Filmemachens zu entmystifizieren und den Schwarzen zugänglich zu machen, insbesondere denen, die daran interessiert sind, das avantgardistisch-politische und ästhetische Potential dieses Mediums auszuschöpfen. Und viertens möchte sich eben keine, die recht bei Sinnen ist, in die Gruppe der negativen Kritiker des Films einreihen, die, wie Joe Klein im *New York Magazine*, ernstlich fragen, weshalb die Polizei nicht sympathischer dargestellt wurde (als würde uns nicht jeder andere Film oder jede TV-Show schon zeigen, wie großartig weiße Cops doch sind), oder wie die von *Seven Days*, die warnten, daß der Film möglicherweise Unruhen hervorruft. Ich glaube sogar, daß der Film als symbolischer Ersatz eher verhindert hat, daß es diesen Sommer zu Unruhen kam.

Es wäre sicher falsch, sich bei *Do the Right Thing* auf Details in der Darstellung weiblicher Charaktere zu versteifen. Denn, was immer es daran auszusetzen gäbe, Frauen wie Mother Sister (Ruby Dee), das Gewissen des Viertels, Tina (Rosie Perez), eine ledige schwarze Puertorikanerin und Mutter von Mookies Kind, und Mookies Schwester Jade (Joie Lee) sind alle viel »positivere Figuren«, als etwa Mookie (Spike Lee), der als geldgieriger Pizzaausträger für Sal's Famous gezeigt wird, oder Da Mayor (Ossie Davis), ein alter Säufer, der jedem gute Ratschläge gibt und gern Streitereien schlichtet, oder Radio Raheem (Bill Nunn), der immer mit einem riesigen, voll aufgedrehten Ghetto-Blaster rumrennt, oder etwa Smiley (Roger Guenveur Smith), der geistig zurückgeblieben ist und Abzüge des einzigen Fotos, auf dem Malcolm X und Martin Luther King, Jr. zusammen zu sehen sind, verkauft, oder Buggin Out (Ginacarlo Esposito), ein streitsüchtiger Protonationalist, dessen wertvollste Errungenschaft seine Air Jordan Turnschuhe sind. Spike Lee stellt sie nicht als Identifikationsfiguren dar, und er verzichtet auch darauf, bei der Charakterisierung in die Tiefe zu gehen. Sowohl weibliche als auch männliche Figuren sind in dem Film witzige Umkehrungen von schwarzen Stereotypen. Sie dienen als Folie für weiße Charakteren wie Sal (Danny Aiello) und seine Söhne Vito (Richard Edson) und Pino (John Turturro), Italiener, denen die Pizzeria am Eck gehört, und für das koreanische Ehepaar (Steve Park und Ginny Yang), die einen Lebensmittelladen gegenüber haben. Alle sind für sich selbst genommen unerheblich, aber jede Figur wird für den höheren Zweck des Films instrumentalisiert, um ein Szenario zu schaffen, in dem sich die schlimmsten Folgen der großstädtischen Apartheid materialisieren und entzünden können. Nur eine Frauenfigur fällt dabei heraus, weil sie so offensichtlich die Sparsamkeit, mit der der Film seine Personen porträtiert und seine lineare Erzählung vorantreibt, bricht.

Die Anfangsszene knallt uns eine Vorstellung von Tina vor, die mit dem Rest des Films nicht zusammenpaßt: in Boxershorts tanzt sie in B-Boy-Manier zu »Fight the Power« von Public Enemy, dabei werden ihre riesigen »Negerlippen«

durch roten Lippenstift so betont, als sei sie eine neue Josephine Baker oder eine junge Grace Jones. Ohne daß diese Szene auch nur irgendetwas mit der folgenden Erzählung zu tun hätte, nehmen wir sie hin und beobachten mit perverser Faszination, wie diese farbige Frau durch die Bewegungen ihrer Hüften und durch ihre Mimik einen angenehmen, erregenden Kitzel auslöst. Ihre Bewegungen sind als Widerstand qua Androgynität zu entziffern, aber es fehlt die Kraft einer explizit politischen, feministischen Haltung. Es erinnert alles eher an einen MTV Videoclip. Der Verdacht, daß diese Szene nicht bedeutsam (für die Erzählung), sondern mythisch ist und eine Leerstelle im nun folgenden (filmischen) Text anzeigt, bestätigt sich, wenn Tina danach auf eine zweidimensionale Figur reduziert wird, die immerzu hirnlos mit Mookie herumzetert, weil er seinen »Verpflichtungen« als Vater und Liebhaber nicht nachkommt. Zwar meckert in diesem Film jede/r unablässig und die Art und Weise, wie der Film ständig mit Negativ-Images spielt, ist wirklich erstaunlich. Dennoch bleibt der Vorwurf, daß hier das »Rassismusproblem« künstlich, aber säuberlich vom Problem der Geschlechterdifferenz getrennt wurde. Es gibt nur einen kurzen Augenblick, in dem diese Trennung aufgehoben wird: Wenn Mookie darauf besteht, daß seine Schwester Jade nicht wieder in die Pizzeria kommen soll, weil Sal hinter ihr her ist. Fast scheint es, als ob Lee/Mookie Jade (die von Lees echter Schwester gespielt wird) in Vertretung für schwarze Frauen im allgemeinen, davon abhalten wollte, im Zentrum und Hauptgeschehen seines Films zu erscheinen.

Obwohl ich überzeugt bin, daß ein Film über Rassismus wie der von Spike Lee allen anderen vorzuziehen ist, die so tun, als gäbe es einfach keine Nicht-Weißen, habe ich doch Einwände. Ich glaube eben, sie gehen am Ziel vorbei und reproduzieren letztlich doch das, wogegen sie sich wenden, wenn sie die Wichtigkeit des Problems von weiblicher Unterdrückung, insbesonderer die Unterdrückung schwarzer Frauen, trivialisieren oder vernachlässigen. In dem Maß, in dem sie das tun, wird es sinnlos, die Frage nach der materiellen Realität der Repräsentation von »Rasse« in der U.S.-amerikanischen Kultur zu stellen, da diese schon immer mit Geschlechtszugehörigkeit, Sexualität und dem weiblichen Körper eng verknüpft war.

Obgleich wir darauf geeicht wurden, unseren Blick ständig nur auf das Lebenswerk großer Männer zu richten, wäre die Geschichte der schwarzen Befreiungskämpfe, die im Film durch das Foto von Malcolm X und King angedeutet wird, undenkbar ohne die Arbeit von Frauen. Die gegenwärtige Verelendung und Armut der schwarzen Community, auf die das Bedford-Stuyvesant Setting des Films verweist, kann nur dann adäquat verdeutlicht werden, wenn auch zur Sprache kommt, wie auch und gerade Frauen mit Problemen der Obdachlosigkeit, Schwangerschaft von Minderjährigen, Abtreibung, Aids, Drogen, Analphabetentum, Sozialhilfe, Arbeitslosigkeit und Polizeigewalt konfrontiert werden. Das eigentliche Dilemma, dem Mookie und Konsorten verhaftet sind – nämlich die ungelöste Frage, wie Schwarze auf Rassismus antworten sollen – rührt daher, daß Schwarze in der Vergangenheit nicht bereit waren, Frauen in ihre sozialpolitischen und philosophischen Untersuchungen und die daraus resultierenden politischen Forderungen einzubeziehen, weder als Subjekt noch als Objekt. [...]

Harold Cruse stellt in seinem Buch *The Crisis of the Negro Intellectual (1967)* die provokative These auf, daß die Philosophie der Schwarzen immer zwischen Integration/Assimilation und kulturellem Nationalismus schwankte. Jeder Ansatz hat aber seine eigene, unauflösbare Problematik. Integrationismus wird für seine schwarzen Anhänger letztlich immer zur Belastung, weil dessen rassistische weiße Anhänger nur willens sind, einen kleinen Teil zu »integrieren«, nämlich die schwarze Oberschicht, und nur dann, wenn die Masse der armen Schwarzen weiterhin unsichtbar und machtlos zu bleiben gedenkt. Kulturnationalismus andererseits mündete bislang immer in der Phantasie von politischer und wirtschaftlicher Autonomie, was meistens noch durch die Tatsache verschlimmert wurde, daß man mit derselben Borniertheit und rassistischen Haltung, die eigentlich bekämpft werden sollten, gegen Frauen, Homosexuelle, Juden, Weiße und andere vorging. Mich interessiert dabei weniger die Gefahr für Weiße, wichtiger ist, daß das vor allem innerhalb der schwarzen Community zu Gewaltausbrüchen und Brutalität führt und den Selbsthaß schürt.

Der Film endet mit zwei Zitaten: Einem, das den gewaltlosen Widerstand Martin Luther Kings unterstützt, der als Vorbild für den Integrationsansatz dient, und einem, das Malcolm X's Idee der Selbstverteidigung favorisiert, und damit für den kulturnationalistischen Ansatz steht. Damit wird deutlich, daß Spike Lee seinen Film als Vorhut eines neuen Versuchs, die beiden Ansätze zu reinterpretieren, verstanden haben will. Aber unter der Oberfläche wird klar, daß »Geschichte« noch immer als Geschichte großer Männer geschrieben und nicht von Frauen und Armen gelebt wird. Wenn der lebensspendende Aspekt des weiblichen Körpers und der Familie weiterhin keine Berücksichtigung findet, bleibt eben immer nur die leblose, unmenschliche Abstraktheit von Kriegsspielen übrig.

Original: »Doing the Right Thing«; aus: Michele Wallace, Invisibility Blues, Verso, London & New York 1990, pp. 111-116

Übersetzerin: Bettina Seifried

Paul Gilroy

Das Ende des Antirassismus

Es ist höchste Zeit, radikale Kritik an den moralistischen Exzessen, die im Namen des »Antirassismus« stattfinden, zu üben. Die absurden Auswüchse des orthodoxen Antirassismus sind zur Zielscheibe der rechten Kritik geworden (Honeyford, 1988; Lewis, 1988) und bildeten auch den Hintergrund zu den harten
Auseinandersetzungen um die Veröffentlichung von »Die Satanischen Verse«.
Insbesondere der von den Kommunen autoritär »verordnete« Antirassismus steht
mittlerweile selbst im Mittelpunkt des populären rassistischen Diskurses.[1]

Diese Angriffe auf das Zentrum des Antirassismus und auf die mit ihm einhergehende multikulturelle Ausrichtung im Erziehungswesen, in der Sozialarbeit
und anderen Gemeindeeinrichtungen sind weitgehend unerwidert geblieben,
und es ist mittlerweile schwer, öffentliche Unterstützung für diese Politik zu finden. Dies liegt teilweise daran, daß der in den Hochzeiten des steuerlich subven-
tionierten Radikalismus geschaffene Kader der professionellen Antirassisten kollektiv verstummt ist und sein politisches Selbstvertrauen verloren hat. Es gab wenig Hilfe von unabhängigen schwarzen Interessensverbänden und von Gruppen,
die direkt in der Community verankert sind und weit über die engen Grenzen
des Antirassismus hinaus operieren. Stattdessen verbanden sich viele der ideologischen Erfolge des konservativen Thatcherismus nahtlos mit den Losungsworten
des schwarzen Nationalismus: Selbständigkeit und Verbesserung der ökonomischen Situation durch Sparsamkeit, harte Arbeit und individuelle Disziplin. Der
Sieg dieser resolut-konservativen und oft autoritären politischen Ideologie zeigt
sich durch die Reaktion der offiziellen Sozial- und Wirtschaftspolitik. Auch hier
verfolgt man das Ziel einer idealisierten und homogenisierten »Schwarzen Gemeinde«, die ihre Probleme selbst in die Hand nehmen und die Hauptlast an
ihren öffentlichen Angelegenheiten tragen soll. Diese Entwicklung ist nicht bloß
negativ, doch im Licht der durch sie geschaffenen neuen Atmosphäre können antirassistische Initiativen nur wie überzogene Sonderwünsche von jahrelang verhätschelten Gruppierungen wirken. Abgesehen davon empfindet die Labour Partei spezialisierte antirassistische Arbeit in den Gemeinden zunehmend als peinli-
che Zumutung, da politische Bekenntnisse zum Antirassismus und zum Multikulturalismus nach der herrschenden Parteimeinung anscheinend gleichbedeutend mit Stimmverlusten sind.

Diese wichtigen Veränderungen führten zur politischen Trägheit dessen, was einst eine antirassistische Bewegung war. Die Kräfte, die diese Bewegung angetrieben haben, sind nun auch Teil einer Katastrophe, die von zwei Seiten her gesehen werden kann. Erstens gibt es eine Krise der organisatorischen Formen. Da es keine Massenmobilisierung für antirassistische Ziele gab, war es unmöglich, Strukturen zu schaffen, die die Kluft zwischen den regionalen und den überregionalen Teilen der Bewegung überbrückten. Dies Problem zeigt sich auch in der beträchtlichen Distanz zwischen den Sektionen, die der Labour Partei ideologisch verpflichtet sind, und denen, die sich ihr gegenüber indifferent verhalten oder gar in offenem Widerspruch zu ihr stehen. Zweitens, und für das nun folgende wichtiger, befindet sich die Bewegung in einer Krise der politischen Sprache, der Bilder und kulturellen Symbole, die sie braucht, um ihr Selbstbewußtsein und ihr politisches Programm zu entwickeln. Das Problem mit der Sprache des Antirassismus spiegelt sich adäquat in dem Mangel an Klarheit, wenn es um den Begriff »Antirassismus« selbst geht. Womit sowohl die Schwierigkeit gemeint ist, eine kohärente Rassismusdefinition zu finden (vgl. Miles, 1989), als auch die Spannung, die sich aus der Notwendigkeit ergibt, die Rassifizierung von sozialen und politischen Strukturen und Diskursen zu analysieren und mit einer Strategie des individuellen und institutionellen Verhaltens zu koppeln.

Bei all ihrer Antipathie für den neuen Rassismus der neuen Rechten ist die landläufige antirassistische Ideologie doch abgedriftet: Sie hält fest an dem Glauben an die absolute Natur der ethnischen Kategorien und der unüberwindbaren Kultur- und Erfahrungsunterschiede, die Merkmale der Verschiedenheit der »Rassen« seien. Ich habe andernorts argumentiert, daß diese ideologischen Fehler einer Mischung aus einem reduktiven Kulturbegriff auf der einen und einer kulturalistischen Vorstellung von »Rasse« und ethnischer Identität auf der anderen Seite zu verdanken sind (Gilroy, 1987). Dies hat dazu geführt, daß politisch gegensätzliche Gruppen in ihrer Sicht auf »Rasse« zusammenkommen, weil sie sich ausschließlich auf Kultur und Identität anstatt auf Politik und Geschichte beziehen. Kultur und Identität sind Teil der Geschichte des Phänomens »Rasse«, erschöpfen es jedoch nicht. Auf der theoretischen Ebene muß »Rasse« viel relativer gesehen werden: als eine prekäre diskursive Konstruktion. Was jedoch nicht bedeutet, daß sie deshalb weniger real oder politisch wirkungsvoll ist.

Es ist dann möglicherweise so, daß die Idee des Antirassismus so diskreditiert wurde, daß sie ihren Nutzen verloren hat. Wir müssen auf jeden Fall Wege finden, über den Antirassismus, wie er sich gegenwärtig darstellt, hinauszugehen. Ich denke nicht an Antirassismus als einen politischen Gegenstand oder eines von mehreren Zielen des täglichen Kampfes der Schwarzen – in der Praxis der Community-Organisationen und Freiwilligengruppen oder gar im Positionskrieg, der innerhalb der Institutionen des Staates geführt werden muß. Ich spreche auch nicht von dem anhaltenden schwarzen Befreiungskampf, denn schwarze Emanzipation bedeutet viel mehr als nur Opposition gegen Rassismus. Ich denke stattdessen an Antirassismus als ein weit begrenzteres Projekt, das einfach, ja sogar ziemlich simpel durch den Wunsch, Rassismus loszuwerden, definiert werden kann.

Der Antirassismus, den ich kritisiere, trivialisiert den Kampf gegen den Rassismus und isoliert ihn von anderen politischen Antagonismen – vom Widerspruch zwischen Kapital und Arbeit und von der Unterdrückung der Frauen. Er suggeriert, daß Rassismus für sich alleine eliminiert werden kann. Wir können aber nicht verstehen, was »Rasse« in Grossbritannien bedeutet, wenn wir dieses Phänomen fälschlich von anderen politischen Prozessen trennen oder darauf reduzieren. Wenn wir diese Fehler vermeiden, dann verdankt sich Antirassismus den im Zuge der 1981er Aufstände entstandenen politischen Öffnungen. In den Jahren danach wurden die Antirassisten zu einer eigenen, selbstständigen politischen Kraft. Ihr Aktivismus hat sich jedoch mittlerweile verselbstständigt, obwohl sie ihn nach wie vor dadurch legitimieren, daß sie diejenigen sind, die auf die Situation der Schwarzen hinweisen und ihre Wünsche und Hoffnungen artikulieren. [...]

Die sichtbare Randstellung der Politik, die sich mit »Rasse« befaßt, ist oft eine Folge der grundlegenden Spannung zwischen den antirassistischen Gruppierungen, die in erster Linie antifaschistisch arbeiten und jenen, die sich in einem weiteren und komplexeren Sinne mit Rassismus im heutigen Grossbritannien beschäftigen. Wenn die ersteren ihren Schwerpunkt allzu verkürzt auf den Antifaschismus legen, versuchen sie, die Erinnerung an die früheren Erfahrungen mit dem Hitler- und Mussolinifaschismus zu mobilisieren. Die Rassisten sind ein Problem, weil sie von den einstigen Feinden in den braunen und schwarzen Hemden abstammen. Es gilt als ein patriotischer Akt, sich gegen sie zu stellen, denn hinter ihren Nationalflaggen und -symbolen verbergen sie bloß ihre terroristischen Neigungen.

Es ist überzogen, den antirassistischen Kampf mit dem Kampf gegen diese extremistischen Gruppen und Gruppierungen gleichzusetzen, da sie, wie gefährlich sie im Einzelfall auch sein mögen (und ich leugne nicht die Notwendigkeit, gegen sie vorzugehen), doch Ausnahmen darstellen. Sie existieren an den Rändern der politischen Kultur und werden in voraussehbarer Zukunft lediglich dürftige und sporadische Kontakte mit dem Establishment haben. Sie sind eine Bedrohung, jedoch nicht die einzige. Der zeitgenössische Rassismus ist nicht auf die Gewalt, die sie ausüben, beschränkt. Wir werden diese Prognose in Kürze bestätigt sehen, wenn wir uns mit Problemen des Nationalismus beschäftigen.

Ein produktiverer Anfang wäre gemacht, wenn »Rasse« und Rassismus im Mainstream und nicht als Randfragen verortet werden würden – etwas, das schwer zu greifen ist, sich aber trotzdem im absoluten Zentrum der britischen Politik befindet und nicht nur das Schicksal der Schwarzen, sondern das des ganzen Landes an einem geschichtlichen Wendepunkt bestimmt.

Die große Bedeutung des Rassismus in der heutigen Politik verrät einiges über das Wesen des schmerzhaften Wandels, in dem sich dies Land und die hochindustrialisierte Welt als ganzes befinden. Dies zeigt sich auch in der beinahe mythischen Macht, die mit den Begriffen »Rasse« und Nation auf der politischen Bühne ausgeübt werden kann – das sind Hinweise auf die sich ändernden Klassenverhältnisse, den wachsenden Staatsautoritarismus, den Niedergang der industriellen Produktion, die notwendigerweise damit einhergehende Popularität von Militarismus und Ausrottungspolitik; schließlich auch ein Hinweis auf das Ende des Nationalstaates als politischer Formation.

Diese Entwicklungen haben die Politik mit der nationalen Identität extrem aufgeladen. Das äußert sich umso greller und aggressiver, je größer die aktuelle Besorgnis angesichts einer zunehmenden gesamteuropäischen Tendenz wird. Einer Tendenz, die auf die Möglichkeiten baut, die eine größere politische und ökonomische Integration in die europäische Gemeinschaft bietet. Dieses potentiell postnationale europäische Bewußtsein hat seine eigenen rassistischen Seiten. Es wird jedenfalls von Teilen der Linken wie der Rechten als Bedrohung der Souveränität und kulturellen Integrität des United Kingdom empfunden. Ob es möglich ist, einen politischen Diskurs zu erzeugen, der die besonderen Bedürfnisse und historischen Erfahrungen der schwarzen Europäer artikulieren kann, wird sich noch zeigen. Eigentlich sollte dies den Leuten, die sich zu Europa äußern, ein Anliegen sein. Sie müssen nur bedenken, wie lange Schwarze schon auf diesem Kontinent sind. »Schwarz« und »Europäer« bleiben jedoch weiterhin Begriffe, die sich gegenseitig ausschließen.

Rassismus und die Ideologie des Antirassismus

[...] Wenn wir Rassismus eher als determinierend und nicht als determiniert betrachten, müssen wir auch akzeptieren, daß es, wenn wir von der Krise Großbritanniens sprechen, ganz zentral und ausdrücklich um die Vorstellungen von »Rasse« und nationaler Identität geht. Sie ist ganz und gar von rassistischer Ideologie bestimmt, wie die Immigrationspolitk, die unzähligen Probleme der aufständischen »Inner City« und all die Vorwürfe gegen die »Loony Left« [die idiotische Linke][2] belegen. Diese Begriffe sind vorsichtig codiert und bedeutungsvoll, da sie es den Leuten ermöglichen, über »Rasse« zu sprechen, ohne dabei das Wort in den Mund zu nehmen. Das ständige Fehlen einer offenen Bezugnahme auf

»Rasse« oder Herrschaft ist eine wichtige Eigenschaft des neuen Rassismustyps, mit dem wir es zu tun haben. Diese Art der codierten Sprache hat weitere strategische Probleme für den Antirassismus aufgeworfen. [...]

Wir müssen die Unfähigkeit des Antirassismus, auf bestimmte andere Seiten dieser neuen Form des Rassismus zu reagieren, ganz unbefangen analysieren. Abgesehen davon, wie rassistische Haltungen eher angedeutet als offen zu verstehen gegeben werden, unterscheiden sich diese neuen Formen durch das Ausmaß, in dem sie »Rasse« mit den Begriffen »Kultur« und »Identität« gleichsetzen, Begriffen, die auch eine eigene Resonanz in der antirassistischen Orthodoxie haben. Der neue Rassismus hat noch einen dritten Grundzug, der es ihm ermöglicht, dem rationalistischen Zugriff derer zu entwischen, die ihn – mit den besten Vorsätzen – auf die Summe aus Macht und Vorurteil reduzieren. Dies ist die enge Verbindung, die er zwischen den Begriffen »Rasse« und Nation, Nationalität und nationale Zugehörigkeit suggeriert.

Wir sehen uns in zunehmendem Maße einem Rassismus gegenüber, der es vermeidet, als solcher erkannt zu werden, da er es schafft, »Rasse« mit nationaler Souveränität, Patriotismus und Nationalismus zu verbinden. Einem Rassismus, der auf die notwendig gewordene Distanz zu kruden Vorstellungen von Unter- und Überlegenheit gegangen ist und nun eine imaginäre Definition von der Nation als einer geeinten kulturellen Gemeinschaft zu verbreiten sucht. Er konstruiert und verteidigt das Bild einer nationalen Kultur: durch und durch weiß, doch unsicher und immer verwundbar durch Angriffe innerer und äußerer Feinde. Kriegs- und Invasionsanalogien werden so in zunehmendem Maß zur Erklärung von Ereignissen herangezogen.

Dies ist ein Rassismus, der die sozialen und politischen Turbulenzen der Krise und des Krisenmanagements durch die Entdeckung einer fiktiven nationalen Größe beantwortet. Sein Traum von unserer königlichen Insel als einer ethnisch gesäuberten bietet einen besonderen Trost für deren verheerenden Niedergang. Er war eine Schlüsselkomponente in dem ideologischen und politischen Prozeß, der das »Great« zurück zum Britain gebracht hat. Teilweise verdankt sich die neu gewonnene symbolische Größe auch der vermehrten Ausweisung von Schwarzen und der Zerstückelung ihrer Haushaltsposten, die sich immer öfter unter »ferner liefen« finden.

Der Schock des allgemeinen Verfalls hat die Briten dazu veranlaßt, sich ein weiteres Mal Enoch Powells[3] Frage zu stellen: Was für ein Volk sind wir? Die kulturelle Fixierung und das dazugehörige Bild von der Nation, die sich aus symmetrischen Familieneinheiten zusammensetzt, tragen dann zu einer Metaphysik der »Britishness« mit rassischen Zügen bei. Ich möchte dies anhand eines Gedichts erläutern, das Teil eines rassistischen Flugblatts war, welches in Haringey während der 1987er Wahl zirkulierte. Es war mit einem Bild von Bernie Grant, dem schwarzen Labour Kandidaten, illustriert, das ihn mit dem behaarten Körper eines Gorillas zeigte. Es lautet:

> Swing along with Bernie, it's the very natural thing
> He's been doing it for centuries and now he thinks he's king
> He's got a little empire and he doesn't give a jot
> But then the British are a bloody tolerant lot
> They'll let him swing and holler hetero-homo-gay
> And then just up and shoot him in the good old British way.
> [Swing along mit Bernie, natürlicher geht's eh' nicht
> Er macht das schon seit ewiger Zeit und denkt, jetzt er ist König
> Er hat ein kleines Königreich und schert sich einen Scheiß
> Doch Briten sind verdammt tolerant, wie jedermann wohl weiß
> Sie lassen ihn swingen und schreien: Hetero-Homo-Gay
> Und machen's dann kurz und knallen ihn ab, in the good old British way.]

Diese Zeilen beanspruchen selbstbewußt und provokativ gerade die Rechte und Freiheiten eines britischen Staatsbürgers, die von der neuen Linken so innig geliebt werden. Die historischen Bezüge des Gedichts demonstrieren, wie unvereinbar Blackness und Britishness, welch inkompatible Identitäten sie geworden sind. Das Problem, das Bernie repräsentiert, zeigt sich am deutlichsten gegen den motivischen Hintergrund des Union Jack. Das Bild von ihm als Gorilla war auf dem Flugblatt nötig, da es seine »Rasse« nicht offen und wörtlich benannte. Das Verbrechen, das es rechtfertigt, ihn zu lynchen, ist eine Form des Verrats und keine »rassische« Unterlegenheit.

Die kulturalistische Variante des Rassismus und die damit zusammenhängende Theorie der kulturellen »Rassen«-Unterschiede gehen beide von der Familie als der Grundeinheit der nationalen Gemeinschaft aus. Deshalb geraten schwarze Frauen sofort in die Schußlinie des Vorurteils: zum einen, weil sie, so gesehen, eine Schlüsselrolle bei der Reproduktion der fremden Kultur spielen, und zum anderen, weil sie so furchtbar fruchtbar sein sollen.

Es ist mittlerweile zum Gemeinplatz geworden, daß die so heißgeliebte, jedoch auch höchst fragwürdige Stiff-Upper-Lip-Kultur Churchills, die nur zu nationalen Notzeiten aufkommt – in den Gewölben und Luftschutzkellern, wo Britannia ihre kostbarsten Stunden verleben durfte –, etwas ist, von dem die Schwarzen ausgeschlossen sind. Zur Begründung dieses Ausschlusses dient ihre bunte Andersartigkeit, die auf eine pathologische Familienstruktur zurückgeführt wird. Pathologisch und deviant, das sind die Eigenschaften, die das Besondere und Aufsässige an den schwarzen Kulturen erklären. Dies gilt in ähnlicher Weise für afrokaribische und asiatische Gruppen, deren kriminelles Potential früher oder später das Gesetz – die höchste Errungenschaft der britischen Zivilisation – brechen wird.

Folgen wir diesem Argument, dann hat die Devianz ihre Wurzeln in Generationskonflikten, die an kulturellen Grenzen autreten. Die asozialen Machenschaften der »Holy Smokes« im Westlondoner Gangterritorium sind auf ihre Weise gleichbedeutend mit den barbarischen Vergehen, derer sich die afro-karibischen Yardies an Londons wucherndem Stadtrand schuldig machen. Diese »rassischen« kriminellen Subkulturen verletzen mutwillig Gesetze und Bräuche, die für Zivilisation und nationale Gemeinschaft stehen und liefern dadurch machtvolle Symbole der unüberwindbaren schwarzen Andersartigkeit. So gesehen erfüllt ein Straßenkrimineller nichts anderes als seine kulturelle Bestimmung.

Für eine lange Zeit diente die Kriminalitätsproblematik zur Verstärkung des kulturellen Charakters dieses neuen nationalistischen Rassismus. Das half uns, seine Entwicklung bis auf Enoch Powells Horrorvision zurückzuführen, in der eine alte weiße Frau von schwarzen Kindern durch die Straßen gejagt wird. Die Kriminalität ist jedoch kürzlich durch ein anderes Thema aus dem Zentrum des rassistischen Diskurses verdrängt worden, das ebenso wirksam darauf hinweist, wie unvereinbar die verschiedenen Kulturen aufgrund ihrer unabänderlichen ethnischen Grenzen sind. Auch hier wird mit dem Bild des schwarzen Kindes gearbeitet – die kulturellen Sünden der Väter suchen die Kinder heim. Waren es früher die Hauptstraßen der verwahrlosenden Innenstadt, wo die Briten das ungeheuer furchterregende Andere – die schwarze Jugend – trafen, so müssen heute die innerstädtischen Klassen- und Lehrerzimmer herhalten, damit »Rassenunterschiede« einen Sinn ergeben. [...] Die neue Rechte konzentriert ihren Anti-Antirassismus auf das Erziehungssystem, da sie in den Schulen die Stätten sieht, wo die authentische nationale Kultur bewahrt und von einer zur anderen Generation weitergegeben wird.

Heruntergekommene Schulgebäude sind ein willkommenes Abbild der Nation im Kleinen. Die Änderungen der Lehrpläne, die von AntirassistInnen und MultikulturalistInnen hart erkämpft worden sind, spiegeln die Entartung der ursprünglichen britischen Kultur. (Antirassistische Initiativen, die Erziehungsstandards im wahrsten Sinne des Wortes anschwärzen, stellen einen Angriff auf traditionelle britische Werte dar.) Dieser so dargestellte kulturelle Konflikt kehrt die Machtverhältnisse um und macht die Weißen zu einer sprachlosen ethnischen Minderheit, die vom totalitären offiziellen Antirassismus unterdrückt wird. Die eigentlichen Rassisten sind die Schwarzen, und der zähe Freiheitskämpfer Mr. Honeyford wird in die Downing Street Nr. 10 zur Beratung eingeladen. Im Independent vom 23. 7. 87 behauptet die Baronin Cox, daß schwarze Eltern aus ganz anderen Gründen eigene Schulen fordern: nicht etwa, weil sie wegen des im staatlichen Erziehungssystem institutionalisierten Rassismus unzufrieden oder frustriert sind, sondern weil sie »die gute alte britische Erziehung« für ihre Kinder wollen.

[...] Die neue kulturalistische Variante des Rassismus hat noch andere schwerwiegende Folgen. Sie prägt nicht nur das Verhältnis von Schwarzen und Weißen, sondern beeinflußt auch direkt den Umgang der verschiedenen Gruppen, die, indem sie sich miteinander in all ihrer Verschiedenheit auseinandersetzen, eine geeinte schwarze Community schaffen wollen. Ihre zwar unterschiedlichen, aber doch vergleichbaren Erfahrungen mit dem Rassismus, die sie zusammenführen könnten, werden ignoriert, während der inklusive und offen politisch verwandte Race-Begriff, ein wichtiges Merkmal der späten siebziger Jahre, in seine ethnischen Komponenten zerfällt: erst in Afro-Kariben und Asiaten, und dann spiralenförmig fortschreitend in Pakistani, Bangladeshi, Bajaner, Jamaicaner und Guyanesen. Diese Reduktion der Gruppen auf ihre Ethnizität deckt sich eindeutig mit den nationalistischen Intentionen der Rechten, wird aber auch durch den alten Antirassismus der Linken sowie vielstimmig in den schwarzen Communities selbst unterstützt. Hier bedurfte es keinerlei Aufforderung, damit die Leute sich an ethnischen Unterschieden begeisterten und so den politischen Race-Begriff auf ein narzistisches Zelebrieren von Kultur und Identität schrumpfen ließen.

Ich habe die These aufgestellt, daß sich der Antirassismus als unfähig erwiesen hat, mit den neuen Formen des Rassismus umzugehen und insbesondere nicht zeigen konnte, wie sich der britische Kulturnationalismus zunehmend rassistisch äußert. Die Tragweite dieser patriotischen politischen Sprache liegt offen zutage. Sie ist für die Massenwirksamkeit jener Entwicklungen verantwortlich, die passend unter dem Begriff »Thatcherismus« zusammengefaßt werden können. Es sieht dabei beileibe nicht so aus, als sei diese Sprache alleiniges Eigentum der Rechten. Ihre magische populistische Anziehungskraft wird Pragmatiker aller Coleur anziehen. Ich befürchte, daß es Teile der Linken gibt, die besonders neidisch darauf sind, daß mit ihrer Hilfe gerade die Gruppierungen mobilisiert werden, die traditionell als ihr Potential galten. Unglücklicherweise sind der großmäulige »Patriotismus der Freiheit und Fairness« der Labour Partei sowie ihr letzter Versuch, »die Kriminalität ernstzunehmen«, nicht weniger mit rassistischen Konnotationen durchsetzt als die konservativen Variationen dieses Themas. Dies soll nicht heißen, daß Rechte und Linke notwendigerweise identisch sind, sondern vielmehr, daß sie sich in zentralen Punkten treffen und ein gleiches Verständnis davon haben, wie mit »Rasse« Politik gemacht werden kann.

Das Bernie-Gedicht verband nahtlos Bilder miteinander, die Empire, Souveränität und Sexualität heraufbeschworen und endete mit einer Aufforderung zur

Gewalt. Diese Kombination hat nichts, das sie als exklusives Vorrecht der Rechten auszeichnet – ein weiteres Beispiel dafür, wie der Rassismus, der nationale Kultur mit Ethnizität verknüpft und Sitten, Gesetz und Verfassung als von zerstörerischen fremden Kräften belagert sieht, mit der alten Unterscheidung zwischen rechts und links nicht zu fassen ist.

Der populistische Charakter dieses neuen Rassismus überschreitet alle Klassengrenzen. Er kann unterschiedliche und vorher gegensätzliche Gruppierungen zusammenbringen und sie dazu führen, sich auf morbid-angenehme Weise als »eine Nation« zu fühlen. Er transportiert die Vorstellung vom britischen Volk als »weißes Volk«. Wenn Labour den Tories die Rede von der einen Nation einfach klaut, kann es nur gefährlicher und schlimmer werden, denn wer weiß, wie weit ein rekonstituierter und betont »un-loony« [ernsthafter] Sozialismus gehen wird, wenn er seine eigene Sprache der Härte in bezug auf Einwanderung und Nationalität entwickelt, ja vielleicht sogar mit einer humanen sozialistischen Rückführung in die Heimat anfängt ... [...]

Rassistische Gerechtigkeit und Zivilgesellschaft

Ich glaube, daß es wichtig ist, sich einzugestehen, daß das, was grob als die anti-antirassistische Position bezeichnet werden kann und im Zusammenhang mit Teilen der neuen Rechten sowie einer allgemein populistischen Politik steht, von entscheidenden Fehlkonzeptionen in den antirassistischen und multikulturellen Gruppierungen mitgenährt wurde.

Die Definition von Rassismus als die Summe aus Vorurteil und Macht illustriert diese Probleme auf anschauliche Weise. Macht ist ein Verhältnis, in dem soziale Gruppen zueinander stehen und kein Besitz, der wie ein Kleidungsstück getragen oder wie ein antirassistischer Aufnäher zur Schau gestellt werden kann. Vorurteil impliziert bewußtes Handeln, wenn nicht sogar tatsächliche Absicht. Ist das eine angemessene Formel? Die Grundlektionen über Ideologie und Bewußtsein sind scheinbar in Vergessenheit geraten. Rassismus fußt wie der Kapitalismus als ganzes auf der Mystifizierung von sozialen Verhältnissen – den notwendigen Illusionen, die die herrschende Ordnung verfestigen.

Es gibt noch andere Seiten des zu einer Orthodoxie verkommenen Multikulturalismus und Antirassismus, die auf vielfältige Weise die neue völkische Deutung des Verhältnisses von »Rasse«, Nation und Kultur – Blutsverwandtschaft und ethnische Identität – fortschreiben. Ich habe schon erwähnt, wie die Grenzen zwischen links und rechts immer mehr verschwimmen, da einstmals opponierende Gruppen mittlerweile den gleichen Rassebegriff teilen. Die Probleme verschärfen sich noch, wenn Teile der schwarzen Community selbst diese Denkweise übernehmen.[...]

Ich behaupte nicht, daß Kultur und Identität unwichtig sind, wenn ich auf diese Annäherung hinweise, sondern wende mich dagegen, daß Race routinemäßig darauf reduziert wird. So geht nämlich der diesem Begriff eigene politische Gehalt verloren. Wie Kultur selbst verstanden wird, zeigt, worauf die außergewöhnliche Übereinstimmung von links und rechts, von Antirassisten und erklärten Rassisten über das, was »Rasse« und Rassismus bedeuten, hinausläuft.

Letztendlich ist die absolute Verfechtung von kultureller Reinheit genauso schlimm wie die absolute Verfechtung von biologischer Reinheit. Ich glaube, daß wir uns theoretisch und politisch klar darüber sein müssen, daß keine Kultur von den anderen hermetisch abgeschlossen ist. In diesem Land ist keine saubere und ordentliche Trennung von »rassischen« Gruppen möglich. Es ist an der Zeit, gegen die Auffassungen zu argumentieren, die, wenn sie zu Ende gedacht werden, nichts anderes besagen als: »Es gibt keine Möglichkeit der gemeinsamen Geschichte und des menschlichen Miteinanders«. Wir müssen uns vor der Ethnizität hüten, wenn sie dem, der sie heraufbeschwört, lediglich einen legitimen Anstrich verleihen soll. Kultur, nicht einmal die Kultur, die die Gruppierungen ausmacht, die wir als »Rassen« bezeichnen, ist niemals fest oder vollendet. Sie verändert sich, wird ständig produziert und reproduziert. Wenn Steel Pans in unseren multikulturellen Schulen erklingen, mag das Ethnizität, Tradition und Authentizität suggerieren, doch sind sie eher auf die Öltonnen der Standard Oil Company zurückzuführen als als auf ein mysteriöses Wissen von alten afrikanischen Griots.

Diese theoretischen Fehler treten sehr offen zu tage und behaupten sich am hartnäckigsten, wenn es um Pflegekinder und Adoptionen geht. Hier tragen die aufgeblasene Rhetorik und die kulturalistischen Dogmen des Antirassismus ganz merkwürdige Früchte. Die Kritik an den pathologischen Urteilen über das schwarze Familienleben, die in den späten Siebzigern und frühen Achtzigern unter den Sozialarbeitern grassierten, führte direkt zu einer übertriebenen Idealisierung der schwarzen Familienformen. Innerhalb des orthodoxen Antirassismus werden sie nun als die einzig funktionierenden Horte der authentischen schwarzen Kultur gehandelt, die garantiert all die notwendigen Fähigkeiten vermitteln, die schwarze Kinder brauchen, um in einer rassistischen Gesellschaft ohne psychologischen Schaden zu »überleben«. Same Race-Adoptionen und Minority Ethnics-Pflegekinder gelten als ein unübertroffenes und anscheinend nicht zu übertreffendes Glück für alle, die damit zu tun haben. Es wird hart und mit der gleichen Inbrunst verteidigt, wie die Forderungen der Weißen nach Same Race-Schulbildung als abscheuliche Manifestationen des Rassismus angeprangert werden. Das Alarmierende daran ist nicht die unangebrachte Rhetorik vom Überlebenskampf oder der grobe Begriff von »rassischer« Identität, und auch nicht die traurige Unfähigkeit, über die Bewahrung dieser Identität hinaus ihre mögliche

Überschreitung zu sehen. Es ist die unglaubliche Manier, in der eine krankhafte Bildlichkeit verkehrt wurde, um als Grundlage für eine pastorale Szene zu dienen, die die schwarze Familie in all ihrer Kraft und ausdauernden Stärke zeigt. Dies zu tun, heißt unter den gegenwärtigen Umständen nichts anderes, als vor den schwierigen Fragen zurückzuscheuen, die sich zuallererst stellen, wenn schwarze Kinder pflegebedürftig werden. Die Inhalte der rassistischen Pathologie und die materiellen Umstände, mit denen sie verbunden werden kann, bleiben so unberührt. Die Tentakel des Rassismus sind überall, nur nicht im sicheren Hafen, den die umsorgende schwarze Familie jenen zarten, frisch geschlüpften »rassischen« Identitäten bietet.

Die antirassistischen Kräfte

Ich möchte mich nun den Kräften zuwenden, die sich um die antirassistische Bewegung und die Klassenfrage gruppiert haben. Hierbei taucht das Problem auf, daß viel von der Sicherheit und dem Selbstvertrauen, womit der Klassenbegriff benutzt wurde, zeitgleich mit der gesicherten Anstellung auf Lebenszeit, die den Industriekapitalismus auszeichnete, verlorengegangen ist. Heute ergibt es meiner Meinung nach nahezu keinen Sinn, einfach zu behaupten, daß Schwarze zur Arbeiterklasse gehören, wenn wir aller Wahrscheinlichkeit nach arbeitslos sein werden und wohl kaum genug geschichtspolitisches Bewußtsein haben, um die klassische Verwendung des Klassenbegriffs auf uns zu beziehen. Klassenpolitik hat auf keinen Fall ein Monopol auf politischen Radikalismus. Natürlich gehören die Menschen immer noch Klassen an, doch der Glaube an den endgültigen universellen Auftrag des schwindenden Proletariats muß als idealistische Phantasie abgetan werden. Klasse ist ein unverzichtbares Instrument zur Analyse des Kapitalismus, hält jedoch kein Patent für dessen Überwindung bereit. Wir müssen lernen, ohne das religiöse Vertrauen in die Arbeiterklasse als die revolutionäre oder antirassistische Kraft zu leben.

Dies ist ein Hauptthema, ich möchte es hier allerdings nur anreißen und mit einem anderen Aspekt des Zusammenspiels von »Rasse« und Klasse fortfahren. Ein wichtiger Gegenstand der Klassenanalyse ist das Entstehen einer Proto-Mittelklasse, die sich eng um die Brückenköpfe ansiedelt, die einige wenige Schwarze in der Arbeitswelt verankern konnten – hauptsächlich in den Berufen, die direkt mit dem Wohlfahrtsstaat zu tun haben: in der Sozialarbeit, in unterrichtenden Tätigkeiten oder in der jetzt so zu nennenden antirassistischen Bürokratie. Ein marxistischer Autor würde dies wahrscheinlich als die ersten Regungen eines schwarzen Kleinbürgertums deuten. Ich glaube nicht, daß diese Gruppe oder Gruppierung eine eigene Klasse ist, und sie wird es vielleicht auch nie werden. Zum einen ist sie zu klein, zum anderen ist sie zu direkt von den staatlichen Institutionen abhängig, denn dort kommen die Löhne her. Doch mit dieser Gruppe wird Antirassismus am ehesten verbunden, und wir müssen sie deshalb für sich und in ihrem Verhältnis zu anderen, einfacher zu ortenden Klassengruppierungen untersuchen. Sie befindet sich offensichtlich in einer unangenehmen widersprüchlichen Situation: auf der einen Seite die Erwartungen der Administrationen, von denen sie abhängig ist, und auf der anderen Seite die politische Solidarität mit dem Kampf der schwarzen Massen, den sie organisieren, vermitteln und manchmal auch kontrollierend überwachen soll. Gefangen also zwischen den Forderungen der professionellen Bürokratie und der emotionellen ethnischen Identifikation.

Diese Klasse in spe spielt eine Schlüsselrolle bei der Organisation der politischen Kräfte des Antirassismus, die auf die örtlichen Verwaltungen und Regierungen Einfluß nehmen. In ihr gibt es drei Strömungen, die eine unglückliche Symbiose eingegangen sind. Sie sind nicht vollkommen voneinander zu trennen. Die Kampagne für autonome schwarze Sektionen innerhalb der Labour Partei umfaßt zum Beispiel Elemente aller drei Richtungen. Zuerst ist da der Equal Opportunities [Gleichberechtigungs]-Strang, der seine Wurzeln in den sozialdemokratischen Änderungen der Race-Politik der sechziger Jahre hat, jedoch auch stark von den wahlstrategischen Vorstößen der Afro-Amerikaner wie zum Beispiel der Black Mayors [schwarze Bürgermeister]-Bewegung geprägt ist. Diese Gruppe hat einen selbstbewußten und sicheren Status innerhalb der Bürokratie und identifiziert Gleichheit (Antirassismus) mit Effizienz und gutem Management.

Taktische Fragen stehen über politischen, und der Antirassismus richtet sich nach allgemeinen Entwürfen, die universell angewandt werden können. Diese Equal Opportunities-Instanz bietet natürlich wichtige Möglichkeiten der Vermittlung zwischen den einzelnen antirassistischen und feministischen Initiativen und kann so auch der Ort sein, an dem sich mögliche Allianzen ergeben. Doch im lokalen Verwaltungs- oder Regierungskontext besteht immer die Gefahr, daß sich die gegensätzlichen Richtungen um die kurzzeitige politische Vormachtstellung streiten. Wir sollten uns deshalb davor hüten, Antirassismus oder gar schwarze Emanzipation auf Equal Opportunities zusammenschrumpfen zu lassen. Das könnte leicht zum Zusammenbruch führen.

Die zweite Strömung konnte früher zusammenfassend Black Nationalism [schwarzer Nationalismus] genannt werden, ist jedoch mittlerweile in viele Splittergruppen zerfallen, die alle mit ihren eigenen Forderungen nach ethnischer Partikularität auftreten. Ihre Ausrichtung ist heute eher kulturalistisch als politisch, da alle ethnischen oder »nationalen« Gruppen einen ganz harten kulturellen Relativismus verfechten. Oft genug entpuppen sich die unversöhnlichen ethnischen

Kulturen, zwischen denen keine Kommunikation möglich ist, gerade als die Gruppen, die wir gemeinhin als »Rassen« bezeichnen. [...]

Die dritte Strömung ist die vielschichtigste. Hier wird ständig wiederholt, daß Klasse »Rasse«, »Rasse« Klasse und beide sowohl schwarz als als auch weiß sind. Die Vertreter dieser Richtung haben sich vor dem inter-ethnischen Konflikt in einige der anachronistischeren Formeln der sozialistischen Klassenpolitik geflüchtet. In ihrer Vorstellung ist Klasse das magische Wort, daß die Verstreuten einen und das Ethno-Gebabbel im modernen Stadtverwaltungsturm von Babel beenden wird.

Klasse bleibt gleichbedeutend mit gewerkschaftlich organisierter Arbeit, ungeachtet der Tatsache, daß diese im lokalen Verwaltungskontext nicht unbedingt radikal sein muß. Hier wird die autoritäre Rolle übersehen, die die Bürokratie spielt, wenn sie die wirkliche Arbeiterklasse in die antirassistischen Reihen zwingt. Der klassenfixierte Teil dieser Strömung ist bisher fast ausschließlich durch die Kritik am Race Awareness Training [Rassenbewußtseinstraining] motiviert – einer Strategie, die aus den Reibungen zwischen den beiden ersten Richtungen entstanden ist. Die Kritik daran ist wichtig, doch kratzt sie nur an der Oberfläche. Darunter liegen die eigentlichen Probleme: der Kulturalismus und das Absolutieren von ethnischen Kategorien. Dieser Ansatz vertauscht den Teil mit dem Ganzen – Race oder Racism Awareness Training ist Symptom und nicht Ursache.

Abgesehen von ihrer Selbstgefälligkeit teilen diese unterschiedlichen, jedoch voneinander abhängigen Gruppierungen eine statische Auffassung von Antirassismus. Sie versuchen nämlich, allein die jeweiligen regionalen Behörden zum Vehikel ihrer antirassistischen Politik zu machen und be- oder verhindern dadurch aktiv die Möglichkeiten der schwarzen Community, sich autonom zu organisieren. Wir stehen also vor der Aufgabe, die Praxis der Unterstützung von Community-Organisationen durch die öffentliche Hand mit all den Abhängigkeiten, die sie schafft, neu zu überdenken.

Es ist sehr wahrscheinlich, daß die von mir kritisierten Varianten des Antirassismus aussterben, wenn die regionalen Strukturen, die sie brauchen, im Kampf mit der Staatsregierung zerstört werden. Doch eines ihrer Grundübel wird sie wahrscheinlich überleben: die triviale Art und Weise, wie sie die ganze Fülle des schwarzen Lebens darauf reduzieren, lediglich eine Reaktion auf den Rassismus zu sein. Hier geben sich die gedankliche Nähe zu den Rassisten und das Ausmaß, in dem deren kulturalistische Dogmen übernommen wurden, am deutlichsten zu erkennen. Wer die schwarze Erfahrung so reduziert, befindet sich innerhalb des ideologischen Teufelskreises, der zwei sich ergänzende Wahrnehmungsmuster für uns bereithält: als das Problem und als Opfer.

Den Antirassisten scheint diese Vorstellung vom Schwarzen als Opfer sehr zu gefallen. Ich erinnere mich zum Beispiel an folgende plumpe Propagandaphrase des Greater London Council: »Wenn es um Rassismus geht, dann sind wir alle entweder Opfer oder Täter.« Warum eigentlich? Allein die Tatsache, daß sie leiden, spricht die Opfer noch nicht heilig; die Opfer von gestern sind die Täter von morgen. Ich schlage vor, daß wir diese Opferrolle ablegen und uns stattdessen als Handelnde begreifen, die auf vielerlei Arten und Weisen für unsere Befreiung von der rassistischen Unterdrückung kämpfen. Die Betonung liegt hier auf dem Plural, da es keine einzelne oder homogene Strategie gegen einen Rassismus gibt, der selbst niemals homogen ist, sich ständig wandelt und sich immer im Ungleichgewicht befindet. Die neuere Geschichte unser Bemühungen hat gezeigt, wie Leute die Welt auf die Größe ihrer Community zusammenschrumpfen lassen können, um von da aus ihre Opposition zwar in der Sprache des radikalen Protests auszudrücken, mit ihren Forderungen jedoch nicht über den Tellerrand des hier und heute hinauskommen. Wie immer man auch über die sinnlose Gewalt der Unruhen von 1981 denken mag – es waren diese Ausbrüche, die einen politischen Antirassismus erst ermöglichten.

Wir müssen akzeptieren, daß wir uns die nächsten Jahre in der Defensive befinden und den Schritt zu gefestigteren und umfassenderen Politikansätzen wohl kaum schaffen werden. Doch die Herausforderung, der wir uns gegenübersehen, ist die, unsere aktuellen regionalen Belange im Zusammenhang der internationalen Solidarität zu sehen, uns also vom Staat abzuwenden und nationale Grenzen überschreitend am Bau einer radikaldemokratischen Zivilgesellschaft mitzuarbeiten. Dies könnte als Race-Mikropolitik bezeichnet werden, obwohl sie sich in der Praxis, wenn wir uns in den Kampf der Brüder und Schwestern in Südafrika einreihen, eher als Mikropolitik der Überwindung von Rassenkategorien überhaupt entpuppen wird.

Anmerkungen

1   Dieser »verordnete Antirassismus« entspricht in Deutschland wohl am ehesten jenem Multikulturalismus als Verwaltungs- und Herrschaftskategorie, wie wir ihn bei Vertretern deutscher Innenstadt-Planung und -Verwaltung zuweilen antreffen. Im Prinzip ist allerdings eine »antirassistische« Tradition in den Institutionen Deutschlands nicht besonders entwickelt. Gilroy zeigt also eher auf, was bei uns erst passieren wird, wenn so ein Antirassismus institutionellen Rückhalt bekommen würde.

2   Ein Begriff für die Labour-Linke, der bei deren erfolgreichen Bekämpfung durch die Labour-Führung und den konservativen Mainstream während der 80er eine Rolle spielte.

3   Enoch Powell ist seit Jahrzehnten der bekannteste britische Rechtsaußen-Politiker.

Literatur:

– P. Gilroy, There Ain't No Black in the Union Jack, London 1987
– R. Honeyford, Integration or Disintegration, London 1988
– R. Lewis, Anti-Racism: a mania sexposed, London 1988
– R. Miles, Racism, London 1989
– F. Palmer, Antiracism: an assault on education and value, London 1987

Original: »The End of Antiracism«; aus: James Donald, Ale Rattansi (ed.), »Race«, Culture, and Difference, Sage Publications, London 1992, pp. 49-61

Übersetzer: Raymund Burghardt

Greg Tate
I'm White!
What's Wrong with Michael Jackson

Man muß Michael Jacksons Bleichgesicht und seine entstellten afrikanischen Züge nicht unbedingt als Zeichen von schwarzem Selbsthass, der in Selbstverstümmlung endete, deuten. Wenn wir unserer Phantasie ein wenig freien Lauf lassen, dann steht der-Junge-der-weiß-sein-wollte als eine William Gibson-mäßige Science Fiction vor uns: Vorbote eines transrassischen Übermorgen, wo die genetische Dekonstruktion zur Norm geworden ist und alle menschliche Wünsche im Gewande des Narzißmus auftreten. Versuchen wir uns einzufühlen, dann können wir fragen, wer möchte Mikey heute sein? Der Rattenfänger von Hameln, Peter Pan, Christopher Reeve, Skeletor oder Miss Diana Ross? Unser Howard Hughes? Wenn wir in unserem schwarzen nationalistischen Sack wühlen, finden wir Jackson als Opfer des gegenwärtigen »Rassen«-krieges in Amerika – wieder ein »Neger«, der verrückt geworden ist, weil sein Spiegel ihm erzählt, daß sein Gesicht nicht dem nordischen Ideal entspricht.

Um voll und ganz zu verstehen, wie krankhaft Jacksons Verwüstung seiner afrikanischen Physiognomie ist, muß man bedenken, daß ihn die Schwarzen damals, als er noch das Gesicht trug, mit dem er geboren wurde, für das Schönste seit Sushi in Scheiben hielten. (Meine eigene Mutter nannte Michael so oft hübsch, daß ich fast einen Komplex bekam.) Jackson und ich sind gleich alt, verdammt nah an dreißig, und ich hatte schon immer so eine Hass-Liebe-Geschichte mit dem Brother am laufen. Als wir klein waren, beneidete ich ihn, den besseren Tänzer, weil er die jungfräulichen Gelüste meiner Mitschülerinnen entfachen konnte, die sein (und Jermaines) zartes Fleisch schamlos im *16* Magazin beschauten. Doch auch so gab es in diesen say-it-loud-I'm-black-and-I'm-proud Tagen keinen Weg daran vorbei, du mußtest in Jackson den Erben des James Brown Tanzthrons sehen. Die älteren Leute lachten vielleicht, wenn er sang: Shake it, shake it baby, ooh, ooh oder Teacher's gonna show you, all about loving. Doch es gehörte zur Anziehungskraft dieses Steppkes, daß er so tun konnte, als würde ihm die Suppe im Arsch kochen, bevor er eigentlich ahnte, was das überhaupt für eine Suppe war. Auf jeden Fall *klang* er, als wüßte er, worum's geht.

In dieser Hinsicht war Jackson das zu früh entwöhnte Kind zweier Traditionen der schwarzen Arbeiterklasse: die der Jungen, die gezwungen sind, ihre Kindheit auf dem schnellen Wege zur Männlichkeit zu umgehen, und die des

Rhythm and Blues, der die Leidenschaft der Race für Gesang, Tanz, Sex und Spektakel meistbietend verkauft. Eine rasante Entwicklung wurde nach der Sklaverei zum Überlebensimperativ, und Rhythm and Blues bleibt der Ausgleich für Minstrelsy – zumindest war er das, bis Jackson eine neue Bedeutung für Crossover fand: deine Haut bleichen und deine Nase weißen.

Sklaverei, Minstrelsy und schwarze Bourgeoisiebestrebungen sind für drei der abwertenden Wahrnehmungskategorien, unter die Schwarze in diesem Land fallen, verantwortlich: Schwarze als Eigentum, als ethnographische Ware und als Imitationen von reichen Weißen. Aufgrund der geschichtlichen Fakten gibt es nur einen schmalen Grat zwischen einem schwarzen Entertainer, der weißen Leuten gefällt und einem, der die Race auf seiner Jagd nach weißem Beifall ausverkauft. Berry Gordy, Bürgermeister des Crossover-Bauhaus, ist auf diesem Grat mit einer solchen Finesse gewandert, daß einige Schwarze geschockt waren, als sie durch *Big Chill* entdecken mußten, daß viele Weiße Motown für *ihre* Musik hielten. Überflüssig zu erwähnen, daß Michael Jackson so weit nach jenseits gecrosst ist, daß es kein zurück mehr gibt – kraft der Gesichtschirurgie kann er sich als einzigartige Infamie in den Annalen des Uncle Tomming behaupten.

Der Unterschied zwischen Gordys Crossover-Traumwelt und der von Jackson besteht darin, daß Gordy die Black-is-beautiful Vorstellung nicht ausschloß. Für ihn bestand das Problem in seinen Schülern, die noch nicht reif genug für die TV-Hauptsendezeiten waren. Motown hat einiges Stirnrunzeln verursacht, weil sich Detroit-Ghettokids in vornehm farbiger Manier herausputzten; einige Leute glaubten deshalb vielleicht, daß Gordy seine Zöglinge zu Pseudo-Kaukasoiden machen wollte. Diese Anspielung findet sich auch im Werk der Rhythm-and-Blues-Historiker Charles Keil und Peter Guralnick, denn beide schreiben von Motown, als sei es nicht scharf und schwarz genug für ihr Blood, oder wenigstens für ihre Vorstellung von Blood. Doch die Ursprünge in der Arbeiterklasse und die Kulturisierung durch den Mittelstand sind in der Evolution der schwarzen Musik zu verwoben, als daß sie solchen einfältigen, puristischen Forderungen genügen könnte – Forderungen nach einer schwarzen Musik, die frei von europäischen Einflüssen oder frei von dem Wunsch vieler Schwarzen nach höherem Lebensstandard und größerer kultureller Mobilität ist. Als ein Ausdruck des schwarzen Bewußtseins in den sechziger Jahren symbolisiert Motown sein Bestreben, den Fuß in die Tresortür des amerikanischen Traums zu bekommen. In der Geschichte der Affirmative Action verdient Motown mehr als nur eine Fußnote zu Aufstandsberichten und legalen NAACP [National Association for the Advancement of Colored People, Bürgerrechtsorganisation]-Manövern.

Als Erfolgsstory eines schwarzen Amerikaners führt der *Thriller*-Michael Jackson das integrationistische Motown-Vermächtnis fort. Der Michael Jackson nach der Hautwäsche steht jedoch für die historischen Spekulanten, die ihr Geschäft mit dem in der Phase der Affirmative Action erreichten Fortschritt machen. Er steht auch für die jungen schwarzen Männer und Frauen unter uns, die in ihrer afrikanischen Herkunft wenig mehr als ein Mittel sehen, das Mainstream-Amerika kalt abzuzocken und dann die zurückgelassenen Brüder und Schwestern ebenso kalt zu dissen [verachten] – oder auf Distanz zu halten. So läßt sich Jacksons entfärbtes Fleisch als buppy [black yuppy] Version von *Dorian Gray* deuten, ein Blaxploitation Albtraum mit folgender Moral: Stop! Das Gesicht, das du wahrst, könnte dein eigenes sein.

1985 begrüßten die Schwarzen den Durchbruch von *Thriller* so, als wäre es ihr eigener Rammbock gegen die Barrikaden der amerikanischen Apartheid: Egal, wie viele von diesen Zillionen LPs, wieviel vom Jackson-Produkt wir all die Jahre über gekauft hatten: vergiß es – sogar mit seinem dekonstruierten Kopf und wenn er's auch noch so schlecht machte, wollten wir, daß dieser Typ die Wichser mit dem »größten-Verkauf-aller-Zeiten« fertigmacht. Als ob *Thriller* die Antwort unserer Generation auf den Louis-Schmeling Fight war oder so. Doch oh, die Pyrrhussiege der Entrechteten. Wer hätte gedacht, daß dieser Held der Kultur auf Kulturabsatzgröße heruntergeschnitten werden würde? Oder vielleicht war es einfach die Zeit. Für diejenigen, die in New York City leben und gegenwärtig Zeugen der Wiedergeburt des schwarzen Bewußtseins im politischen Protest, im engagierten Journalismus (lest *The City Sun!* lest *The City Sun!*) und in den Künsten sind, treibt Jackson gefährlichen Unfug.

Als Beweis dafür, das Gott keine Hässlichen mag, beschreibt der Titel von Michaels neuer LP, *Bad*, akkurat ihren Inhalt in Standardenglisch. (Jackson glaubt anscheinend, daß *bad* sowohl auf ihn als auch auf L.L. Cool J. angewandt werden kann.) Völlig sinnlos, sich in Vergleichen mit *Thriller* festzufahren, *Bad* klingt wie Home Demos, die Michael an einem langen Wochenende zusammengeschnitten hat. Kein einziger Song, den so ein Urban-Schmierfink nicht in einer Woche hingepfuscht hätte, geschweige denn in zwei Jahren. Einige der schnelleren Nummern (sch)wabbeln mit Schein-Bassläufen aus dem Lalo Schifrin Fakebook heran, und viel zu viele beginnen mit ominösen Science-Fiction Synthygeräuschen, die unweigerlich in einer Antiklimax enden.

Bad hat Hooks, sicher, und die meisten lauern nur auf einen Song – übrigens nirgendwo vergeblicher als im fliegengewichtigen Titelstück, das seine Refrains herumschmeißt wie ein dreijähriger Balg.

Für *Bad* spricht eigentlich nur, daß es vom gleichen Künstler stammt, der auch *Thriller* gemacht hat. Kein auch noch so großer Ekel vor Jacksons schon wieder verändertem Gesicht (Grübchen im Kinn) kann *Thriller* irgendetwas nehmen. Alles auf dieser Platte erreicht ein cleveres Gleichgewicht zwischen Maschinensprache und menschlicher Intervention, zwischen pochendem Herzen und Präzisionstuning. *Thriller* ist eine Platte, die nicht aufhören kann, Freude zu bereiten. Jeder Ton auf dieser Scheibe singt und atmet meisterhafte Popinstinkte: die Drumbeats, die Basslines, die Chicken Scratches der Gitarre, die aleatorischen Elemente. Die Verknüpfung von einzelnen Details zu einem feinen polyphonen Netz erinnert mich an jene Dokumentaraufnahmen aus Afrika, wo keine europäische Harmonie, sondern Gleichzeitigkeit und partizipatorische Demokratie als Ordnungsprinzip gelten.

Auf *Bad*, das so (song)arm wie *Thriller* reich ist, finden wir einen Jackson, der Material vorträgt, zu dem er absolut keine emotionale Beziehung hat – ausgenommen die boshaft »Dirty Diana« benannte Groupie-Phantasie. Die (Mit)Leidenschaft von »Beat It«, »Billie Jean« und »Wanna Be Startin' Something« hörte sich authentisch an, entstanden aus Jacksons perversem Interesse an den Übeln der Teenagergewalt und Schwangerschaft. Es war schon etwas Furchterregendes und Zwingendes an diesem verhätschelten Muttersöhnchen, das aus seinem Xanadu heraus solch lapidare Sätze wie »If you can't feed your baby, then don't have a baby« verkündete. Während die Welt mit angehaltenem Atem und blau anlaufendem Gesicht auf den ersten erfolgreichen Vaterschaftsprozeß gegen Michael Jackson wartete, hatte der die Nerven, »The kid is not my son« zu singen. Nicht einmal David Bowie könnte einen Subtext wie diesen schaffen, so affektiert und verwegen auf der Oberfläche und so grotesk in seinen Tiefen.

Bad übertrifft *Thriller* nur auf der pathologischen Ebene, hauptsächlich im dazugehörigen Video. Nachdem er ein weißes Kunstmännchen wurde, möchte Jackson nun aus seiner Ethnizität Kapital schlagen. Hier ist seine bis jetzt widerlichste Phantasie: Während er die Rolle des schwarzen Preppie [Schüler der Preparatory School, überwiegend gehobener Mittelstand] spielt, der ins Ghetto zurückkehrt, verkauft er sich nicht nur als Vorbild, sondern beschimpft die Brothers auch noch ganz direkt mit »You ain't nothing!«. Was soviel heißt wie: Nigger sind ein Haufen Scheiße. In Jacksons abscheulicher Vorstellung von schwarzer Erfahrung bist du entweder ein Krimineller oder einer der Beautiful People. Nachdem er der Welt mit *Thriller* puren Pop-Spaß verkauft hat, kommt Jackson nun zurück, um seinen eigenen Rassenhaß loszuwerden. Wenn da ein Absatz von 35 Millionen drin ist, dann macht euch mal alle fertig, denn dann heißt es bald ab in die Berge, Leute.

Original: »I'm White! What's Wrong with Michael Jackson«; aus: Greg Tate, Flyboy in the Buttermilk, Simon & Schuster, New York 1992, pp. 95-99
Übersetzer: Raymund Burghardt

Stanley Crouch
Man In the Mirror

Seit Afro-Amerikaner hier sind, stellen sie die eine oder andere Norm in Frage. Deshalb ist auch die Art und Weise, wie ihr Verhalten beurteilt wird, oft von Angst und Verachtung bestimmt. Das letzte Beispiel hierfür ist die Kontroverse um Michael Jackson, die eine ganze Menge Spott, Artikel in dieser und in anderen Zeitschriften und sogar jenen kaum verständlichen Brief des Sängers selbst, der in *People* veröffentlicht wurde, nach sich zog. Jacksons Gesicht, die Tönung seiner Haut und die seiner Haare reizten zur Auseinandersetzung. Und so trafen sich die Reste des schwarzen Nationalismus der sechziger Jahre und die Verachtung derer, die schwarze Amerikaner bemitleiden oder belächeln, beim Streit über seine kosmetischen Entscheidungen.

Seit den Sechzigern tendiert ein Gutteil der Afro-Amerikaner dazu, ihr Rezept für *den* mustergültige Schwarze zu verbreiten. Dieses Modell hat vielerlei Formen angenommen, doch bauen sie alle auf der Annahme, daß es eine kulturelle Trennung zwischen schwarzen und weißen Amerikaner gibt. Die Symbole für die angebliche Trennung sollen alle Lebensbereiche der Schwarzen durchdringen: wie sie sich kleiden, ihr Haar tragen, essen, denken, wählen, reden und sich auf ihr afrikanischen Erbe beziehen. Obwohl sich der Griff dieses Nationalismus über die Jahre gelockert hat, beeinflußt er doch weiterhin sogar diejenigen, die nicht in der Phase seiner Dominanz heranwuchsen.

Greg Tate hat es offensichtlich erwischt, und sein kürzlich erschienener Artikel über Jackson illustriert den solchem Denken eigenen Provinzialismus. Tate ist von Jackson entsetzt und sieht des Sängers Entscheidungen für und Begegnungen mit dem Skalpell als Beweis seines Selbsthasses. Das Problem an dieser Sichtweise liegt darin, daß sie das Wesen des amerikanischen Traums und die unvermeidlichen Begleiterscheinungen einer freien Gesellschaft ignoriert. Eigentlich kann niemand anderes außer Jackson selbst wissen, was er sucht. Wer trotzdem automatisch annimmt, daß die kosmetische Chirurgie an dem Popstar einzig und allein negroide Züge ausmerzen sollte, um »weiß auszusehen«, macht es sich wohl bei weitem zu einfach und läßt sowohl afrikanische als auch amerikanische Kultureigenarten außer acht.

Gut zwanzig Jahre zuvor veröffentlichte *Présence Africaine* ein Kompendium von Beiträgen, die im Senegal auf dem World Festival of Negro Arts gehalten wurden. Einer der Vortragenden wies auf die Tatsache hin, daß einige afrikanische Stämme die Hellhäutigeren als attraktiver ansahen. Dieses Schönheitsideal war frei von kolonialem Einfluss und hatte wahrscheinlich mehr mit dem Phänomen des Exotismus zu tun, das oft eine große Rolle spielt, wenn Menschen sich zueinander hingezogen oder voneinander abgestoßen fühlen. Abgesehen davon könnte Jackson sich auch einfach für den Mulatto Look entschieden haben – wenn nicht sogar für den des Latin Lover und Dandy – ein Ergebnis der Vermischung von Genpools, als sich hell- und dunkelhäutige Leute auf den staubigen Strassen der Geschichte paarten. Oder haben es ihm vielleicht die schmalen Nasen und »feineren« Züge der Äthiopier angetan?

Die Tatsache, daß Michael Jackson nicht nur eine Person afrikanischen Ursprungs, sondern auch Amerikaner ist, sollte bei einer Diskussion über sein Verhalten niemals außer acht gelassen werden. Der amerikanische Traum besteht nämlich eigentlich darin, daß eine Identität improvisiert werden und sozial funktionieren kann, solange sie nicht die Freiheit aller anderen beeinträchtigt. Mit dieser Freiheit gehen sowohl exzentrisches Benehmen als auch der auf Talent, Disziplin oder purem Glück fußende soziale Aufstieg einher – *und* der soziale Abstieg, wie er an einigen von denen beobachtet werden kann, die die Vergnügungsviertel dieses Landes bevölkern, da sie die Welt der Armut und des Alkoholismus dem Umfeld des Mittelstandes, des gehobenen Mittelstandes oder der Oberschicht, in dem sie aufgewachsen sind, *vorziehen.* So wie ein Penner, der offensichtlich bessere Tage gesehen hatte, zu einem Kellner, als er wegen Schnorrens aus dem mittlerweile geschlossenen Tin Palace gewiesen wurde, sagte: »Die Leute kommen aus der ganzen Welt, um Penner auf der Bowery zu sein. Warum sollte ich mir dieses Recht vorenthalten?«

Tate müßte dies eigentlich leicht verstehen, da er aus einer gutgestellten schwarzen Familie in Washington, D.C. kommt, sich jedoch entschieden hat, Dreadlocks in einer Kreuzung aus Rasta und Mohawk zu tragen und aus Scheu vor der konservativen Kleidung seiner sozialen Tradition oft genug wie jemand auf der Schwelle zur Obdachlosigkeit aussieht. Tate ist eher ein freiwilliger Unkonventioneller als ein geborener. Was man daran erkennen kann, daß er sich eine Identität ausgedacht hat, die er der seiner sozialen Herkunft vorzieht und die Kostüme gefunden hat, die ihm am besten in sein persönliches Theaterstück passen. Obwohl es Tate viel einfacher hat, sich einen anderen Haarschnitt zuzulegen und seine Kleidung zu wechseln, als Jackson, zu seiner »afrikanischen Physiognomie« zurückzukehren, stehen doch beide für die Bereitschaft, sich ein äußeres Erscheinungsbild zuzulegen, das ihre Vergangenheit verwirft.

Diese Art und Weise, eine Identität zu improvisieren, sollte nicht unabhängig von der amerikanischen – und universalen – Liebe zur Maskerade gedacht werden. Ebensowenig dürfen die »African retentions« [das Bewahren von Afrikanischem] außer acht gelassen werden, worauf sich die afro-amerikanischen kulturellen Nationalisten und Sozialanthropologen so durchgängig beziehen. Das Gefallen an Masken, Makeup und Kostümen bedeutet oft viel mehr, als hinter der gerade aktuellen Mode herzurennen oder an Ritualen festzuhalten: Es ist auch Ausdruck der Freiheit, die eigene Identität neu zu erfinden und Ausdruck der sprichwörtlichen *Lust*, die Amerikaner schon immer daran haben, Erwartungen provokativ zu enttäuschen.

Constance sah es, und Albert Murray erinnert uns in seinem unschätzbaren *The Omni-Americans* daran: Es kann gut sein, daß die als Indianer für die Boston Tea Party verkleideten kolonialen Rebellen die Maskerade ebenso genossen wie das Auskippen der Ladung in den Ozean. Wenn er innerhalb des Spektrums der glück- bis feindseligen Maskerade gesehen wird, die sich seitdem entwickelt hat, dann befindet sich Michael Jackson kraft der Vorliebe für sein Spiegelbild, das von dem von der Natur vorgesehenen abweicht, inmitten eines der Strudel der nationalen Identität.

Ein Blick in ein Fotobuch aus den sechziger Jahren genügt, um zu erkennen, auf welch vielfältige Weise sich der politische Protest mit dem Hang zur Maskerade verbinden kann: SNCC Arbeiter zogen Overalls an, Hippies gingen zu langen Haaren und Batikoutfit über, schwarze Nationalisten trugen Figi-Haarschnitte und Gewänder, selbsternannte afro-amerikanische Revolutionäre schwarze Berette, schwarze Lederjacken, schwarze Hemden, Hosen und Schuhe oder eigneten sich die Kampfanzüge von Soldaten aus der Dritten Welt an. Und alle, die die veschiedenen Kostümierungen von heute sehen – von den gepunkteten, gelben »Power Ties« bis zur grotesk hässlichen Punkmode – können problemlos erkennen, daß auch sie in der Lust an der angenommenen Identität wurzeln. Diese Vorlieben sind noch immer so eingebettet in die nationale Identität, daß die Leute aus New Orleans genauso für ihre Kostüme und Gesichtsmasken des Mardi Gas wie für ihre Küche bewundert werden. Und wir in New York wissen, wieviel Freude den Zuschauern und Teilnehmern der Labor Day-Parade in Brooklyn durch die Gesichtsfarbe, die Ziermünzen, Federn und Stoffbahnen bereitet wird.

Was die »African retentions« betrifft, so könnte leicht behauptet werden, daß Michael Jackson sich viel eher in der Auseinandersetzung mit dem Diktat der Natur befindet, wie sie auch die vielen ausreichend dokumentierten primitiven afrikanischen Kulturen geführt haben. Gibt es irgendeine andere Kultur, die die plastische Chirurgie so perfekt vorweg- oder den Schmerz der tradierten Verstümmelung bereitwilliger annahm? Ich denke nicht. Zu viele Fotos zeigen Afrikaner, die Scheiben zum Weiten der Lippen und Ringe zur Verlängerung der Hälse tragen, die sich roten Lehm in die Haare schmieren, um sie zu entkräuseln und wie Löwenmähnen aussehen zu lassen, die sich die Zähne feilen und unter den Ritzwunden und der eingeriebenen Asche, die zu spektakulären Vernarbungen führt, leiden. Was immer zu »verschiedenen Schönheitsstandards« und so weiter zu sagen wäre – wer zu dem Schluß kommt, daß es solchen Kulturen allein ums »natürlich sein« geht, weigert sich offenbar, die Dinge so zu sehen, wie sie sind.

Die Welt der plastischen Chirurgie kommt der Bereitschaft, unter dem Stammesmesser zu leiden, offensichtlich mit viel größerer technischer Perfektion entgegen. Vielleicht ist der sogenannte Selbsthaß der schwarzen Amerikaner, *wenn* er denn existiert, tatsächlich nichts weiter als eine ethnische Variante des nationalen Habitus, der die Schönheitsindustrie so erfolgreich gemacht hat. In den Büros und Operationssälen, wo die Pläne gemacht und ausgeführt werden, die Millionen Dollars an Gewinn einbringen, geht es kaum um diesen vermeintlichen Selbsthaß. Die Kunden, mit denen sich die plastischen Chirurgen ihren Wohlstand verdienen, sind zum Großteil Weiße auf der Flucht vor den Zeichen des Alters – Weiße, die unzufrieden mit ihrem Profil, ihren Augen, Ohren, ihrem Kinn, Hals, ihren Brüsten, dem Fett um die Knie, ihren Hüften, Schenkeln und so weiter sind. Angezwickt und in Falten gelegt, transplantiert und fettfrei gesaugt, so schauen sie voll freudiger Erwartung in den Spiegel.

Was soll man bei so viel Gerede über Afro-Amerikaner, die vor den hellhäutigeren unter ihnen katzbuckeln, von all den Flaschenblonden in diesem Land und von all denen halten, die ab und zu orange aussehen, weil sie Bräunungscremes benutzen? Gewiß ist, daß ein findiger Schwarzer reicher als Bill Cosby wäre, wenn er sich für die so vom braunen Teint faszinierten Weißen ein marktfähiges Produkt ausdenken würde, das auf harmlose Weise die gewünschte Melaninmenge abgibt, so daß sie über das ganze Jahr so braun bleiben können, wie sie wollen. Würde dieser fiktive Erfinder den weißen Selbsthaß ausbeuten?

Dann ist da noch das Problem, das einige mit Jacksons angeblich weicher, femininer Seite haben. Auch hierfür gibt es einen Vorläufer in der afro-amerikanischen Kultur. Der verstorbene Schriftsteller Lionel Mitchell hat einmal darauf hingewiesen, daß sich bestimmte schwarze Männer um die schwarze Kirche sorgten, da sie sich sehr unangenehm berührt fühlten angesichts der Chorleiter und schönen Vorsängerjüngelchen mit glänzend onduliertem Haar, die offensichtlich schwul waren. Ein Freund Mitchells führte diese Behauptung weiter aus. Er beobachtete, daß eben jene Gospelsongs oft genug auch die Verkleidungen waren, in denen die schmachtende homosexuelle Schnulzenromanze daherkam. »Was glauben Sie, geht ihnen durch den Kopf, wenn es in den Liedern darum geht, an *Seinem* Schoß zu ruhen [held close to His bosom]?« (Was für eine Variante der Verständigung durch Spirituals, wie sie Sklaven heimlich anwandten, wenn sie fliehen oder rebellieren wollten!) Dies soll nicht bedeuten, daß jeder homosexuelle Gospelsänger eher an profane denn an spirituelle Dinge denkt, wenn er die Lieder frohlockt, in denen Ein Allmächtiger geliebt oder die Liebe von Einem Allmächtigen empfangen wird. Doch diejenigen, die glauben, daß Jackson irgendwie seine Männlichkeit ausverkauft hat, sollten sich vielleicht etwas intensiver mit ihrer eigenen Kultur beschäftigen.

Außerdem hat Jackson als androgyner Performer wie als chirurgischer Veteran, der angeblich aussehen will wie Diana Ross, Vorläufer in den Minstrel Shows des neunzehnten Jahrhunderts. Dort beginnt nämlich eigentlich die Tradition des romantischen Balladiers, zumindest als ein Phänomen der Massenunterhaltung. Robert C. Toll beobachtet in *Blacking Up*, daß weiße Minstrelsänger sehr beliebt bei Frauen waren, weil sie durch die Konvention des angekokelten Korkens öffentlich zarte Gefühle ausdrücken konnten; manchmal brachten sie es in ihren Rollen als kokette Mulattoschönheiten sogar zu nationalen Stars. »Darsteller von Frauen erregten mehr Aufsehen als andere Minstrel-Spezialisten«, schreibt Toll. »Männer im Publikum verspürten wahrscheinlich einen erotischen Kitzel angesichts der verführerischen Bühnencharaktere, zu denen sie sich momentan hingezogen fühlten, genossen es jedoch wahrscheinlich genauso, sie zu verspotten und über sie zu lachen ... Zu einer Zeit, als die Bedeutung von sozialen Rollen sehr groß war, faszinierte der Frauendarsteller, der nun tatsächlich die Rollen wechselte, die Öffentlichkeit. Als ein Modell für akzeptable »flatterhafte« Weiblichkeit konnte er die Männer beruhigen, daß die Frauen da blieben, wo sie hingehörten, während er gleichzeitig den Frauen, ohne mit ihnen zu konkurrieren, zeigte, wie sie sich benehmen konnten. So funktionierte er in mehrerer Hinsicht als der schwarzgesichtige »Narr«, der das Publikum erzog und zur gleichen Zeit in dem Glauben bestärkte, daß er minderwertig sei. Der Frauendarsteller bedrohte niemanden, weder als Mann noch als Frau.«

Jackson beunruhigt ganz offensichtlich eine ganze Reihe von Leuten, von Eddie Murphy bis zu den Rappern, die Guy Trebay in dem Artikel interviewte, der zusammen mit Greg Tates erschien. Murphy hat schon oft den Pit Bull seiner Schwulenparanoia auf Jackson losgelassen, und die Tatsache, daß die Rapper von Jacksons Persona verstört waren, bedeutet vielleicht etwas ganz anderes, als es zunächst den Anschein macht. Vielleicht drückt sie am meisten, daß seine Wurzeln in der Minstrelsy so verschieden von ihren eigenen sind. Wie Harry Allen vor gar nicht so langer Zeit aufgedeckt hat, sind mehr als nur ein paar Rapper eigentlich Mittelstandsschwarze, die ihre Version einer »Gangsterästhetik« aufführen. Statt über Minstrel herziehen also den Brutalofrack anziehen – ganz die modische Mordskerlementalität, sich auf Kosten des Rock'n Roll daneben zu benehmen, um dem Mittelstand einen Arschtritt zu verpasssen.

Das eigentlich Traurige an der Michael Jackson-Story ist die Tatsache, daß er das Kreuz der ihm auferlegten Bedeutung weit über das hinaus tragen muß, was seine Musik hergibt. Jackson kommt vom Rhythm & Blues, welcher wiederum eine Verwässerung des Blues ist, ein Abkömmling der tiefen Emotionalität von Amerikas erster säkularer Musik. Als Popstar hat Jackson seinen Ruhm und Reichtum durch den Ausdruck jugendlicher Leidenschaft angehäuft, doch ist er auch das Produkt einer Ära, die einer Musik Tiefgründigkeit aufzwang, die eigentlich nicht mehr als den Soundtrack zur Teenager Romanze und den Backbeat zu den Selbstmitleidsanfällen, die junge Leute erleiden, wenn sie von ihren Hormonen überwältigt werden, abgeben sollte. Die Rockkritik hat das alles geändert, indem sie die Rhetorik des ästhetischen Urteilens klaute, um die Symbole der jugendlichen Raserei aufzuwerten und die Selbstwahrnehmung von Popstars zu beeinflussen. Befindet sich so jemand also in seiner jugendlichen Vitalität, dann hat er die Zeit gegen sich. Wenn ihm genügend Schrecken eingejagt wird, beginnt er vielleicht, eine Welt für sich alleine zu erfinden, in der jeglicher Hinweis darauf, daß er als eine bestimmte Person zu einer bestimmten Zeit geboren wurde, ausgelöscht ist. Dieses Auslöschen selbst ist vielleicht die härteste Antwort auf jene unvermeidliche depressive Schwere, die nicht daher rührt, zuviel zu schnell bekommen zu haben, sondern daher, davon überzeugt worden zu sein, daß nur, wer nicht zu alt ist, wichtig sei.

Original: »Man in the Mirror«; aus: Stanley Crouch, Notes of a Hanging Judge, Oxford Univesity Press 1990, pp. 209-214

Übersetzer: Raymund Burghardt

Michele Wallace

If You Can't Join 'Em, Beat 'Em
Und sind sie nicht willig, so brauche Gewalt

Zunächst sollte man sich die Statements auf der Rückseite von *Notes of a Hanging Judge* ansehen. Statt der üblichen Lobhudelei schlägt uns dort Stanley Crouchs eigenes, provozierendes Gelärme über kulturelle Ikonen wie den Präsidentschaftskandidaten der Demokraten Jesse Jackson (»ein Mann, der sich suhlt in seinem eigenen Tun, seinen Ambitionen, und seiner Entschlossenheit, aus der Wahrheit Brezelchen zu formen«), der Schriftstellerin Toni Morrison (*»Beloved* ist vor allem ein schwarzer Holocaust-Roman«) oder den Filmemacher Spike Lee (»Gerade weil Lee die Leute zum Lachen bringt, entgeht der Kritik die faschistische Ästhetik, die er in verantwortungsloser Weise verfolgt«) entgegen.

Was sollen uns diese Auszüge sagen? Während der letzten elf Jahre haben wir Stanley Crouch als einsamen, schwarzen Neinsager kennengelernt, als emsigen Jazz- und Kulturkritiker der *Village Voice* und *New Republic*, als randalierenden Opponenten des Feminismus, der Literatur von schwarzen Frauen, der Rechte von Homosexuellen, von Rap, Prince und überhaupt allem, was kulturell subversiv oder progressiv war. Und seine Arbeiten waren immer geprägt von einer ablehnenden Haltung gegenüber dem oft sturen, schwarzen Nationalismus der lokalen schwarzen Presse wie den *Amsterdam News* oder der *City Sun*.

Die Auszüge auf der Rückseite des Buchcovers sind also dazu da, Crouch einer US-weiten Mainstream-Leserschaft (größtenteils weiße Mittelschicht) zu empfehlen. »Uns« (Ihnen?) wird suggeriert, ihn als den einsamen, schwarzen Kritiker zu sehen, der sich auch auf nationaler, gar globaler Ebene nichts vorschreiben und sich nicht kaufen läßt, der mutig mit ästhetischer Feigheit und intellektueller Verlogenheit bricht. Wenn wir dann noch seine vertrackte Einleitung hinzunehmen, wo er eine Reihe von kryptisch-verkürzten Positionen zum Feminismus, zu *gay rights* und Aids breitwalzt (obgleich keines dieser Themen nun von besonderer Relevanz für den Rest des Buches sind), schält sich eine recht konventionelle Einstellung zur Sexualität heraus, die uns jedoch als neu und fortschrittlich angedreht wird.

[...] Sicher sind Crouchs Arbeiten oft klug und interessant, und vielleicht stimmt einiges über die Wechselfälle im Leben von Politikern wie Al Sharpton und Jesse Jackson. Tatsächlich darf darüber aber das besondere, kulturelle Klima, das dem Buch zu seinem großen Erfolg verhilft, nicht ignoriert werden. [...]

Warum, so wurde im Feuilleton der *New York Times* gefragt, soll es denn plötzlich eine enge Verbindung zwischen Kunst und der rauhen Wirklichkeit der Straße geben? Von einem Standpunkt aus den alten Tagen der ungeschmälerten Dominanz der weißen Männer, als Kunst noch hoch und Politik niedrig in Kurs stand, führt der Kritiker Richard Bernstein die gegenwärtige mißliche Lage auf »neue Stammestümeleien und ein erhöhtes Bewußtsein von ethnischer und rassischer Getrenntheit« zurück. Für ihn bildet »der Mythos der permanenten Opferrolle« die Basis für einen gefährlichen »Kult des Andersseins«, der bei Debatten über Eurozentrismus beständig herhalten muß.

Solche Analysen gedeihen vor dem Hintergrund eines Supreme Court (Oberster Gerichtshof), der immer mehr dahin tendiert, das Recht auf Abtreibung zu kippen und den Kern der Bürgerrechte auszuhöhlen. Senator Jesse Helms kritisiert die Bereitschaft der amerikanischen NEA (Behörde, die die Bildenden Künste fördert), Arbeiten von Robert Mapplethorpe und Andres Serrano mit öffentlichen Mitteln zu fördern und will Kunst allgemein nicht mehr durch Steuergelder finanziert wissen. Die NEA wird plötzlich zur Zensurbehörde und verweigert vier Performance-Künstlern, darunter drei Schwulen, ihre Unterstützung. Auf einmal wird verlangt, daß alle, die von der NEA finanzielle Unterstützung bekommen, ein Papier unterzeichnen müssen, in dem sie versichern, daß sie NEA-Geld nicht für »obszöne« oder »homoerotische« Arbeiten verwenden.

Kulturpolitische Entscheidungen dieser Art verbinden sich auf der Ebene der rauhen Wirklichkeit in den Straßen New Yorks mit »Rasse«, nämlich über die »Aids-Krise«. In medizinischer Hinsicht werden zunächst heterogene Bevölkerungsschichten zusammengefaßt, die in besonderem Maß dem Risiko einer HIV-Infektion ausgesetzt sind: arme schwarze und puertorikanische Drogensüchtige sowie Crack-Abhängige, ihre Partner und Kinder, Schwule und die zumeist nichtweißen Carribeans, Afrikaner und andere aus Ländern der Dritten Welt, egal ob schwul oder heterosexuell.

Wenn dann noch extrem rassisch gefärbte Konflikte wie die Bensonhurst und Central Park Jogging-Fälle diesen Sommer betrachtet werden, zeigt sich, daß beide für die Medien nur eine Gelegenheit waren, um die Kunde von der Barbarei des schwarzen (Unterschicht-) Mannes und vom Irrsinn seiner Führer durch den Busch (und rein ins traute Heim) zu trommeln. Der Wirbel um die Anklage wegen Obszönität gegen die Rapper von 2 Live Crew (vgl. Houston A. Baker, »Experten in Sachen Rap« in diesem Band) hatte in der Kulturberichterstattung dieselbe Funktion. Inzwischen beklagt der schwarze Professor Shelby Steele aus San José ebenfalls den »Opferkult« im Bereich der ethnisch-politischen Fragen, den Richard Bernstein bereits auf kulturpolitischer Ebene kritisiert. Die Auseinandersetzung darüber, ob im Broadway-Musical *Miss Saigon* ein weißer Schauspieler, nämlich Jonathan Pryce, durch einen Asiaten ersetzt werden soll, wurde von Chefideologen des liberalen Kultur-Mainstream (wer glaubt denn nicht, was Charlton Heston, Talkmaster Dick Cavett und Produzent Cameron McKintosh sagen?) sofort als günstige Gelegenheit genutzt, ihre philosophischen (und öko-nomischen) Einwände gegen *affirmative action* kundzutun.

An der homefront in den Buchläden der schwarzen Community teilt sich währenddessen Crouchs Buch einen Tisch mit Shahrazad Alis *The Blackman's Guide to Understanding the Blackwoman*, dem diesjährigen Sommerüberraschungs-bestseller. [...] Ali, eine Schwarze, hat das Buch selbst verlegt und behauptet, »die schwarze Frau« sei »außer Kontrolle geraten«, weil »sie sich nicht mehr von ihrem gottgegebenen Paarungsgesellen, dem schwarzen Mann, führen läßt«, und ihr »mangelnder Respekt ist unmittelbare Ursache für den Untergang der schwarzen Familie«. Statt Beweise gibt es nur kriegerische Behauptungen und Ali entzückt ihre *grass-roots* Leserschaft durch wiederholte Angriffe gegen schwarze Frauen auf persönlicher und pseudo-psychologischer Ebene. Schlecht geschrieben und redi-giert, wie das Buch ist, liest es sich am besten, indem man zufällig eine Seite auf-schlägt und wahllos etwas herauspickt: z.B. auf Seite 82 – »Eine eiserne Regel ist, der schwarzen Frau nie in Geldangelegenheiten zu trauen«; oder Seite 134 – »Der schwarze Mann hat die Arroganz des Frauenemanzipationsgehabes mit all seinen aggressiven Auswüchsen endgültig satt«; oder Seite 169 – »Eine schwarze Frau sollte immer bloß auf's Maul geschlagen werden, denn es ist diese Öffnung im unteren Teil ihres Gesichts, durch die ihre ganze Auflehnung in Worte kulmi-niert«. [...] Der Grund, weshalb sich ihr Buch bereits über 200.000 Mal verkauft hat, liegt nicht so sehr im Reiz des Neuen. Ihre Autorität für schwarze Leser und Leserinnen ist vielmehr in der mythischen Kraft ihrer neo-nationalistischen Black Muslim-Perspektive begründet, aus der sie die Geschichte »der schwarzen Rasse und den Verfall der Community und besonders der schwarzen Familie« be-schreibt. [...]

Diese Art von schwarz-nationalistischem Denken impliziert aber, daß »Frau« und »Mann«, »schwarz« und »weiß« Kategorien sind, die sich gegenseitig aus-schließen und an je entgegengesetzten Polen des konzeptuellen Universums an-gesiedelt sind. Eine solche »natürliche« Ordnung setzt die patriarchal regierte Fa-milie als höchste und zugleich grundsätzlichste Form der sozialen Organisation voraus, während alle anderen Perspektiven auf »Rasse«, Geschlecht und Sexualität krankhafte Abweichungen sind. Da treffen sich leider schwarze Nationalisten à la Farrakhan/Ali mit den weißen Anhängern von Jesse Helms.

Vor diesem Hintergrund wird Crouchs Kulturkonservatismus besonders in-teressant. Die Frage ist nämlich: Wo steht er? Es ist unmöglich, das anhand des Buches zu klären. Einige vermuten, daß er, wie Ali, einfach ein Opportunist ist, auf keiner als seiner eigenen Seite steht und momentane, kulturelle Umbrüche in seinen finanziellen Vorteil ummünzt.

Er empfiehlt sich in seiner Einleitung als Verräter des schwarzen Nationalismus der 60er Jahre, der furchtlos die schmutzige Wäsche der schwarzen Community lüftet und dem, weil er die schwarze Kultur aus dem richtigen Blickwinkel betrachtet, alle vertrauen können. Gleichzeitig behauptet er, das Buch sei eine Kritik der feministischen und homosexuellen Politik und Kultur. Von wegen. Die Einleitung fängt an mit: »Diese Essays, Rezensionen und Kolumnen befassen sich vorwiegend mit Auseinandersetzungen um Rassismus, Sexismus und sexuelle Neigungen und der Faszination, die diese Themen umgibt.« Nur vier der insgesamt siebenunddreißig Aufsätze aber befassen sich tatsächlich in gewisser Weise mit Sexismus oder Sexualität. Konsequenter verfolgt Crouch vielmehr seine implizite Homophobie, seine antifeministische Haltung und seinen Kulturkonservatismus, die alle vier Essays auszeichnen und auch in die restlichen Aufsätze einsickern. Gleich anschließend macht er deutlich, daß er ein vollkommen instrumentelles Verständnis von feministischer und homosexueller Politik hat. Er sieht Frauenbewegung und den Kampf der Homosexuellen um ihre Rechte nur als Beweise für seine fixe Idee, daß die Entwicklung der schwarzen Politik weggehe von »der komplexen Vision eines universellen Humanismus, von der die Bürgerrechtsbewegung noch getragen wurde« und sich in »xenophobische Finsternis« flüchte, die der Grund unserer noch andauernden Begeisterung für »black power, black nationalism, black studies und dieses rassistische, wirre Zeug, das unter *revolutionäre schwarze Kunst* läuft«, sei.

Obwohl er behauptet, daß seine Dauerbeschäftigung als Schreiber für die *Village Voice* es unumgänglich gemacht habe, »der feministischen und homosexuellen Befreiungsbewegung direkt ins Auge zu sehen«, scheint doch genau das Gegenteil der Fall zu sein, wenn er Dinge schreibt wie »Vieles von dem, was ich von den feministischen IdeologInnen und Helden der Homosexuellenbewegung, die bei der Zeitschrift arbeiteten, hörte und las, kam mir sehr bekannt vor. Es waren Echos von damals, als die Bürgerrechtsbewegung zu selbstverliebtem, ethnischen Nationalismus und herablassender Selbstbespiegelung degenerierte.« Für Crouch liegt das Problem bei den feministischen und homosexuellen AktivistInnen, die dem separatistischen und selbstgerechten »schwarzen Nationalismus und den bewaffneten, schwarzen Revolutionären« blind nacheifern. Ganz besonders schlimm seien die »Homosexuellen, die ohne jede Kritik an ihren öffentlichen Sexualpraktiken für Promiskuität eintraten«, was dazu führte, daß Parks für Heterosexuelle und Kinder nicht mehr zugänglich waren, wie etwa in San Francisco, »wo jederzeit und überall irgendwas abging.« Ich nehme an, daß Crouch mit solchen Bemerkungen absichtlich provozieren will. Er eignet sich das Kräftefeld der aktuellen feministischen, homosexuellen und linken Auseinandersetzungen an, ohne je über zentrale Themen der gegenwärtigen Debatten nachzudenken. [...]

Vor einem politisch konservativen Hintergrund, wo die breite Diskussion über die Todesstrafe symptomatisch für ein Wiedererstarken der Rechten ist, ernennt sich Crouch selbst stolz zum »Hanging Judge«, zum Richter, der leicht Todesurteile fällt, »ganz wie Henry Morgan, der viele seiner ehemaligen Piratenbande auf die Galeere geschickt hat«. Ich frage mich jedoch, ob wir tatsächlich einen Hanging Judge in der schwarzen Kulturkritik brauchen. Brauchen wir noch weitere Todesurteile zu der hohen Kindersterblichkeit, der steigenden Zahl von schwarzen Crack-Babys, zu Aids, TB und psychischen Krankheiten, die sich in rasender Geschwindigkeit unter den Obdachlosen ausbreiten?

[...] In seiner Vorstellung von einem Tribut an die Schwulen sagt Crouch: »Als die Seuche ausbrach und die zum Tode Verurteilten bereits ihre violett-roten Knoten als Kainsmal trugen, wurde diese bislang leichtlebige Welt von einer spirituellen Würde erfaßt, die die meisten von uns nicht für möglich hielten. Die Sterbenden wurden umarmt und die »große Familie« sorgte sich um ihren Haushalt und ihre Korrespondenz .Man ging für sie einkaufen, besuchte sie, so es ihr Gesundheitszustand zuließ, regelmäßig, las ihnen vor, brachte ihnen Blumen und Cassetten und das menschliche Mitgefühl entgegen, das adelt, wenn Moral endgültig sinnlos geworden ist.« Damit impliziert Crouch, daß nur Aids die Schwulen wieder zur Ordnung zwingen konnte. »Das wilde Treiben der Homosexuellen fand aus exakt demselben Grund ein Ende, wie die bewaffneten schwarzen Kader der späten 60er, die die Nation mit fast selbstmörderischer Vehemenz verhöhnten und bedrohten: Tod«, so Crouch weiter. Doch warum eignet er sich gerade dieses aktuelle und emotional aufgeladene Thema Aids an – ohne jeden ersichtlichen Grund? In den restlichen Aufsätzen findet sich darüber praktisch nichts. [...]

In einem zweiten Text über Homosexualität von 1982, einer Diskussion zu »Schwuler Stolz, Schwule Vorurteile«, ergreift Crouch wie immer die Gelegenheit, seine eigenen Vorurteile zu veräußern: »In freundschaftlichen Beziehungen zu weißen Frauen können schwarze Homosexuelle in die Rolle der Mammie, des exotischen Vertrauten mit ethnischen und sexuellen Abweichungen schlüpfen«. Und: »Weil es die Sage vom Negroleader gibt, der an den Stockschlägen seines weißen Massa starb, als er mit seiner Frau im Bett erwischt wurde, ist es geradezu verständlich, daß männliche Gönner, wann immer sie die Wahl haben, eher geneigt sind, talentierte schwarze Homosexuelle zu fördern.« Noch wenn er Schwule mit Lob bedenkt, tut er dies immer nur, um seine Vorstellung von der unumstößlichen, natürlichen Ordnung, die heterosexuelle Erzeugnisse und künstlerischen Genius als Gipfel der sozialen Errungenschaften vorsieht, zu bekräftigen. Viele Schwule sind deshalb so besessen von »Geschmack, Kunst, Stil und Liebe zum Detail«, schreibt er, »weil das anstelle der Zeugung tritt und sie so an der zeitlosen Größe der Geschichte der Menschheit teilhaben«.

Obwohl Crouch in seiner Einleitung Verschiebungen kultureller Werte in bezug auf Sexualität dazu nutzt, seine Ware anzupreisen, sind seine eigenen kulturellen Vorstellungen so unerschütterlich wie ein Fels. [...] Wie die anderen von *New Republic* ist auch er der Überzeugung, daß eine Trennung von hoher und minderer Kunst dringend erforderlich ist, weil ansonsten das Chaos ausbricht. Das verzwickte an dieser Sichtweise ist jedoch, daß die Schwarzen gerade im Bereich der »seichten«, populären Kultur ungeheuer viel Anteil hatten und haben: entweder auf der Produzentenseite als AthletIn, UnterhaltungskünstlerIn und MusikerIn, oder in der weniger günstigen Position eines zu vermarktenden Produkts im Bereich der Minstrelshows, auf Bühne und Leinwand, Bildern und Ansichtskarten. Crouch kann oder will nicht sehen, daß der Grund, warum Blues, Gospel und Jazz so stark sind, gerade der ist, daß alle ihre Wurzeln im Populären, ja im Gewöhnlichen haben. Für ihn gibt es Jazz nur in seiner Weiterentwicklung zur hohen Kunst des klassischen Jazz. Es bleibt ihm überlassen, das so zu sehen (es ist ja seine Pointe). Dennoch schmälert diese Haltung sein Verständnis für zeitgenössische kulturelle Formen und macht ihn blind für andere Wertmaßstäbe im Bereich der Kunst, die sich nicht mit Genie, Originalität oder Größe befassen. Alles Neue und/oder Populäre erfüllt ihn mit Angst und Abscheu.

Am deutlichsten zeigt sich das in den beiden Aufsätzen, die sich mit »Sexismus« beschäftigen. Der erste heißt »Aunt Jemima Don't Like Uncle Ben« und ist eine Abrechnung mit meinem Buch *Black Macho and the Myth of the Superwoman*, [...] der zweite, interessantere und noch viel schlimmere, trägt den Titel »Aunt Medea« und geht um Toni Morrisons Buch *Beloved*. »Die Weißen, die jetzt in den Medien sitzen und sich von der anti-weißen, antisemitischen, gewalttätigen Richtung des schwarzen Nationalismus der 60er angegriffen oder verraten fühlten, promoten jetzt eine schnatternde Horde schwarzer Schriftstellerinnen, die Lippenbekenntnisse zur Frauenbewegung ablegen, aber gleichzeitig neue Stereotypen von schwarzen Männern und Frauen hervorbringen.« Zu der schnatternden Horde gehören die Schriftstellerin Gayle Jones, die Dramatikerin Ntozake Shange und ich. Während also die herrschenden Kulturmacher in den 60ern vorwiegend Bücher und Filme produzieren ließen, die, »hätten Weiße sie geschrieben, sofort als rassistisch verrufen worden wären«, würden sie nun vor allem schwarze Schriftstellerinnen veröffentlichen, die über die Brutalität der schwarzen Männer gegen Frauen schreiben, so Crouch. Die Presse hat diese Art von Kritik längst übernommen. [...] Anscheinend hängen sie alle an einem »Familienroman«, in dem »die schwarze Familie samt Black Community, angeführt vom schwarzen Mann (...) gegen die unterdrückerische weiße Welt kämpft«. Daß diese romantische Vorstellung »durch die Schriften der meisten schwarzen Autorinnen entmystifiziert wird«, erbost natürlich nur jene, die immer noch fest daran glauben.

Seine Ausführungen zu *Beloved* sind von der Ansicht getragen, daß schwarze Künstler und Intellektuelle zuviel Selbstmitleid in Heimarbeit herstellen und ihre Fähigkeit, große Kunst zu produzieren, ruiniert ist. *Beloved*, so Crouch, setzt die Grundidee der Werke von James Baldwin fort, die lautet: »Die, die am meisten gelitten haben, kennen das Leben am besten«. »*Beloved* scheint einzig dazu geschrieben zu sein, die amerikanische Sklaverei endlich auch in den Wettbewerb um das größte Martyrium aller Zeiten zu bringen, ein Wettbewerb, der normalerweise immer durch Bezüge auf und Geschichten über die Erfahrungen der Juden unter den Nazis gewonnen wird.«

Wenn er *Beloved* einen »Holocaust-Roman in schwarzer Gestalt« nennt, zieht er damit zwei seiner irrigsten Attacken zusammen. Erstens wirft er mit seiner Anspielung auf die »schwarze Gestalt« wieder einmal die Frage auf, ob schwarze KünstlerInnen in ihrem eigenen Interesse arbeiten oder nur nach von den Weißen vorgefertigten Schablonen. Wir sind Menschen, die bis heute eine Sprache sprechen und schreiben, die uns mit dem Gewehr im Anschlag aufgezwungen wurde und der wir uns als Sklaven anpassen mußten. Darum ist prinzipiell jede/r schwarze KünstlerIn oder Intellektuelle dieser Kritik ausgesetzt. Das Erbe einer Minstreltradition, die ursprünglich mit weißen Schauspielern begann, im folgenden aber von Schwarzen für ganz andere Zwecke vereinnahmt wurde, ist ein eindrückliches Beispiel dafür, daß die Entwicklung innerhalb der afro-amerikanischen Kultur grundsätzlich immer als Verdopplung von Kontexten und Rahmen zu sehen ist.

Was den Holocaust angeht, wundere ich mich, daß bislang niemand darauf hingewiesen hat, daß Crouch mit dieser Attacke auf Morrison andeutet, irgendwas könne mit einem Roman, der sich auch noch einmal mit dem jüdischen Holocaust beschäftigt, nicht stimmen. Das ist natürlich völlig absurd. Meiner Ansicht nach ist nicht zu viel, sondern zu wenig über das Elend der Körper in der Geschichte der Menschheit geschrieben worden. Wir sollten die jüngsten Entwicklungen in der Kulturkritik zum Vorbild nehmen, die sich mit Kunst in Nazideutschland beschäftigen, um die Geschichten der schwarzen Körper in der Diaspora schreiben zu können, mitsamt der Geschichten der weißen, braunen, gelben und roten Körper, die mit ihnen in Berührung gekommen sind. [...]

Crouch wird durch die Verlagerung auf das Elend der Körper, das er »Selbstmitleid« nennt, in diesem Roman verunsichert. Ganz im Einklang mit der patriarchalischen Vorstellung seit den ersten Kreuzzügen steht seine Überzeugung, daß Schmerz etwas ist, was man schnell vergessen sollte, etwas, was man möglichst rasch überwindet. Folglich ist jede feministische Frage nach dem Körper (und seinem Leiden) für ihn kein Thema. [...]

In einem beeindruckenden Aufsatz mit dem Titel »Body and Soul« anläßlich eines Jazzfestivals in Italien, schlägt Crouch eine neue Interpretation der kulturellen Überlegenheit des Westens vor. Es läuft auf die etwas simple, ahistorische These hinaus, daß die Europäer vielleicht große Maler hatten, besonders in der italienischen Renaissance, aber die Afro-Amerikaner dafür große Musiker, besonders im Blues, im Gospel und im Jazz. Seine Metapher ist: Afro-amerikanische Musik und italienische Renaissance reiben sich zur Begrüßung die Nasen auf dem Jazzfestival in Italien. [...] Für ihn gewinnt beides, afro-amerikanische Musik und italienische Malerei der Renaissance, seine Antriebskraft aus dem radikalen Egalitarismus des Christentums. So läßt Crouch, statt das Problem des Fehlens einer visuellen Repräsentation von Schwarzen im Westen (das James Baldwin in seinem Essay »Notes of a Native Son« so hervorragend schildert) zu sehen, einfach und naiv das schwarze Amerika und das weiße Europa auf der Ebene von »Genie« verschmelzen. Der große Schwachpunkt in seiner Gleichsetzung von afro-amerikanischem Jazz und westlicher Malerei ist, daß er die Autonomie des visuellen Bereichs in der europäischen Kultur nicht bedenkt als Konstruktion der italienischen Renaissance, ohne die auch die Eroberung Afrikas und die Versklavung der Schwarzen in genau diesem Sinn nicht vorstellbar gewesen wären.

Im Fernsehen verweist »Men on Art«, eine Sketcheinlage der TV-Show »In Living Color«, immer wieder auf dieses Problem. In einer Parodie auf bestimmte TV-Filmkritiker, wie Siskel und Ebert, setzen sich zwei offenkundig schwule, schwarze (Beinahe-)Transvestiten mit den Klassikern der europäischen Skulptur und Malerei auseinander. Michelangelos *David* ist spitze, weil er auch von vorn in seiner Pracht zu bewundern ist (und vielleicht auch, weil Michelangelo schwul war). Botticellis *Geburt der Venus* und Da Vincis *Mona Lisa* können sie nicht ausstehen (»Hate it!« rufen sie wie aus einem Mund), vermutlich weil bei beiden der weibliche Körper im Mittelpunkt steht. Warhols *Marilyn* führt zu geteilten Meinungen, der eine meint, sie war eine Hure, der andere sieht in ihr die letzte wirklich große Filmdiva. So entlarven sie plötzlich einerseits den unverholenen (Hetero-)Sexismus der Mainstream-Kritiker (per Negation), und andererseits schaffen es beide Komödianten, den Eurozentrismus, der sonst eher implizit in die Praxis der Kritiker eingeht, offenzulegen. Indem sie die Bildenden Künste zum Thema machen, zeigen sie, daß die großen Meister, von Leonardo bis Warhol, natürlich immer weiße Männer waren. Der Begriff »Klassiker« an sich dient überhaupt nur dazu, eine endlos zurückverfolgbare europäische Entwicklungsgeschichte zu rechtfertigen, an der Farbige nicht teilhatten.

Gerade weil man immer dazu neigt, ästhetische Werturteile als Ausdruck von *universellen* Schönheitsidealen zu betrachten, die nichts mit Politik zu tun haben, ist es notwendig, daß sozial engagierte KulturkritikerInnen anfangen, die Methodologie ihrer Zunft zu hinterfragen. Vorgaben, was gut und richtig sei, was die Leute anschauen sollen und was sie abzulehnen haben, [...] dienen nur dem Zweck, das gegenwärtige, unbefriedigende und ungleiche kulturelle Arrangement zu verfestigen. Schwarze KulturkritikerInnen dieser Art tragen nur dazu bei, den Status Quo zu rechtfertigen. Ali gehört ohne Frage zu dieser Sorte KritikerInnen. Stanley Crouch leider auch.

In Crouchs Fall führt gerade die Blindheit für das Problem der fehlenden bildlichen Repräsentation schwarzer Kultur dazu, daß er die Wichtigkeit eines Filmemachers wie Spike Lee unterschätzt. Amerikanische Schwarze haben sich bisher nie anders als durch ein rassistisches Prisma sehen können. [...] Die Bedeutung von Lees Filmen liegt gerade in der erstaunlichen Einzigartigkeit (vergleicht man sie mit anderen Hollywoodfilmen) ihrer Sicht auf Schwarze. Lees Filme und die von denen, die in seine Fußstapfen treten, handeln vor allem und zu allererst vom Blick auf die Schwarzen. Sie zeigen, wie Schwarze endlich ihre Mittel ergreifen, sich eigene Vorstellungen von sich selbst zu machen. Diese Bemühungen zeichnen Lees Filme aus, deshalb ist es besonders bedauerlich, daß er dazu neigt, die Beiträge – und Körper – von Frauen zu vernachlässigen oder zu banalisieren. Aber Lee einen Faschisten zu nennen, ist lächerlich. Genauso lächerlich wäre es, Ali oder Crouch Faschisten zu nennen, obwohl beide eine äußerst feindselige Haltung zu schwarzen Frauen einnehmen. Was mich eher stört, ist, wie abschätzig beide auf Möglichkeiten intellektueller Entwicklung innerhalb der schwarzen Community reagieren. Natürlich beansprucht Ali nicht, intellektuell zu sein. Aber von Crouch, der erstaunliche sprachliche Fähigkeiten besitzt, erwarte ich eigentlich mehr. Beide Bücher – Ali als Befürworterin, Crouch als Gegner – mauern uns ein in ein »afrozentristisches« Denkgebäude, das in der schwarzen Community im Augenblick sehr angesagt ist. Beide sind demselben unabänderlichen Pessimismus verhaftet, als ob sie in eine dunkle, leere Kammer riefen, als ob sie keiner hörte und als ob das einzig wirklich wichtige wäre, die Auflagenzahl ihrer Bücher zu erhöhen.

Original: »If You Can't Join 'Em, Beat 'Em«; aus: Transition 51, Oxford University Press 1991, pp. 214-225

Übersetzerin: Bettina Seifried

Greg Tate

Yo! Hermeneutics!

Henry Louis Gates, Houston A. Baker & David Toop

If you can't dazzle them with your brilliance then baffle them with your bullshit.
[Kannst du sie nicht durch Scharfsinn begeistern,mußt du sie halt mit Blödsinn bescheißern.]

Afro-amerikanisches Sprichwort

In a war against symbols which have been wrongly titled, only the letter can fight.
[Im Krieg gegen falsch besetzte Symbole hilft nur der Buchstabe.]

Ramm-El-Zee

Word, word. Word up: Thelonius X. Thrashfunk sagt: Yo Greg, wir Schwarzen brauchen unseren eigenen Roland Barthes, Mann. Schwarze Dekonstruktion in Amerika? Da bin ich aber weiter als der Brother – denk ich jedenfalls, als ich ihm von meinem Traummagazin erzähl: *I Signify – Das afro-amerikanische Semiotikjournal*, eine schwarze bartheske Variante von *Jet*, dem Wegbereiter des schwarzen Poststrukturalismus, kraft seiner synchronischen Mythisierung und diachronischen Dekonstruktion (»Soulsänger James Brown fuhr in einer Limousine zur Gerichtsverhandlung in Baltimore vor, trug einen langen Pelzmantel und überzeugte den Bundesrichter trotzdem davon, daß er zu arm ist, um seinen Gläubigern 170000 Dollar zu zahlen. Brown bezeugte, daß er kein Geld hat, obwohl er regelmäßig auftritt ... US-Bundesrichter Frederick N. Smalkin gab ihm recht. ›Mr. Browns Finanz- und Rechtsberater haben ihn anscheinend mit einem Wall von Körperschaften und Trusts umgeben, den kein Schuldner durchbrechen kann‹, sagte Smalkin«), ganz zu schweigen vom Beitrag dieses Magazins zur schwarzen Tradition der enzyklopädischen Erzählung (siehe Ellison, Reed, Delany, Clinton und Ramm-El-Zee).

Allein der Gedanke an eine postmoderne Version dieser deutoronomischen Stammesschriftrolle reicht, um mich wie eine Ein-Mann Harlem Renaissance zu fühlen – wenigstens bis Thelonius fragt, ob ich hip genug für Henry Louis Gates bin, einer von uns in Yale (in Cornell, wenn ihr dies lest), der als Gastredakteur zwei Ausgaben der *Black American Literature* über Semiotik und den Signifyin' Monkey herausgegeben hat. Stellt sich raus, daß ich mich noch vage daran erinner, mal von einem Auftritt gehört zu haben, den der Brother vor ein paar Jahren an der Howard Universität auf der Third World Writer's Conference hatte. Gates soll den ganzen Laden durcheinandergebracht haben, als er über das Verhältnis des Strukturalismus zu Booker T. Washingtons *Up from Slavery* redete: Die Leute wollten wissen, was dieser ganze Formalismus mit unserem Kampf zu tun hat. Wenn ich mich jetzt nicht irre, wurde im selben Jahr auch Barbara Smith fast wegen ihrer radikal lesbisch-feministischen Leseweise von Toni Morrisons *Sula* geteert und gefedert (eine Sister verkündete, sie hätte das schöne Buch mit ihren sexuellen Perversionen ruiniert) – während der gleichen Tagung ist Addison Gayle auf Ishmael Reed losgegangen, weil er nicht sozialrealistisch schreibt. (Bo Schmo trifft Loop Garoo, so lebensecht und -nah, wie nur die eigne Ma [zwei Figuren aus Reed's *Yellow Black Radio Broke-Down,* Bo ist der Anführer der »Neosozialrealisten-Gang«, Loop sein Hoodoo-Gegenspieler].)

Ich erzähl das alles, weil Gates jetzt *Black Literature and Literary Theory* (BLALT) veröffentlicht hat – vierzehn bahnbrechende Aufsätze ausgesuchter akademischer LiteraturtheoretikerInnen: Schwarze, Weiße, Afrikaner-, Afro-Amerikaner-, Feminist-, Strukturalist- und PostrukturalistInnen. Die Angaben zu den AutorInnen bestätigen, daß diese Furthermuckers einen ganz neuen Funk draufhaben. Von Jay Edwards stammt zum Beispiel das demnächst erscheinende zweibändige *Vernacular Architecture of French Louisiana.* Die Romanistik- und Literaturprofessorin Barbara Johnson, die in Harvard lehrt, hat *Désfiguration du Langue poétique* geschrieben, Derridas *Dissemination* übersetzt und arbeitet an einem Buch über Zora Neale Hurston. Anthony Appiah war zuvor an der Universität von Ghana und am Clare College in Cambridge, sitzt jetzt in Yale an der Herausgabe und Analyse von 7000 Twi-Sprichwörtern und schreibt ein Buch über sprachtheoretisch relevante Aspekte der Bewußtseinsphilosphie.

In seinem Einleitungsaufsatz »Criticism in the Jungle« stellt Gates die rhetorische Frage »Wer will uns unsere Komplexität verbieten?« und verteidigt rigoros formale (im Gegensatz zu polemischen) Lesarten schwarzer Texte. Was nicht heißen soll, daß seinem Ansatz der Gedanke ans Soziale fehlt: »In all den in *Black Literature and Literary Theory* versammelten Aufsätzen geht es um die Natur der Sprachfigur, der spezifisch ›schwarzen‹ Art und Weise, wie wir mit *unserer* englischen oder französischen Sprache und Literatur umgehen ... Wie ›schwarz‹ ist die bildliche Rede? Ist es nicht wehmütiges Wunschdenken, sich in die Problematik der Metapher zu verstricken, wenn unsere schriftliche Tradition einen so eindeutig politischen Impetus hat? Die afro-amerikanische Kultur ist von Anbeginn an bildlich. Wie hätte sie auch sonst bestehen können? Ich muß hier nicht die komplexen Wege der Bedeutungsbildung verfolgen, die es in schwarzen mythischen und religiösen Überlieferungen oder in rhetorischen Ritualen wie dem ›Signifying'‹ oder ›The Dozens‹ gibt. Schwarze waren schon immer Meister des Bildlich-

Figurativen: Etwas sagen und etwas ganz anderes meinen war in den westlichen Unterdrückungskulturen überlebenswichtig ... ›Lesen‹ hatte in diesem Sinne nichts spielerisches; es gehörte als wichtiger Bestandteil zum ›Bildungs‹-Training eines Kindes. Diese metaphorische Bildung, die darin besteht, zu lernen, wie vielschichtige Codes entschlüsselt werden, ist wohl das Schwärzeste an der schwarzen Tradition.«

Und die Weißen dachten, wir würden es ihnen nur auf der primitiven Seite zeigen – aha, Dekonstruktion fließt also auch in den Adern der Brothers and Sisters. Genau, in einem der hippsten Essays der Sammlung, »Repetition as Figure of Black Culture«, legt sich James Snead mit dem Opa der Dialektik (das ist Hegel, y'all) und seinem Modernismus an. Er demoliert den rassistischen Glauben von G.W. an die progressive europäische und die »primitive« afrikanische Geschichte, indem er zeigt, daß der westliche Modernismus nicht nur formale, sondern auch *konzeptuelle* Anleihen vom schwarzen Kontinent genommen hat. Roll over Picasso, tell William Rubin the news. Geht ganz schön was von sonem Signifyin' ab in dem Buch: gewaltige westliche Theorien kapitulieren vor dem polyphoniereichen Beat des schwarzen ästhetischen Diskurses. Gates meint: »Die herausfordernde Aufgabe der schwarzen Literaturkritik besteht darin, ihre Richtlinien aus der schwarzen Tradition selbst abzuleiten und sich dabei sowohl an die literaturkritische Sprechweise als auch an die Sprechweise, die die ›schwarze Sprache‹, den Unterschied im Signifyin(g) ausmacht, zu halten. Die kritische Begrifflichkeit einer anderen Tradition gedankenlos zu übernehmen oder zu vereinfachen, entspräche de Gaultiers Definition vom ›Bovaryismus‹ – jedoch auch, im schwarzen Idiom, Ishmael Reeds ›Sprechenden Androiden‹«. Gates Auffassung von der allein auf der bildlichen Rede fußenden schwarzen Tradition ist mir zu textgebunden und gebücherwurmt, kann aber auch als rhetorische List gelesen werden, mit der die Gleichberechtigung der afro-amerikanischen Literaturwissenschaft an den Universitäten durchgesetzt werden soll. Obwohl wir alle wissen, wer eigentlich die Beweislast trägt, wenn es um »Zivilisation« geht, zwingt uns doch der Überlebenskampf oft zu solchen Scheinmanövern ...

Vielleicht ist das erstaunlichste (und subversivste) an den Essays in *BLALT*, daß sie die Theorien, mit denen sie umgehen, auslegen, in Frage stellen, widerlegen, umändern und ihr Signifyin'-Spiel mit ihnen treiben – das alles mit dem Ziel, die schwarze Kultur in die postmoderne Welt zu integrieren. Was vielleicht schon ein alter Hut ist, wenn ich mir das Art Ensemble of Chicago oder Miles Davis anhöre (seine öffentlichen Schizo-Statements über Jazz scheinen die Kanonisierung und Entkanonisierung, die dem ganzen postmodernen Projekt zugrundeliegen, auf den Punkt zu bringen), doch wer will diesen Professoren verdenken, ihren Teil zur Lage der Race beizutragen? Der schwarzen Kultur fehlt es nicht an modernistischen oder postmodernistischen Künstlern, sondern an ihren Kritikerpendants. Und jetzt, wo sie, wie Spielbergs *Poltergeist*, nun mal da sind, können wir uns genausogut auch damit abfinden, daß es keinen Weg mehr an diesen obskuren kleinen Arschlöchern vorbei gibt.

Auch wenn ihr, wie alle anderen Bibliophilen, die ich sonst so kenne, die Flausen von der Freien Kunst im Kopf habt und dem Semiotikunternehmen offen die Feindschaft erklärt, kann euch dies Buch trotzdem gefallen, wenn ihr seht, wie treffsicher diese Diskutanten mit Scheiße um sich werfen. Nehmt zum Beispiel »Strictures on Structures: The Prospects for a Structuralist Poetics of African Fiction« von Anthony Appiah, worin ihm entgegen aller Erwartungen eine lustige Auslegung von Saussure und Lévi-Strauss gelingt. Ob ihrs glaubt oder nicht, er macht sich tatsächlich einen Spaß daraus, mit todernstem Gesicht Definitionen von Saussures *langue* und *parole* vorzulesen, ganz zu schweigen von Chomskys Thesen über die linguistische *Performanz* und *Kompetenz*: »... wie kommt es, daß wir aus der inkohärenten Masse der alltäglichen Äußerungen, die Saussure *parole* nannte, das abstrakte Regelsystem ableiten können, dem er den Namen *langue* gab? Weil Chomskys Begriffe *Performanz* und *Kompetenz* eine Antwort auf diese Frage geben, werden sie oft im gleichen Atemzug wie die *langue/parole*-Unterscheidung genannt.

Chomsky behauptet, daß die Sprecher einen unbewußten Zugriff auf die Regeln des abstrakten Systems der *langue* haben, der ihre *Kompetenz* ausmacht und ihre jeweilige *Performanz* in der *parole* bestimmt. Differenzen zwischen dem, was die *langue* vorschreibt und dem Rohstoff der aktuellen Rede sind durch fehlerhafte psychologische Prozesse zu erklären, die die Regeln anwenden. In Analogie dazu können wir sagen, daß der Verkehr (in Britannien) durch die Regel »Fahre auf der linken Spur, wenn es zwei Spuren mit gegensätzlicher Richtung gibt« bestimmt wird, wobei es durchaus möglich sein kann, daß einige auf der rechten Spur fahren, wenn sie sich gerade nicht konzentrieren.«

Appiah wird ziemlich lachkrampfgefährlich, wenn er Lévi-Strauss und Saussure für ihre These in die Pflicht nimmt, daß es eine *langue* im kollektiven Unbewußten gibt, mit der die mythischen und literarischen Strukturen dekodiert werden: »Ich glaube, Lévi-Strauss ist der Ansicht, daß eine Dekodierung stattfindet, sie jedoch unbewußt ist: Dies ist ein interessanter Gedanke, für den es, wenn ich für mich und über die Asante-Mythen sprechen darf, eher wenig Rückhalt zu geben scheint ... Für eine Spezies, die sich dermaßen auf die Linguistik beruft, welche ihren privilegierten Status allein der Wissenschaftsgläubigkeit unserer Kultur und Epoche verdankt, zeigen sich die Literaturtheoretiker erstaunlich resistent gegenüber jedem auch noch so gemäßigten Empirismus. Obwohl wir wissen, daß alle Theorie empirisch unterdeterminiert ist und selbst der unfruchtbarste empirische Boden noch ein Theoriegestrüpp trägt, können wir uns doch abverlangen, daß unser Theoretisieren immer in der kargen Erde der Erfahrung wurzelt.«

Signifyin' mit dem Signifikanten zieht sich als roter Faden durch die Sammlung, doch die, deren Hintern gesignifyt werden, sind nicht bloß Hegel und die formalistischen Franzmänner. In »Metaphor and Metonymy and Voice in *Their Eyes were Watching God*« macht Barbara Johnson schwarze Aktivisten und weiße Feministinnen zu merkwürdigen Bettnachbarn (beide sind nach Johnson schuldig, den schwarzen Frauen ihre inneren Stimmen abzusprechen) – ein bemerkenswerter Aufsatz, der die Bedeutung von Jakobsons berühmter Studie über Aphasie ausweitet, indem er auf Hurstons Synthese von öffentlichen und privaten Stimmen hinweist, die ihr in der Darstellung von Janie Starks gelingt. Appiah stellt in seinem Essay herausfordernd den bekanntesten afrikanischen Strukturalisten Sunday O. Annonzie bloß. In »To Move Without Moving: Creativity and Commerce in Ralph Ellison's Trueblood Episode« bringt Houston Baker das Kunststück fertig, seinen Vorbild-Vater zu ermorden und sich gleichzeitig vor ihm zu verbeugen (wobei das letztere überwiegt). Er zieht eine Parallele zwischen Trickster Youngblood, der den amerikanischen Rassenmythos zu seinen eigenen Gunsten ausbeutet, und Ellison, der ihn selbst auch auf karrieristische Weise benutzt: »... die ›kritischen Erklärungen‹ in Ellisons Kanon, die seine Geringschätzung der afrikanischen Folkore nahelegen, decken sich wohl kaum mit den Auffassungen, die in seiner Trueblood Episode zutage treten. Solche Bemerkungen sind meiner Meinung nach eher öffentliche Stellungnahmen des ›Geschäftsmannes‹ Ellison als zugespitzte emotionale Äußerungen des kreativen Schöpfers Ralph Ellison. Truebloods Gespaltenheit ist also letztendlich die seines Autors. Denn Ellison wußte, daß seiner Arbeit als afro-amerikanischer Künstler die ›Ökonomie der Sklaverei‹ zugrundeliegt, die die Bedingungen für afro-amerikanische Folklore schuf ... Joyce und Eliot lehrten Ellison, daß er als geschickter Stratege und Worführer seine eigene Folklore vermarkten konnte. Dies läßt natürlich die ökonomischen Bedingungen außer acht, die Ellison vorschrieben, sich der afro-amerikanischen Folklore als einziger traditioneller, Authentizität verleihender Quelle seiner Kunst zuzuwenden, wenn er ein *afro-amerikanischer* Künstler sein wollte. Wie sein Farmpächter schafft auch Ellison mit Vorliebe ›literarischen Wert‹ aus sozioökonomischer Notwendigkeit.«

In seiner Beurteilung von Ellison hätte Baker natürlich auch die besonderen Tautologien erwähnen können, mit denen schwarze Akademiker wie er und Gates umgehen müssen, wenn sie gleichzeitig in der Slanguage und in der formalen Language sprechen, weil sie nach auch außen hin eine saubere Fassade aufrechterhalten wollen. Ich mein, das ist ein aalglattes Spiel, was die Bloods hier treiben: immer die richtigen poststrukturalistischen Verweise in der richtigen

Wortwahl machen, um das schwarze linguistische Zeugs in die passenden Maschen für diese Aktentaschen zu stricken, damit sie sich auch drauf beziehen können – und gleichzeitig der Semiotikversion der schwarzen Kultur, dem Signifyin', treu bleiben. Gates Abschlußessay »The Blackness of Blackness: A Critique of the Sign and the Signifying Monkey« ist ein Meisterstück solcher Zweigleisigkeit. In einer kritischen Würdigung von Ismael Reeds *Mumbo Jumbo* schafft er es, bösartig auf alles am schwarzen und westlichen Diskurs zu signifyen. (Nebenbei, Henry: Wir müssen uns eine andere Unterscheidung als das ewige schwarz/westlich einfallen lassen. Blackness ist ja selbst eine westliche Kategorie, und alles Schwarze muß nicht durch und durch afrikanisch, ja nicht mal nicht-westlich sein, auch wenn das vielleicht semantisch bequem ist. Robert Farris Begriff der schwarzen atlantischen Tradition kann eine Lösung sein, doch eins ist klar: Du bringst Wasser ins Spiel, und sofort signifyt der Haufen los, daß Schwarze nicht schwimmen können. Anthony Braxtons Idee mit der transafrikanischen Tradition wäre eine andere Möglichkeit, aber das wird dann vielleicht mit der Anti-Apartheidsorganisation verwechselt. Na, vielleicht bleibts doch bei der semantischen Bequemlichkeit.)

Gates liest Reeds Satire auf alle Heiligen Schriften als eine Parodie der großen alten schwarzen Romane mit ihren übernommenen »Blackness«-Vorstellungen. Er verfolgt die inzestuöse Intertextualität der schwarzen Schriftkultur, wie sie einander rezipieren und verändern: Hurston Toomer und Du Bois; Ellison Wright, Toomer und Du Bois; Reed Hurston, Wright und Ellison. Und dann erklärt er sie alle zu Beispielen des schwarzen literarischen Signifyin'. Gates findet in Reeds Pastiche von definitiv »schwarzen« Texten (sowas ähnliches wie *der* amerikanische Roman) eine anmaßende Abart des Bedeutens, wie es Schwarzen als Signifyin' bekannt ist – was für uns nicht nur heißt, den Symbolgehalt einer Sache zu entschlüsseln, sondern auch, sie beim Namen zu nennen und schlecht über ihre Mama zu reden. (Kimberley Benston, eine von Gates Kolleginnen, hat einen Begriff für diese literarische Playin' The Dozens-Version à la Reed geprägt: Tropes-a-Dope [Tropen dopen].) Letztendlich verlangt Gates Essay wohl die Anerkennung unserer Fähigkeit, westliche Kultur de- und nach unserer Vorstellung rekonstruieren zu können. Zum Beweis zieht er Ellison, Reed und Richard Pryor heran und bietet einiges an erstklassigem eigenem Signifyin' – was solls also, wenn er es anscheinend nötig hat, seinen Arsch, den er natürlich auch ins Trockene bringen will, leicht angeberisch mit einem Ent-leehr-samt-kleid-Mäntelchen zu bedecken. Nämlich wie folgt: »Eine weitere Möglichkeit der formalen Parodie ist, auf eine bekannte Struktur anzuspielen, gerade indem sie verfehlt, d.h. durch Unähnlichkeit angedeutet wird. Diese Art der formalen Wiederholung, die gleichzeitig variiert wird, spielt im Jazz eine wesentliche Rolle. Ein herausragendes Beispiel hierfür ist John Coltranes Version von ›My Favourite Things‹ verglichen mit Julie Andrews mattem Original. Ähnlichkeit kann also durch Unähnlichkeit raffiniert erzeugt werden. *Die Frösche* von Aristophanes parodiert sowohl Aischylos als auch Euripides im Stil; Cervantes nimmt Bezug auf die Form der Ritterromane, Henry Fielding parodiert mit *Joseph Andrews* Richardson und den Roman der Empfindsamkeit und Lewis Carrolls *Hiawatha's Photographing* nimmt Reime von Longfellow, um dadurch die Konvention der Familienfotographie zu parodieren.« (Yessuh, ich schnick bloß mit den Fingern und schon sinse da.)

Ich bin nicht der einzige, der ein Hühnchen mit Gates zu rupfen hat – das wurde mit klar, als ich *Blues, Ideology, and Afro-American Literature* von Houston Baker las. Ihr kämt nicht auf den Gedanken, daß irgendwas zwischen ihnen nicht stimmt, wenn ihr *Black Literature and Literary Theory* lest, weil es, abgesehen von Appiahs Kabbelei mit Anonzie, kein Signifyin' zwischen den Kritiker gibt. Bakers Kritik an Gates ist so substantiell wie die der Afrikaner. 1979 veröffentlichte Gates in einem Band mit dem Titel *Afro-American Literature: the Reconstruction of Instruction*, wo formalistische Richtlinien für die afro-amerikanische Literaturtheorie (und -praxis) diktiert werden sollten. Gates greift in seinem Aufsatz die Literaturkritiker des Black Aesthetic Movement der sechziger Jahre an. (Baker war einer von ihnen, neben solchen verdienten Brothers wie Stephen Henderson, Larry Neal und Lorenzo Thomas, die alle von der Diskussion in *BLALT* ausgeschlossen sind, was fast den Eindruck macht, als ob Gates denkt, die schwarze Literaturkritik fängt mit ihm und seiner Crew an. Ganz schön schräg, wie mir ein Kollege erklärt hat: ohne diese Ästhetikleute und die schwarzen Studentenrebellionen der Sechziger gäbs nämlich gar keine Afro-American Studies, weder in Yale noch sonstwo.) Gates glaubt, daß schwarze Texte ohne Berücksichtigung außerliterarischer Kontexte wie Race-Politik und Kultur gelesen werden sollten. Er vertritt stattdessen eine semiotische Leseweise, in der Texte geschlossene Zeichensysteme sind und die schwarze Folklore, wie der Blues jetzt mal, das den schwarzen Schriftsteller gegebene Arbeitsmaterial. Zur Widerlegung schreibt Baker: »Wenn Gates nun also auf metaphysische und behaviouristische Modelle abhebt, die unterstellen, daß Literatur oder sogar einzelne Texte strukturierte ›Welten‹ (›Zeichensysteme‹) seien, die ohne Bezugnahme auf ›soziale Institutionen‹ verstanden werden können, dann ist er fehlgeleitet und scheint sich kaum mit den neuesten Entwicklungen in der Literaturwissenschaft, der Zeichenanthropologie, der Linguistik, der Wahrnehmungspsychologie und in anderen Forschungsgebieten beschäftigt zu haben. Es sieht so aus, als hätte er unreflektiert eine Theorie des literarischen Zeichens übernommen, die dem kreativen Autor eine Sonderstellung einräumt.« Baker hält fest, daß Gates zu der Zeit, als er *The Signifying Monkey:*

Towards a Theory of Afro-American Literature schrieb, zwar erkannt hatte, was er den Ästhetikern für die Erschließung der sozialen und idiomatischen Ressourcen der schwarzen literarischen Sprache schuldete, seine apolitischen Äußerungen jedoch »übertriebenes berufliches oder karrieristisches« Engagement verrieten.

Dabei ist Baker bei Gott der letzte, der von überzogenem beruflichem Eifer reden sollte – er mit seinen erbarmungslosen absatzlangen Zitaten von Foucault, Barthes, White (Hayden, nicht Bukka) und ähnlichen. Ganz zu schweigen von den puddingweichen Passagen, die sich so anhören: »Der Blues ist weniger eine rigide personalisierte Form als die Möglichkeit zur Rekapitulation – zur nonlinearen, frei assoziativen, alogischen Meditation – der Spezieserfahrung. Was zum Vorschein kommt, ist kein ganzes Subjekt, sondern eine anonyme (namenlose) Stimme aus dem ›black (w)hole‹. Die den Bluessänger kennzeichnende Coda ist immer *atopisch*, nicht zu verorten.« Abgesehen davon, daß ich mich jetzt frage, was ich mit Blueszeilen wie *Going to Kansas City* oder *Sweet Home Chicago* machen soll, unterschätzt Baker – auf der Suche nach einer ontogenetischen und hermeneutischen *langue*, mit der das schwarze Bluesbewußtsein dekodiert werden kann – wohl eindeutig die Bedeutung der schillernden Künstleridentitäten (und Spitznamen), die die Bluesleute annehmen. Aber was solls, Baker gleicht seinen Jargon allemal aus, indem er auf die Auswirkung der Ökonomie auf Blues und schwarze Literatur hinweist. Dies ist auch der Ausgangspunkt für seine kritisch-formalistischen Untersuchungen und Raceman-Politik. Seine Studie über Richard Wright ist besonders provokativ. Sie befreit Wright nicht nur vom Stigma des Sozialrealisten, daß ihm von solchen Nachfolgern wie Ellison und Baldwin auferlegt worden ist, sondern findet in seiner Sprache auch eine befreiende Kritik an bourgeoisen westlichen Schreibweisen (analog zu Barthes »Am Nullpunkt der Literatur«-Projekt, so Baker), die sich als unzureichend herausstellen, wenn sie die Unterdrückung und die Wünsche der Schwarzen ausdrücken sollen.

Gates hat versagt, als er Bakers Ellison- anstatt des Wright-Aufsatzes auswählte, und das ist schade. Anscheinend ist der Autor von *Shadow and Act* dem Gates Kanon würdiger als der von *Twelve Million Black Voices*. Durch diese Unterlassung verzeiht er der weißen Herrschaftspolitik beinahe ihre Unfähigkeit, sich Unterschiede zwischen Schwarzen vorstellen zu können. Auf der anderen Seite ist Baker genauso kurzsichtig, wenn er im Blues (insbesondere im ländlichen Blues des Südens) das einzige Feld sieht, auf dem schwarze Ökonomie und Ästhetik Verbindungen eingehen können.

Vielleicht ist es die größte Ironie des schwarzen Amerikas, wie intensiv wir die Frage der kulturellen Identität untereinander diskutieren, während wir gleichzeitig als kulturelle Monolithen abgestempelt werden – von denen, die die Vielgesichtigkeit und *Gesichtsfarbe* unserer Community (von Nation ganz zu schweigen) aberkennen. Wenn die Afro-Amerikaner sich niemals auf die rassisti-schen Reduktionen, die ihnen aufgezwungen wurden – vom leibeigenen Sklaven über das kinematographische Stereotyp zum soziologischen Mythos –, eingelassen haben, dann nicht nur, weil ihr kollektives Bewußtsein besser Bescheid wußte, sondern auch, weil es genug ethnische Vielfalt kannte, um solche Fiktionen rich-tig einzuordnen. Wie Amiri Baraka in seiner Autobiographie schreibt, können wir über Amos and Andy [rassistische Comedy-Serie] lachen, ohne dabei zu ver-gessen, daß dieser Blödsinn auf der Mattscheibe nichts mit uns zu tun hat. An der Grenzlinie zwischen individueller Identität und ethnischer Identifikation knallt es ständig, so daß die schwarze Community in Fraktionen rivalisierender Race-Phi-losophen zerspringt. Es ist schon traurig, daß sich das, was heute an Gemein-schaftssinn vorhanden ist, eher der kollektiven Erfahrung eines rassistischen Ge-sellschafsumfelds verdankt als dem ethnischen Selbstbewußtsein, das entstehen kann, wenn Schwarze ihre gemeinsame Kultur pflegen.

Mit Harold Cruse glaube ich, daß heilende und revolutionäre Kräfte im schwarzen kulturellen Nationalismus stecken, wenn er als politische Strategie ver-standen wird. Dies ist so, weil es die schwarze Kultur erwiesenermaßen immer wieder schafft, die kapitalistische Einverleibung und Vermarktung von revolu-tionären Ideen neu anzukurbeln. Notgedrungen entstanden unsere radikalen ästhetischen Strömungen in einem Umfeld, wo kommerzielle Ausbeutung und Exkommunikation vom Mainstream Hand in Hand gingen. Die afro-amerikani-sche Musik ist ein paradigmatisches Modell für eine solche Analyse: In den vier Jahren, in denen George Clinton und seine Leute mit ihrem Parliament-Funka-delic-Ding geschätzte 40 Millionen Dollar an Profit einfuhren (ungefähr von dem apokalyptischen *Up for the Down Stroke* aus dem Jahr 1975 bis *Gloryhallastoopid: Pin the Tale on the Funky* von 1979, einer Synthese aus Genesis und der Urknall-theorie), waren sie nicht nur am kreativsten, sondern hatten auch keine Chance, im weißen Radio gespielt zu werden. Im schwarzen Radio stellten sie die aktive Opposition zu einem Sabotageakt der Plattenindustrie, »disco« genannt – oder wie ich gerne wortspiele, disCOINTELPRO [COINTELPRO war die FBI-Sondereinheit, die mit geheimdienstlichen, militärischen und propagandistischen Mitteln die Black Panther Party zerschlagen sollte], weil es die unabhängige schwarze Bandbewegung zerstörte, auf die sich P-Funk gründete (vielmehr jes grewndete).

Das Aufkommen des HipHop provozierte offensichtlich noch radikalere Auf-standsbekämpfungsmittel, da er eine Community von passiven Popkonsumenten zu potenten Produzenten machte. (Allein die Tatsache, daß unabhängige DeeJays Material der Plattenindustrie zusammenmixten und ihre Namen druntersetzten, was sowas wie das musikalische Äquivalent zu Duchamps Readymade ist.) Die

Aneignung der Produktionsmittel durch HipHop hat uns die Human Beat Box [menschliche Rhythmusmaschine] beschert, die das automatische Schlagen der Drum Machine maulsperrig nachahmt und auf diese Weise ein Werkzeug der disCOINTELPRO-Unterdrückung in eine neue idiomatische [vernacular] Ausdrucksform der Schwarzen umwandelt. (Es kann wohl behauptet werden, daß ganz andere Reproduktionsrechte ins Spiel kommen, wenn der Film *Wild Style* uns glauben macht, daß Queen MC Lisa Lee von der Bildfläche verschwindet, weil Rapper Lovebug Starski sie schwängert – doch gehört zu einer ganz anderen Diskussion.)

Wenn Gates und Baker für eine schwarze Form des Bezeichnens eintreten, sind sie keinesfalls radikaler als die Human Beat Box. Hauptsächlich deshalb, weil ihr kritisches Spiel auf einer statischeren Auffassung der schwarzen Ausdrucksmöglichkeiten fußt als das der Fat Boys – ganz zu schweigen von Graffiti und dem HipHop-Theoretiker Ramm-El-Zee mit seinen Aussagen über die Beziehung zwischen schwarzen und westlichen Zeichensystemen, die Bakers und Gates' vage Bestimmungen vergleichsweise grundkurshaft erscheinen lassen. Auf die Frage, warum Zee seine Rüstungsgraffiti »Ikonoklast Panzerism« [bilderstürmerischen Panzerismus] nennt und Ikonoklast mit »k« [anstatt, wie im Englischen üblich, mit »c«] schreibt, sagte er: »Weil es von seinem Aufbau her eine unvollkommene Null ist: sechzig Grad fehlen. Das ›k‹ ist eine Struktur, die sich von den in ihr zusammentreffenden Foki her aufbaut; eine besondere Wissenschaft auf konstruktionsmechanischer Basis also ...«

In einem *Artforum*-Artikel fügte Zee hinzu: »Das Unendlichkeitszeichen mit dem Fusionssymbol (x) in der Mitte ist fälschlicherweise als christliches Kreuz (+) bezeichnet worden und muß deshalb entweder vernichtet oder vom x getrennt werden. Das Unendlichkeitszeichen ist ein mathematisches, wissenschaftliches und militärisches Symbol. Es ist unser höchstes Symbol und wir haben nichtmal eine Taste auf der Schreibmaschine dafür. ›Ikonoklast‹ heißt Symbolzerstörer, ein militärisch sehr, sehr hochstehendes Wort, weil die beiden Ks die einzigen Buchstaben sind, die das Unendlichkeitszeichen vernichten, das x entfernen können ... Ich werde den Krieg beenden. Ich werde das Unendlichkeitszeichen zerstören. Wir haben die Gladiatoren, die Freestyle-Tänzer, die als Infanterie auf dem Boden kämpfen, und die Graffiti-Zeichner, die in der Luft oder im All kämpfen. Wir haben die Übersetzer, die DJs und die MCs. Die DJs machen die Kolbengeräusche in der Graffiti-Einheit, dem Panzer. Ihr Sound stimmt die Maschinen perfekt aufeinander ab, die Maschinen im Panzer, und die machen Bambambam. Das ist Beatkultur.«

Da Beatkultur (geborene HipHop) aus einem sehr engen Rap-port mit der schwarzen Tradition der Signifikation hervorgeht, ist es auch kein Wunder, wenn Semiotiker der Straße anregendere Theorien zu bieten haben als die Brothers, die in den Elfenbeintürmen vor sich hin schuften. In seinem neuem Buch *The Rap Attack: African Jive to New York Hip-Hop* [*Rap Attack, African Jive bis Global HipHop*, Hannibal Verlag, Andrä-Wördern 1992] arbeitet David Toop detailliert die Geschichte jener Kultur auf, die die Fat Boys und Ramm-El-Zee hervorgebracht hat.

Er findet die Ursprünge des Raps in Gulla-Schmähgedichten, Yoruba-Gesangswettbewerben, der stimmlichen Virtuosität jener westafrikanischen Wortattentäter, die als Griots bekannt sind – und in afro-amerikanischen Sprachritualen wie The Dozens.

»Die Dozens werden in der Regel zwischen Jungs und Männern von 16 bis 26 ausgetragen – ein halbritualisierter Kampf der Worte, bei dem Beleidigungen ausgetauscht werden, bis es einem der Spieler zu heftig wird. Die Beleidigungen können persönliche Angriffe auf den Gegner sein, werden aber häufiger gegen seine Familie, speziell seine Mutter gerichtet. Laut William Labov, einem Linguisten, der diese verbalen Duelle in den Sechzigern in Harlem verfolgt hat, sind die Dozens in New York noch spezialisierter und formalisierter und werden in gereimten Couplets abgehalten, etwa so: ›*I don't play the dozens, the dozens ain't my game, but the way I fucked your mama is a god damn shame*‹ [Ich spiele nicht die Dozens, die Dozens sind nicht mein Spiel/Aber wie ich deine Mutter gefickt habe, das war echt zuviel] ... Der Abstand zwischen den rauhen Unterhaltungen im Dozens-Spiel auf der Straße und in einem unverfälschten Club wie ›Disco Fever‹, wo dann noch ein paar Rhythmen zum Tanzen dazukommen, ist gering. Das führt zu Widersprüchen, etwa wenn Melle Mel, Texter der Furious Five, auf der Bühne steht, in seinem Ultra-Macho-Metal-Krieger-Aufzug und überzeugend für ein Ende des Machismo und ein friedliches Zusammenleben spricht.«

Toop zeigt dann die immense Bedeutung des Wortspiel in der afro-amerikanischen Musik, [...] doch all diese faszinierenden Ergüsse flankieren eigentlich nur sein Hauptanliegen: die Entstehungsgeschichte des HipHop zu erzählen, wie er sich in so fruchtbaren Uptown-Umgebungen wie dem Audubon Ballroom oder dem Broadway International entwickelte, wo Grandmaster Flash und Afrika Bambaataa, Teller und Truman des HipHop-Projekts in Manhattan (insofern, als sie die friedliche und militärische Nutzung der Fusions-Funkbombe, die durch Einstein Clintons Theoreme erst möglich wurde, befürworteten und organisierten), die schwarzen Massen ins Informationszeitalter brachten, indem sie Kunststücke der digitalen Kalkulation auf den Wheels of Steel vorführten. [...]

Toop historisiert die HipHop Kultur, indem er sie ständig auf ihre Vorläufer in der breiteren afrikanischen Tradition zurückführt: »Laut Afrika Bambaataa begann Breaking als ein Tanz zu James Browns ›Get On The Good Foot‹ ... Das Wort ›Break‹ oder ›Breaking‹ ist ein Musik- und Tanzbegriff, der auch schon eine lange Geschichte hat. Manche Lieder, wie ›Buck Dancer's Lament‹ aus den frühen Tagen dieses Jahrhunderts, hatten eine zweitaktige Pause (=Break) nach jeweils acht Takten, für den Tanzbreak, bei dem ein Tänzer eine kleine Solo-Einlage aus improvisierten Schritten vorführte ... viele der Tanzbewegungen, die heute im Freestyle benutzt werden, gehen zurück auf alte amerikanische Tänze. In Marshall und Jean Sterns *Jazz Dance* werden Pigmeat Markhams Erinnerungen an den Tänzer Jim Green aus A.G. Allen's Mighty Minstrel Show der frühen zwanziger Jahre zitiert: ›Green hatte eine Spezialität, die ich nie vergessen werde: Er tanzte eine Weile und ließ sich plötzlich fallen und drehte sich auf seinem Rücken im Takt der Musik.«« Und an anderer Stelle, über Graffiti: »Herbert Kohl analysiert in seinem Aufsatz ›Names, Graffiti and Culture‹, was es mit Graffiti und den Tags, die die Künstler anstelle ihrer legalen Namen verwenden, auf sich hat. Kohl sah, wie sich Graffiti veränderte, als junge schwarze und puertoricanische Künstler mit sozial engagierten Malern im Rahmen von Programmen zur Bekämpfung der Armut in den späten Sechzigern zusammenkamen, wodurch die Wandbemalungen an Anerkennung gewannen.«

Da Gates und Bakers Arbeiten ein geringes Interesse an diesen zukunftsweisenden Ablegern des Blues und der Signifying Tradition verraten, haftet ihnen der Geruch von kultureller Engstirnigkeit an. Bei ihnen ist nichts von den schwindelerregenden Metamorphosen zu spüren, die afro-amerikanische Kultur ausmachen und in Toops Buch dokumentiert sind. Was nach einer afro-amerikanischen Volksweisheit zu dem Schluß führt: the half ain't yet been told [das ist bloß die halbe Geschichte].

Original: »Yo! Hermeneutics!: Henry Louis Gates, Houston Baker, and David Toop«; aus: Greg Tate, Flyboy in the Buttermilk, Simon & Schuster, New York 1992, pp. 145-158
Übersetzer: Raymund Burghardt

Henry Louis Gates, Jr.

Das Schwarze der schwarzen Literatur

Über das Zeichen und den ›Signifying Monkey‹

Signification is the Nigger's occupation (Sprichwort)

Ich will hier nicht die Geschichte des Begriffs »Signifikation« wiedergeben. Spätestens seit Ferdinand de Saussure ist der Bedeutungsprozeß ein wichtiger Aspekt in den meisten zeitgenössischen Theorien. Ich finde es erstaunlich, daß sich dieses für den westlichen Diskurs relativ neue Konzept mit einem gut zweihundert Jahre alten Begriff aus der schwarzen *vernacular* Tradition, d.h. der mündlichen Tradition des schwarzen Sprechens bzw. seiner spezifischen Rhetorik, überschneidet. Die Geschichten vom Signifying Monkey, vom Affengott, der über die Bedeutung(-sprozesse) in der Sprache wacht, stammen alle aus der Zeit der Sklaverei. Hunderte dieser Geschichten wurden seither, vor allem im 19.Jh., aufgeschrieben. Im Bereich der schwarzen Musik haben Jazz Gillum, Count Basie, Oscar Peterson, Oscar Browne, Jr., Little Willie Dixon, Nat »King« Cole, Otis Redding, Wilson Picket und Johnny Otis jeweils Songs aufgenommen, die alle entweder »The Signifying Monkey« oder schlicht »Signifyin(g)« heißen. Mein eigener literaturtheoretischer Ansatz, den ich aus unserer schwarzen literarischen Tradition und Kultur entwickeln möchte, ist eine Theorie des formalen Revisionismus, der durch Figuren der Übertragung, Pastiche und Parodie charakterisiert ist. Im Mittelpunkt steht die Wiederholung von formalen Strukturen in ihrer jeweiligen Differenz. »Signifikation« ist eine Theorie der Interpretation von Bedeutungsprozessen, die aus der afro-amerikanischen Kultur stammt. Ein wichtiger Teil unserer Erziehung und Sozialisation besteht darin, zu lernen, wie man signifiziert, wie man be-deutet. Daß es nicht schon längst zur Grundlage einer schwarzen Literaturtheorie wurde, liegt vermutlich daran, daß es uns Schwarzen viel zu vertraut ist. Ich mußte zuerst aus meiner eigenen Kultur heraustreten, das Konzept von einer fremden Warte aus betrachten und in einen anderen Diskurs übersetzen, um sein Potential für eine Literaturtheorie zu begreifen. Meine Beschäftigung mit Signifikation hat mich dazu geführt, die Interpretationsvorgänge und -prinzipien zu analysieren, die der Art und Weise, wie das Ifá-Orakel Zeichen entschlüsselt, zugrundeliegen (eine Tradition, die vor allem bei den Yorubas in Nigeria noch immer sehr lebendig ist), wobei mein Vorgehen nur entfernt dem Harold Blooms entspricht, der die Dekodierungsprinzipien der Kabbalah als Grundlage für seine Theorie der literarischen Bedeutung verwendet hat.

SIGNIFYIN(G): Definitionen

Wahrscheinlich reicht nur noch Tar Baby[1] als rätselhafte und faszinierende Figur der afro-amerikanischen Mythologie an das Oxymoron des Signifying Monkey heran. Er ist die ironische Umkehrung der uralten, rassistischen, westlichen Vorstellung vom Schwarzen als Affen. Der Signifying Monkey lebt in den Zwischenbereichen der Diskurse, verdreht die Wörter und spielt mit ihnen, er bildet Wortfiguren und zeigt die Ambiguitäten der Sprache auf, indem er ihr ihre Eigentlichkeit nimmt. Der Signifying Monkey ist also unsere Trope der Wiederholung und Umkehrung, im Grunde die Trope des Chiasmus selbst, weil er in ein und demselben diskursiven Akt geschickt wiederholt und zugleich umkehrt. Wenn Vico, Burke und Nietzsche, de Man und Bloom recht behalten mit ihren vier bzw. sechs Mastertropen, dann wollen wir diese als die Tropen der Master betrachten und Signifying als die Trope der Sklaven, ja deren Super-Trope, analog zu Blooms Definition der Metalepse als »einer Trope, die alle Tropen umkehrt«, als »Figur der rhetorischen Figuren«. Signifying ist eine Trope, in der sich mehrere andere rhetorische Figuren versammeln: Metapher, Metonymie, Synekdoché und Ironie (die o.g. Mastertropen) und dazu Hyperbole, Litotes und Metalepse. Dieser Liste können wir auch noch die Aporie, den Chiasmus und die Katechese anfügen, die alle ebenfalls im Ritual des Signifying vorkommen.

In der Sprache der Schwarzen bezieht sich Signifying also auf die Form des bildlichen, uneigentlichen Sprechens selbst. »When one signifies, one tropes-a-dope [Signifying heißt Tropen dopen]«, sagt Kimberley W.Benston (und tut mit diesem Wortspiel genau das, wovon er spricht). Es gibt mehrere Subkategorien des Signifying, die sich leicht mit der Typologie der rhetorischen Figuren im Mittelalter und in der Klassik vergleichen lassen. Schwarze rhetorische Figuren des Signifying sind: marking, loud-talking, testifying, calling out, sounding, rapping, playing the dozens usw.[2]

Zunächst will ich ein paar traditionelle Definitionen des Signifying und des archetypischen Bedeutungsträgers [engl.: Signifier] in der schwarzen Mythologie, dem Signifying Monkey, anführen. Der Signifying Monkey ist ein Trickster, der schwindelt, verdreht und verzerrt. Sein Ursprung sind die Trickster-Figuren der Yoruba Mythologie (*Esu-Elegbara* in Nigeria und *Legba* bei den Fon in Dahomey). Ihre Pendants in der Neuen Welt sind *Exu* in Brasilien, *Echu-Elegua* auf Kuba, *Papa Legba* aus dem Loa-Pantheon der Vaudou auf Haiti und *Papa La Bas* in den USA. Sie sind ein guter Beweis dafür, wie metaphysische Vorstellungen und figurative Formen und Muster von unterschiedlichen schwarzen Kulturen über Raum und Zeit hinweg miteinander verbunden sind: von Westafrika über Südamerika über die Karibik bis in die USA. Die Tricksters sind Varianten von *Esu* und als solche hauptsächlich Vermittlerfiguren. Sie sind vermittelnde Trickster und tricksende Vermittler, ihre Vermittlungen bestehen eben aus Tricks.

Alle *Esu*-Varianten sind Götterboten, sie übermitteln den Leuten den Willen der Götter und den Göttern die Wünsche der Menschen. *Esu* bewacht die sich gabelnden Wege, er ist der Meister des Stils und des Griffels, der phallische Gott der Zeugung und Fruchtbarkeit, der Herr der mystischen Barriere zwischen dem göttlichen Universum und der profanen Welt. Er gilt als göttlicher Linguist, als Hüter des *ase*, des Logos, mit dem Olodumare das Universum schuf.

In der Yoruba-Mythologie hinkt *Esu* immer, denn seine Beine sind verschieden lang. Mit dem einen steht er noch in der Welt der Götter, mit dem anderen bereits in der Welt der Menschen. In der westlichen Mythologie ist natürlich Hermes sein nächster Verwandter. Und genau wie Hermes als Ausleger der göttlichen Worte der »Hermeneutik« ihren Namen gab, könnte unsere Metapher für die Wissenschaft der Textinterpretation im Bereich der schwarzen Literatur die Figur des *Esu* werden. In der afrikanischen und lateinamerikanischen Mythologie heißt es, *Esu* habe *Ifa* gelehrt, wie die Zeichen der sechzehn heiligen Palmnüsse zu lesen sind, die das, was man ein *Odu* nennt, bilden, von denen einhundertsechsundfünfzig zusammen den Korpus des *Ifa-Orakels* ergeben. Das *Opon Ifa*, die holzgeschnitzte Tafel, die bei der Auslegung der Weissagungen verwendet wird, soll im Zentrum seines oberen Teils ein Bild von *Esu* haben, um damit seine Verbindung zum Vorgang der Interpretation selbst anzuzeigen, den wir entweder als *itumo* (»Wissen vereinigen oder entknoten«) oder als *yipada* (»etwas herumdrehen oder übertragen«) übersetzen können. Was wir an den Universitäten heute »close reading« oder Textanalyse nennen, heißt in Yoruba *Oda fa* (»die Zeichen lesen«). Vor allem ist *Esu* der schwarze Übersetzer, der Yorubagott der Unbestimmtheit und der *ariyemuye* (der Dinge, deren man nur in dem Moment, in dem sie einem durch die Finger rinnen, habhaft wird). Was Hermes für die Hermeneutik ist, ist *Esu* für *Esu tufunaalo* (»die Risse im Rätsel offenlegen«).

Die *Esu*-Varianten sind im Glauben der Yoruba alle göttlich, egal ob in Dahomey, Nigeria, Brasilien, auf Kuba, Haiti oder in New Orleans. In den heiligen Mythen handeln diese Götter wie Protagonisten in den Erzählungen. In den weltlichen Diskursen Schwarzamerikas stellt der Signifying Monkey das funktionale Äquivalent zu *Esu* dar. Er ist eine genuin afro-amerikanische Figur, die vermutlich aus der kubanischen Mythologie kommt, wo *Echu-Elegua* normalerweise mit einem Affen an seiner Seite dargestellt wird. Anders als seine panafrikanischen *Esu*-Varianten fungiert der Signifying Monkey in der Regel jedoch nicht als Figur in einer Geschichte, sondern als Vehikel der Erzählung selbst. Aus dem Korpus der Erzählungen vom Signifying Monkey ergibt sich dann auch das Verfahren des Signifying. Die afro-amerikanischen, rhetorischen Strategien des Signifying verfolgen keinen »Informationsaustausch«. Signifying bezieht sich nur auf das Spiel und die Kette der Signifikanten und nicht auf irgendein vermeintliches Signifikat, das dahintersteht. Laut Alan Dundes sind die Ursprünge des Signifying »in der afrikanischen Rhetorik zu finden«. In der Anthropologie wurde bereits gezeigt, daß der Signifying Monkey auch häufig »der Signifikant«, der Bedeutungsträger oder Be-, An-, Um- und Zerdeuter genannt wird. Er ist derjenige, der am Signifikat, also an dem, was bezeichnet werden soll, verheerenden Schaden anrichtet. Etwas oder jemand wird durch und über den Signifikanten signifiziert und resignifiziert. Er ist tatsächlich »der Ursignifikant«, den Julia Kristeva meint, »eine Präsenz, die den Bezeichnungsprozessen immer vorgängig ist.«

Seit einiger Zeit haben sich WissenschaftlerInnen mit der ungewöhnlichen Verwendung des Worts »signifying/signifizieren« im schwarzen Sprachgebrauch beschäftigt. Obwohl das Wortfeld einige Überschneidungen mit dem Gebrauch im Standardenglisch aufweist, hat »signifying« im schwarzen Diskurs eine einzigartige Bedeutung. Roger D. Abrahams definiert das wie folgt:

> »Signifying ist ein Ausdruck der Schwarzen, sowohl was den Gebrauch betrifft als auch möglicherweise vom Ursprung her. Es bezeichnet eine Reihe ganz unterschiedlicher Sachverhalte. In den Reimen auf den Signifying Monkey bezieht es sich vor allem auf die Tatsache, daß er dauernd versteckte Andeutungen macht, nörgelt, die Leute beschwatzt, stichelt und lügt. In anderen Fällen meint es auch den Hang, endlos um bestimmte Themen herumzureden und doch nie auf den Punkt zu kommen. Signifying kann ebenfalls bedeuten, daß man sich über Leute oder Situationen lustig macht. Es bedeutet auch, mit den Händen oder Augen zu sprechen, und in dieser Hinsicht umfaßt es natürlich auch eine große Zahl von Gesten und Gesichtsausdrücken. Signifying kann bedeuten, absichtlich durch Klatsch und Gerede einen Streit zwischen Nachbarn zu provozieren oder sich über einen Polizisten lustig machen, indem man hinter seinem Rücken seine Bewegungen nachäfft. Signifying heißt z.B. auch, für sich selbst um ein Stück Kuchen zu bitten, indem man sagt: ›Mein Kumpel da hätt' gern ein Stück Kuchen‹.«[3]

Im Grunde sei, so Abrahams, Signifying »eine Technik des indirekten Arguments, des indirekten Überzeugens«, »ein Sprechen in Implikationen«, es bedeutet »mit indirekten verbalen und/oder gestischen Mitteln Anspielungen machen, aufstacheln, bitten und herumprahlen .« »Der Ausdruck »signifying« verweist darauf, daß der Monkey ein Trickster ist; Signifying ist die Sprache der Tricks, ein vertracktes Sprechen, es umfaßt all die Formulierungen, Wörter und Gesten, durch die jene bereits von Hamlet anvisierte ›Direktheit durch Indirektheit‹ erzielt wird.« Nach Abrahams ist der Monkey nicht nur ein Meister dieser Technik, er selbst ist diese Technik, er ist Stil und die Literarizität der literarischen Sprache selbst. Er ist der große Signifikant. In diesem Sinn kann man nicht etwas signifizieren, denn »signifying« bezieht sich auf die Art und Weise des Sprechens, nicht auf das, was gesagt wird.[4]

Es gibt tausende von »Toast«-Sprüchen über den Signifying Monkey und die meisten davon beginnen mit der folgenden Anfangsformel:

Deep down in the jungle so they say
There's a signifying monkey down the way
There hadn't been no disturbin' in the jungle for quite a bit,
For up jumped the monkey in the tree one day and laughed,
»I guess I'll start some shit.«
[etwa: Im tiefen Dschungel, sagt man, sitzt der signifying monkey irgendwo. Es hat schon lang keinen Zoff mehr gegeben, denkt sich der Affe auf seinem Baum und grinst, »Ich werd' jetzt mal wieder ein bißchen aufmischen müssen«.]

Auch für das Ende gibt es eine feststehende Formulierung:

»Monkey«, said the Lion,
Beat to his unbooted knees,
»You and your signifying children
better stay up in the trees.«
Which is why today
Monkey does his signifying
A-way-up out of the way.«
[»Monkey«, sagte der übel zugerichtete Löwe, »bleib mit deinen Kindern am besten auf den Bäumen!« Und deshalb treibt der Monkey heute sein Spiel von oben herab und keiner kriegt ihn.]

In den narrativen Gedichten über den Signifying Monkey erzählt dieser seinem Freund, dem Löwen, jedesmal, ihr gemeinsamer Bekannter, der Elefant, habe ihn, den Löwen, beleidigt. Der wütende Löwe verlangt daraufhin eine Entschuldigung vom Elefanten, der dies natürlich ablehnt und den Löwen erst einmal verprügelt. Der Löwe merkt, daß es ein Fehler war, den Affen beim Wort zu nehmen und darum bekommt dieser nun Prügel. Der Anthropologie und Soziologie ist es nun zwar gelungen, einen stattlichen Korpus von Texten über den

Signifying Monkey zusammenzustellen, jedoch nicht, sich auf eine Definition von »signifying« zu einigen.

Neben Abrahams Definition von »signifying« sind die Definitionen von Zora Neale Hurston, Thomas Kochman, Claudia Mitchell-Kernan, Geneva Smitherman und Ralph Ellison besonders wichtig, weil sie auf die Grundzüge der afroamerikanischen, narrativen Parodie eingehen, die ich im folgenden genauer definieren will. Für Kochman heißt »signifying«, daß der Signifikant/Monkey immer wiederholt, was jemand anderes über eine dritte Person gesagt hat, und zwar, um damit ein bis dahin freundliches Verhältnis zwischen Personen umzukehren. Desweiteren geht er davon aus, daß »signifying« dazu benutzt wird, falsche, weil zu hohe Ansprüche und Wertschätzungen der eigenen Person umzudrehen und zu unterminieren.[4] Diese Art zu wiederholen und das Wiederholte dabei umzudrehen (Chiasmus) ist also eine implizite Parodie auf falsche Vorstellungen, die eine Person über sich selbst hat. Mitchell-Kernan, die die umfassendste Studie über das Konzept des »signifying« angefertigt hat, vergleicht die Etymologie des Wortes in der schwarzen Verwendung mit der im Standardenglisch:

> »Im Black English ist die Semantik von ›signifying‹ erweitert und umfaßt eine Reihe von Bedeutungen und Ereignissen, die im Standardenglisch nicht eingeschlossen sind. In der schwarzen Community kann man z.B. sagen ›She is signifying‹ oder ›Stop signifying‹. Im Standardenglisch wäre das ausgeschlossen.«[5]

Sie verweist auf das paradoxe oder dialektische Verhältnis zwischen gleichen Wörtern im Black English und im Standardenglisch, die aber jeweils vollkommen unterschiedliche Bedeutungen haben.

> »Der schwarze Begriff »signifying« beinhaltet im Grunde die Annahme, daß Lexikoneinträge meistens nicht genügen, um die Bedeutung eines Wortes richtig zu interpretieren, bzw., daß die Bedeutung immer mehr umfaßt, als was im Lexikon steht. Komplimente können so geäußert werden, daß sie zweifelhaft erscheinen. Eine Äußerung kann in einem bestimmten Kontext eine Beleidigung sein, in einem anderen nicht. Was als reine Information daherkommt, kann als Überredungsstrategie intendiert sein. Deshalb sind die Hörer gezwungen, alle Bedeutungsmöglichkeiten, all die symbolischen Welten, in denen ein Sprechakt sinnvoll ist, und das heißt im Grunde das ganze Diskursuniversum, in Betracht zu ziehen.«[6]

Dies ist eine hervorragende Beschreibung, wie Signifying funktioniert. Mitchell-Kernan fügt hinzu, daß der Signifying Monkey mit dem Löwen nur deshalb sein Spiel treiben kann, weil der Löwe nicht begreift, in welchem diskursiven Modus der Affe spricht. »Die sprachliche Ebene selbst hat in diesen Reimen eine symbolische Relevanz. Der Affe und der Löwe sprechen nicht dieselbe Sprache. Der Löwe verwendet die Sprache nicht in derselben Art und Weise wie der Affe und kann so dessen Gebrauch nicht richtig deuten.« Der Affe hat eine bildliche Sprache, er verwendet einen metaphorischen Code. Der Löwe interpretiert es aber wörtlich und muß dafür büßen. Das wiederum kratzt an seinem Status als König der Tiere und kehrt die Dschungelhierarchie geradezu um. Der Signifying Monkey handelt fast nie in diesen Gedichten, er redet nur. Als Signifikant bestimmt er die Handlungen derer, mit denen er sein signifikantes Spiel treibt: dem glücklosen Löwen und dem Elefanten.

Mitchell-Kernan und Zora Neale Hurston zeigen, daß die Rhetorik des Signifying nicht geschlechtsspezifisch ist, obwohl sie vor allem in den »maskulinen« Varianten des Fluchens, die Intimitäten mit Müttern konnotieren, exzessiven Gebrauch findet. Hurston mit *Mules and Men* und Mitchell-Kernan mit »Signifying, Loud-Talking and Marking« sind die ersten Wissenschaftlerinnen, die weibliche Rituale des Signifying analysiert haben.[7] Hurston ist sogar die erste Autorin, die Signifying selbst als Mittel zur Befreiung einer unterdrückten Frau zeigt. Ihr *Their Eyes Were Watching God* ist ein für das Verfahren des Signifying paradigmatischer Text, weil er die immanente Spannung zwischen dem wörtlichen und dem bildlichen Sprechen auflöst, die im Englischen in der Verwendung von »signifying« steckt. *Their Eyes* steht für die schwarze Trope des Signifying als Thema des Romans und als rhetorisches Verfahren der Erzählung selbst. Die Hauptfigur Janie findet ihre eigene Stimme während einer Episode auf der Veranda vor dem Laden ihres Mannes, und zwar nicht nur, weil sie mit den dort versammelten Männern das Ritual des Signifying praktiziert (was ihr Mann ihr verboten hatte), sondern auch weil sie dabei relativ offen auf die Impotenz ihres Mannes anspielt. Das ist tödlich für das Image ihres Mannes und er stirbt bald darauf an »Nierenversagen«. Janie hat ihren Mann durch Rhetorik gekillt. [...]

Der Text von *Their Eyes* hat selbst eine Signifying-Struktur, d.h. er ist voll intertextueller Anspielungen. Er arbeitet mit rhetorischen »Schlüssel«-figuren und rhetorischen Verfahren, die in vorangegangenen schwarzen Texten verwendet wurden, z.B. in W.E.B. Du Bois' *A Quest of the Silver Fleece* oder in Jean Toomers *Cane*. Die afro-amerikanische Literatur zeichnet sich durch eine dreifache, formale Revision vorangegangener Texte in dieser Tradition aus: Hurstons Text (1937) arbeitet mit und bezieht sich auf Du Bois' Roman (1911) und Toni Morrison bezieht sich in mehreren Texten auf Hurstons und Du Bois' Romane. Ellisons Text (1951) nimmt Wrights Romane (1940,1945) auf und Ishmael Reed (1972) wiederum schreibt Texte dieser beiden Autoren um. Schwarze AutorInnen arbeiten mit Texten von anderen schwarzen AutorInnen, um über den Weg der Rhetorik zu einer Selbstdefinition zu gelangen. Unsere Literaturtradition ergibt sich allein aus diesen formalen Zusammenhängen der Texte.

Der wichtigste Aspekt des Signifying ist für Mitchell-Kernan »die versteckte Absicht bzw. der metaphorische Verweis«, und diese rhetorische Indirektheit ist ihrer Ansicht nach »fast ausschließlich stilistisch«. Der Kunstcharakter steht immer im Vordergrund. Mit »Indirektheit« meint Mitchell-Kernan, daß

> »sich die korrekte Referenz oder Bedeutung der jeweiligen Äußerung nicht allein über Worterklärungen aus dem Lexikon und den syntaktischen Regeln ihrer Verknüpfbarkeit erschließt. Die scheinbare Bedeutung der Äußerung, die oberflächliche Botschaft unterscheidet sich von der eigentlichen. Die scheinbare Bedeutung spielt an auf die tatsächliche Bedeutung.«[8]

Das rhetorische Verfahren des indirekten Benennens stellt somit den Kern dessen dar, was wir unter Figuration, *Troping* und Parodie der Form bzw. Pastiche verstehen. Letztere bezeichnen ein Verfahren, bei dem ein Schriftsteller die Struktur eines anderen Textes aufnimmt und auf verschiedene Art wiederholt. Dazu gehört z.B. eine ziemlich exakte Wiederholung einer Erzählung bzw. deren rhetorischer Struktur, die dann aber mit einem grotesken, unpassenden Inhalt versehen wird. [...] Eine weitere Möglichkeit der formalen Parodie ist, auf eine bekannte Struktur anzuspielen, gerade indem sie verfehlt, d.h. durch Unähnlichkeit angedeutet wird. Diese Art der formalen Wiederholung, die gleichzeitig variiert wird, spielt im Jazz eine wesentliche Rolle. Ein herausragendes Beispiel hierfür ist John Coltranes Version von »My Favourite Things« verglichen mit Julie Andrews mattem Original. Ähnlichkeit kann also durch Unähnlichkeit raffiniert erzeugt werden. *Die Frösche* von Aristophanes parodiert sowohl Aischylos als auch Euripides im Stil; Cervantes nimmt Bezug auf die Form der Ritterromane, Henry Fielding parodiert mit *Joseph Andrews* Richardson und den Roman der Empfindsamkeit und Lewis Carrolls *Hiawatha's Photographing* nimmt Reime von Longfellow, um dadurch die Konvention der Familienfotografie zu parodieren.

In der vielschichtig angelegten Kurzgeschichte *And Hickman Arrives* (1960) definiert Ralph Ellison den Aspekt der Parodie beim Signifying wie folgt:

> »Da standen die beiden Männer [Daddy Hickman und Deacon Wilhite] nun nebeneinander, der eine groß und dunkel, der andere schmal und hellbraun, und die anderen Reverends saßen aufgereiht hinter ihnen, mit grimmigem Blick und in Erwartung, Gottes Wort zu hören, wie Richter saßen sie da, auf ihren hölzernen, hochlehnigen Stühlen. Und nun began-

nen Anrufung und Gegenruf, Daddy Hickman las den von Deacon Wilhite gelesenen Text noch einmal, indem er die Verse variierte und mit ihnen spielte, so wie er sonst mit seiner Trompete die Gesänge des Chors umkehrte und variierte, wenn ihm nach Signifying zumute war.«[9]

Nach dieser Einleitung führen die beiden vor, was »Signification« ist, und das wiederum ist eine Anspielung auf die antiphonale Struktur der afro-amerikanischen Predigt. Diese Parodie der Form ist, wie die von Richard Pryors, bereits eine *second-order* Parodie. In seiner »Interpretation« des »Book of Wonder« parodiert Pryors ebenfalls die eben erwähnte Struktur der Predigt und gleichzeitig Stevie Wonders »Living for the City«, indem er Wonders Text in der Form und mit der spezifischen Intonation des afro-amerikanischen Predigens wiedergibt. Es handelt sich deshalb um ein *second-order* Signifying, weil es einerseits sowohl auf die traditionelle Form des Predigens (die zwar eingehalten, aber durch einen ungewöhnlichen Inhalt entmystifiziert wird), als auch auf die Struktur von Wonders Musik (wobei zwar die Musik abwesend, aber der Text anwesend ist) anspielt. Andererseits verweist er gleichzeitig auf die komplexen, aber direkten formalen Zusammenhänge zwischen dem schwarzen Predigen und Stevie Wonders Musik im besonderen und den schwarzen religiösen und sekulären Erzählformen im allgemeinen. [...]

Das Problem der Bedeutungsdefinition taucht auch bei der Übersetzung von einer Sprache in die andere auf. Man könnte den Signifying Monkey auch als eine Figur beschreiben, die in diesem Bereich zwischen zwei Sprachräumen lebt. Signifikanterweise besteht im Französischen zwischen »signe« (Zeichen) und »singe« (Affe) nur ein kleiner Unterschied.

Ellisons Beschreibung der Beziehung zwischen seinem Werk und dem von Richard Wright entspricht unserer Definition von narrativer Signifikation bzw. kritischer Parodie oder Pastiche, obwohl Ellison keinen dieser Begriffe verwendet. Er beschreibt ein Verfahren der impliziten, formalen Kritik, das ich nach Geoffrey Hartman auch *Troping* genannt habe und das als Kern des Begriffs »Critical Signification« aufgefasst werden darf:

> »Ich wollte [Wrights] begrenztes Blickfeld nicht kritisieren, weil es mich dennoch sehr beeindruckt hat, was er geschrieben hat. [...] Ich schrieb meine eigenen Bücher, und die waren in sich eben eine implizite Kritik an denen von Wright. Alle Romane aus einer bestimmten Zeit machen eine historische Aussage über die Auffassungen von Wirklichkeit in diesem Moment und kritisieren sich in gewisser Weise gegenseitig.«[10]

In seinen Romanen »signifiziert« Ellison Wright, indem er Wrights literarische Strukturen durch Wiederholung und Abweichung parodiert. Die Komplexität seiner Parodien will ich kurz skizzieren. Das Sprachspiel, das Signifying fängt bereits bei den Titeln an. Auf *Native Son* und *Black Boy* – beides konnotiert Rasse, Selbst und Präsenz – spielt Ellison mit *Invisible Man* an. Unsichtbarkeit als Abwesenheit ist eine ironische Antwort auf die scheinbare Präsenz der »Schwarzen« und »Eingeborenen« (natives), während »man« bereits einen reiferen, sichereren Status impliziert als »son« oder »boy«. Ellison signifiziert Wrights Naturalismus, indem er eine sehr komplexe, modernistische Schreibweise benutzt. Auf Wrights bis zuletzt stummen, reaktiven Protagonisten verweist er durch seinen namenlosen Erzähler, der nur Stimme ist und seine eigene Geschichte formt, überarbeitet und erzählt. So zeigt Ellison, wie Handlung mit Repräsentation von Handlung verwoben und wie Wirklichkeit durch ihre Darstellung bestimmt ist. [...]

Biggers Stummheit und Handlungsunfähigkeit in Wrights *Native Son* deutet auf Abwesenheit hin, obwohl der Titel eine Metapher der Präsenz ist; bei *Invisible Man* ist es genau umgekehrt, die durch Unsichtbarkeit implizierte Abwesenheit wird durch die Anwesenheit einer Figur, die ihren eigenen Text auch erzählt, unterlaufen. [...]

Die von Ellison über die Form etablierten Beziehungen zu Wright unterhält Ishmael Reed zu beiden, vor allem aber zu Ellison. *Mumbo Jumbo* signifyt sowohl Wrights »Realismus« als auch Ellisons »Modernismus«.

In einer Erwiderung auf Irving Howes Kritik an seinem Werk hat Ellison noch einmal ganz deutlich die komplexen und inhärent polemischen, intertextuellen Beziehungen des formalen Signifying herausgehoben: »Ich bin mit Howe einer Meinung, daß Widerstand einen wichtigen Aspekt der Kunst darstellt, aber dieser Widerstand muß nicht notwendigerweise die Form eines expliziten politischen oder sozialen Programms haben. In einem Roman kann er genauso gut als *technischer Angriff auf alle bisherigen stilistisch-rhetorischen Verfahren* verstanden werden. [Heraushebung HLG.][11] Diese Form der kritischen Parodie, der Wiederholung als Umkehrung, definiere ich als kritische Signifikation oder als formales Signifying, und es ist meine Metapher für Literaturgeschichte.« [...]

Die als formales Signifying zusammengefassten intertextuellen Beziehungen entsprechen dem, was Michail Bachtin »zweistimmiges Wort« nennt, das er in das parodierende Wort und die versteckte bzw. innerliche Polemik unterteilt. [...] Bachtins Typologie dürfte zwar bekannt sein, aber ich will seine Definition der versteckten Polemik noch einmal zitieren:

»[In der versteckten Polemik] bleibt das fremde Wort jenseits der Grenzen der Autorenrede, doch diese nimmt von ihm Notiz und geht auf es ein.

Hier wird das fremde Wort nicht mit neuer Sinngebung reproduziert, doch es wirkt von außen her auf das Wort des Autors ein und bestimmt es in gewissem Maße ...

In der versteckten Polemik ist das Wort des Autors, wie jedes andere Wort, auf seinen Gegenstand gerichtet, dabei wird aber jede Behauptung über den Gegenstand so aufgebaut, daß sie über ihre gegenständliche Bedeutung hinaus das fremde Wort polemisch trifft: zum gleichen Thema, anläßlich einer fremden Behauptung über den gleichen Gegenstand. Das auf seinen Gegenstand gerichtete Wort stößt im Gegenstand mit dem fremden Wort zusammen. Das fremde Wort selber wird nicht wiedergegeben, es wird nur als bestehend vorausgesetzt ...«[12]

Ellisons Beschreibung der formalen Zusammenhänge zwischen seinen und Wrights Werken sind ein hervorragendes Beispiel für versteckte Polemik: Sein Text stößt mit dem von Wright »im Gegenstand« zusammen, und »das fremde Wort beginnt, von innen auf das Wort des Autors einzuwirken«, so Bachtin weiter. Dieses Wechselverhältnis nennt Bachtin zweistimmig, weil das fremde Wort das tatsächlich geäußerte von innen strukturiert, denn es ist nur da, weil es das fremde Wort bereits gibt, weil es Bezug nimmt auf das fremde Wort, das dabei aber abwesend, ein anderes ist.

Der größte Teil der afro-amerikanischen Literatur kann als fortschreitender Versuch gesehen werden, dem immer wiederkehrenden Referenten der afroamerikanischen Tradition, der sogenannten »black experience«, neue narrative Repräsentationsräume zu eröffnen. [...] Als ein solcher Versuch muß auch der Bezug von Ellisons Modernismus zu Wrights Naturalismus betrachtet werden.

Ishmael Reed und Zora Neale Hurston sind beide Meister des Spiels mit literarischen Traditionen. Beide haben den Moses-Mythos bearbeitet, und beide bedienen sich der Sprache schwarzer weltlicher und heiliger Mythen als metaphorische und metaphysische Rahmen. Ihre Texte sind selbstreflexiv, d.h., sie haben immer auch das Schreiben selbst zum Inhalt. Sie haben meist Rahmenerzählungen, in die mehrere Erzählungen eingebettet sind und sie schreiben »speakerly texts«, Texte, die der sprechenden schwarzen Stimme eine vorrangige Position einräumen (die russischen Formalisten nennen das *skaz* und Ishmael Reed selbst spricht von einem »talking book«). [...]

Reeds Texte weisen im Verhältnis zu den der anderen AutorInnen in der schwarzen Tradition die von Bachtin definierte Zweistimmigkeit auf. Das hat seinen Grund: er bedient sich vor allem der literarischen Satire, die nach Northrop Frye eine »besondere analytische Aufgabe [erfüllt], nämlich die, das Gestrüpp von stereotypen Formen, versteinerten Glaubenssätzen, abergläubischen Geistesknebelungen, Sonderlingstheorien, pedantischen Doktrinen, tyrannischen Moden und allen anderen Erscheinungen auszuräumen, die die freie Entfaltung (...) der Menschheit behindern.«[13] Reed geht es dabei hauptsächlich um die Freiheit des Schreibens selbst. In Reeds Texten überschneiden sich Parodie und versteckte Polemik in einem Vorgang, den Bachtin so beschreibt: »Wenn die Parodie einen wesentlichen Widerstand des fremden Wortes spürt, wenn sie dessen Kraft und Tiefe empfindet, dann ergänzt sie sich durch Töne einer versteckten Polemik.(...) Es kommt zu einer inneren Dialogisierung des parodistischen Wortes.« Diese innere Dialogisierung kann merkwürdige Folgen haben, wobei die wohl interessanteste wiederum von Bachtin als »Zerfall des zweistimmigen Wortes in zwei Wörter, in zwei durchaus abgesonderte selbständige Stimmen«[14] beschrieben wird. Ishmael Reeds *Mumbo Jumbo* ist ein großartiges Beispiel dafür, wie Signifying über Parodie als versteckte Polemik funktioniert. Er verwendet zwei autonome Erzählerstimmen, die beide im Vordergrund stehen, um so die beiden Detektivgeschichten, die die Erzählung ausmachen, zu parodieren. Die eine ist bereits geschehen, die andere findet gerade statt, und die Erzählung rast von Ursache zu Wirkung. Die zweite Geschichte, die in der Vergangenheit geschah, steht in einem ironischen Verhältnis zu der, die eben stattfindet, weil sie sowohl die Geschichte selbst als auch deren Niederschreiben als Text, als Kriminalroman, kommentiert. Northrop Frye bezeichnet diesen Vorgang an anderer Stelle so: »Es ist die permanente Tendenz der satirischen Formen, sich selbst zu parodieren, die dazu führt, daß der Prozeß des Schreibens selbst niemals zur bloßen Konvention oder zum unhinterfragten Ideal wird.« Reeds rhetorische Verfahren machen seinen Text gleichzeitig zur Kritik dieses Textes, zu seinem Metatext, der über sich selbst spricht. [...]

Anmerkungen

1   vgl. Toni Morrison (1981), *Tar Baby*.

2   vgl. Geneva Smitherman (1977), *Talkin'and Testifyin': The Language of Black America*, pp. 101-66 und Claudia Mitchell-Kernan (1972), »Signifying, Loud-Talking and Marking« in: Thomas Kochman (ed.), *Rappin'and Stylin' Out: Communication in Urban Black America*.

3   Roger D. Abrahams (1970), *Deep Down in the Jungle ...: Negro Narrative Folklore from the Streets of Philadelphia*, Chicago, p. 51-52.

4   ibid., pp. 52,264,66,67.

5   Claudia Mitchell-Kernan (1973), »Signifying« in: Alan Dundes (ed.), *Motherwit from the Laughing Barrel*, p. 313.

6   ibid. p.314.

7   Mitchell-Kernan (1972) und Zora Neale Hurston (1937), *Mules and Men*, p.161.

8   Mitchell-Kernan (1973), p.325.

9   Ralph Ellison (1972), »And Hickman Arrives«, in: Richard Barksdale & Keneth Kinnamon, *Black Writers of America*, p. 704.

10   Ralph Ellison (1964), *Shadow and Act*, p.117.

11   ibid. p.137.

12   Michail Bachtin (1985), *Literatur und Karneval*, S.121,122.

13   Northrop Frye (1964), *Analyse der Literaturkritik*, S.227/8.

14   Bachtin (1985), S. 125,126.

Original: »The Blackness of Blackness: A Critique on the Sign and the Signifying Monkey«; aus: Henry Louis Gates, jr., Figures in Black. Words, Signs, and the Racial Self, Oxford University Press 1987, pp. 235-250

Übersetzerin: Bettina Seifried

Stanley Crouch
Narrennationalismus

Da waren sie wieder: die schwarzen Anzüge und roten Krawatten, die Bodyguards in den blauen Uniformen, die Frauen in Weiß, der distanzierte Blick und das derbe Auftreten – The Nation of Islam. Vor fünfundzwanzig Jahren war das die Show von Malcolm X, obwohl er den Madison Square Garden niemals gefüllt hätte. Am 7. Oktober 1985 kamen 25000 Leute, um Louis Farrakhan zu hören.

Sie standen draußen Schlange: die Armen, die Jungen, die Arbeitslosen, die Mitglieder der Gangs und die mittelständischen Schwarzen. Sie wollten herein und warteten gespannt darauf, jemanden zu hören, der die Leute angriff, die ihrer Meinung nach dafür verantwortlich waren, daß sie zur stetig wachsenden Masse der Analphabeten gehörten. Oder sie kamen aus Neugier, um selbst herauszufinden, was es denn jetzt mit Farrakhan auf sich hatte. Vielen gefiel es auch, einen schwarzen Mann zu unterstützen, den die »weiß-kontrollierten« Medien einstimmig haßten. Oder weil Bürgermeister Koch Farrakhan »den Teufel« genannt und damit den Begriff, den die Muslims auf den weißen Feind anwenden, besetzt hatte. Wenn Koch ihn haßte, dann war er vielleicht liebenswert – eine verständliche Reaktion, zieht man die schon lang bestehende Antipathie zwischen dem Bürgermeister und New Yorks schwarzer Community in Betracht. Ich glaube auch, daß viele, insbesondere die Jungen, noch nie die Gelegenheit wahrgenommen hatten, an einer schwarzen Massenveranstaltung teilzunehmen, wo es dem Redner anscheinend egal war, was Weiße von ihm dachten – ein Mann, der den Eindruck machte, daß ihm ihre Ohren wichtiger waren als die der Caucasians.

Eine ungewöhnliche Stimmung herrschte im Madison Square Garden. Obwohl sich die Redebeiträge um zweieinhalb Stunden verzögerten, war das Publikum geduldig, teils aus Respekt und teils aus dem Wissen heraus, daß mit der Fruit of Islam (FOI)* nicht zu spaßen ist. Nur ein Narr hätte sich allzu schnell von seinem Sitzplatz getrennt. Ich hörte einen jungen Schwarzen sagen, daß er verstünde, warum die Muslims eine solche Anziehungskraft besäßen, er brauche sich nur ihre Ordentlichkeit und Disziplin, ihr Selbstvertrauen und ihre Verachtung für die weißen Privilegierten anzuschauen: »Sie sehen aus, als könnten sie wirklich niemals auch nur einen Gedanken daran verschwenden, einen weißen Arsch zu küssen.« Nachdem er eine blonde Photographin wiederholt darauf hingewiesen hatte, daß sie nicht im Durchgang sitzen könne, sagte einer der FOI zur Freude der schwarzen Zuhörer: »Miss, ich habe Sie dreimal aufgefordert, *bitte* nicht im Durchgang zu sitzen. Sie bewegen Ihren Hintern jetzt entweder rüber oder Sie bewegen Ihren Hintern *raus*.« Es war aber noch etwas anderes im Spiel, das eine Frau so formulierte: »Also, was soll ich sagen? Einem schwarzen Mann stehen Uniformen doch noch am besten. Schau dir all diese stattlichen Männer an. Ich weiß wohl, daß ich nicht in der Nation sein möchte, ich hätte aber auch nichts dagegen, wenn sie in *meiner* Nachbarschaft leben würden. Ich wette, dann wäre Schluß mit den Überfällen und dem Dealen und diesem ganzen Zeug.« Zumindest nach außen gibt Farrakhans Gruppe ein Bild der Ordnung und der Moral ab. Es geht dabei darum, die Familie zu ehren, die Frau zu respektieren, tagtäglich einer ehrlichen Beschäftigung nachgehen, der Ausschweifung zu entsagen, Streit zu vermeiden und den rechten Weg vom falschen unterscheiden zu können. Irgendwann ging der FOI-Führer ans Mikrophon und sagte, er könne Haschzigaretten riechen. Er bat jeden, der die betreffenden Schuldigen sah, sie »dem nächsten Bruder« zu melden. Egal, wo geraucht wurde, es hörte auf.

Von 1959 an, als die Presse begann, sich auf Malcolm X Fährte zu setzen, zog die Verachtung der Muslims für die Weißen wie ein Steppenbrand durch die Medien und beeinflußte schließlich auch den Tonfall, die Philosophie und die Strategie der schwarzen Politikformen. Die Nation of Islam stellte so etwas wie eine zornige Reformation dar, die schon bald mehr Neugläubige als Konvertierte haben sollte. Obwohl sie zunächst den Eindruck eines fanatischen Kults machte, der an eine bizarre Abart des Islam glaubte, war Elijah Muhammads hausgemachte Nation doch alles andere als eine geistige Verirrung. Sie paßte ganz und gar in ein Jahrhundert, das wir »Das Zeitalter der Neubestimmung« nennen könnten.

Ihr öffentlicher Durchbruch fiel mit dem Angriff auf die westlichen Konventionen, die mittelständischen Werte und die Zwei-Klassen-Bürgerrechte zusammen, die das Leben im Amerika der sechziger Jahre ausmachten. Auf die Frage, was denn überhaupt Zivilisation und zivilisiertes Verhalten sei, gab es eine ganze Menge wilder Antworten. So gesehen gehörte Elijah Muhammads Sekte zu den ersten Regungen, die die sexuelle Revolution, LSD, den kulturellen Nationalismus, Black Power, die Black Panther Party, die Anti-Vietnam-Bewegung, den Feminismus und andere Trends ankündigten, die die Muslims genauso entsetzten wie sie ihre schärfsten Kritiker. Diese selbstgestrickten Muslims nahmen ebenso gut wie alles andere, das sonst angeführt wird, den Geist dessen vorweg, was später »Gegenkultur« genannt wurde.

Doch Elijah Muhammads Gegenkultur war schwarz. Wo andere die Welt-
probleme mit komplexen Theorien von der wirtschaftlichen Ausbeutung bis hin
zum Sexismus zu erklären versuchten, beschuldigte er einfach den weißen Mann.
Seiner Meinung nach baten die schwarzen Integrationisten bloß um Aufnahme in
die Hölle, da der weiße Mann als »Züchtung« aus den Schwarzen hervorgegangen sei, Produkt eines bösartigen genetischen Experiments, das ein verrückter
kürbisköpfiger Wissenschaftler namens Yakub angestellt hatte. Das Experiment
fand vor 6000 Jahren statt. Jetzt war der weiße Mann verloren, von Allah zum
Untergang verurteilt. Wenn die »sogenannten amerikanischen Neger« sich von
den aufgezwungenen Werten der weißen Kultur trennten und in ihr eigenes
Land gingen, würde das Leid der Schwarzen ein Ende haben. Durch seine Forderung nach fünf oder sechs Bundestaaten als »Ausgleichszahlung für die Sklaverei«
ließ Muhammad einen schwarzen Zionismus wiederaufleben, der in den »Back to
Africa«-Parolen aus der Mitte des neunzehnten Jahrhunderts wurzelte, die zuletzt
unter der Führerschaft von Marcus Garvey florierten.

Im einem Kontext, wo die Medien eine derart wichtige Rolle spielten und der
Race-Struggle im Zentrum der Öffentlichkeit stand, war dies alles neu. Hier gab
es Schwarze, die *sich* für das auserwählte Volk hielten. Sie behaupteten, daß der erste Mensch ein Schwarzer war. Die Schwarzen seien die eigentlichen Engel, und
da die Juden als die ersten Teufel von Yakubs Fließband gerollt waren, sei es aus-
gemachter Blödsinn, wenn *sie* an sich als die Auserwählten glaubten. Die Anhänger Muhammads, die seine Version des Islam annahmen, verabschiedeten sich von
der judaisch-christlichen Zivilisation und bezeugten zur gleichen Zeit ihre afrikanischen Wurzeln, als Afrika sich vom Kolonialismus befreite und größere Änderungen des Weltmachtgefüges in Sicht kamen. Sie erklärten den weißen Mann
zum Dieb und Mörder: Er hatte die Geheimnisse der Wissenschaft von Afrika ge-
stohlen. (Muhammads Prediger lehrten, daß Egypt [Ägypten] von »he gypped
you« [er hat dich beschissen] herrühre). Er benutzte das afrikanische Wissen, um
auf der ganzen Welt Land zusammen zu stehlen, so auch Amerika von den Indianern. Die Muslims »entlarvten« das Christentum als bloßes Werkzeug zur Versklavung der Schwarzen, ein Mittel, das sie dazu bringen sollte, ihre Herkunft zu verleugnen und einen »weißen Jesus« zu verehren (wobei in der Offenbarung ein Er-
löser beschrieben wird, dessen Haut die Farbe von poliertem Kupfer habe und
dessen Haar gleich der reinen Wolle des Lamms sei). Sie bezeichneten schwarze
Haut und dicke Lippen als schön und verurteilten das Mulatto-Aussehen, also hel-
le Haut, dünne Lippen und »gutes Haar« als Schandmal der Vergewaltigung auf
der Plantage. Ihr Angriff auf das weiße Schönheitsideal deutete schon die »Black is
Beautiful«-Buttons und die revisionistischen Vorstellungen von Rasse und Ge-
schlechterrollen an, die wir bald aus allen Richtungen zu hören bekamen.

Obwohl das meiste, was sie erzählten, kaum hinter den mythologischen Geschichten von den biblischen Helden zurückblieb, fehlte es ihren Deutungen doch an poetischer Größe. Ihre exotische Integrität glich das allerdings wieder aus. Die gleiche Schönheit, die auch in einem gutgemachtem Schlagstock, Messer oder Gewehr steckt, haftet auch denen an, die sich an nichts anderes als an ihre eigenen Ideale und die Disziplin, die zu ihrer Erreichung notwendig ist, halten. Die Muslims hatten diese Attraktivität, insbesondere für die, die das Chaos der Drogensucht, der Prostitution, der Vereinzelung und der äußersten Armut kennengelernt hatten. Plötzlich waren diese kurzgeschorenen, gutgekleideten jungen Männer und Frauen – zum größten Teil Männer – da. Du kanntest sie aus der Nachbarschaft als Ruhestörer oder Vandalen, Diebe oder Gangster. Jetzt kamen sie mit kurzen Haaren und glatter Haut aus den Gefängnissen und Erziehungsanstalten zurück, fluchten nicht mehr wie sonst das Blaue vom Himmel herunter und hatten eine Intensität im Blick, die ihrem Gesicht ein neues Aussehen gab. Sie waren »in der Nation«, und das hieß, daß ganz andere Männer vor dir standen – Männer, die sich in arabisch grüßten, die reserviert, selbstbewußt und bestrebt waren, anders als bisher zu leben. Wenn jetzt die Rede auf ein kaltes Schinkensandwich mit Salat und Mayonnaise kam, fühlten sie sich angeekelt. Das Verzehren von Schweinefleisch war verboten, und Nahrung wurde nur einmal am Tag aufgenommen, weil ein einzelner Verdauungsschub »die Innereien erhielt«. Mitglieder rauchten, tranken und tanzten nicht, nahmen keine Drogen und gingen nicht ins Kino oder zu Sportveranstaltungen.

Als der Einfluss der Bürgerrechtsbewegung abnahm, beeinflußte die Vision der Muslims von schwarzer Einheit, wirtschaftlicher Unabhängigkeit und »wahrem Wissen über das Selbst« die Art und Weise, wie Schwarze sich organisierten. Wenige erkannten, daß es viel einfacher war, die Weißen zu beschimpfen und auf Podien im Norden des Landes die Nase über Wahlmobilisierungskampagnen zu rümpfen, als im Süden den Viehtreiberstöcken, Bomben und Morden ins Auge zu sehen. Da die Zerstörung Amerikas vorherbestimmt war, verachteten die Muslims jegliche Anstrengungen, das System zu ändern. Sie lebten in einer Welt der totalen Verneinung.

Obwohl gut erzogen und verläßlich, waren die Muslims doch zu provinziell und konservativ, um die Masse von Anhängern anzuziehen, die eine wirkliche politische Bedrohung darstellen konnte. Doch Malcolm X begann als der die Bürgerrechtsbewegung störende Chefzwischenrufer das Bewußtsein der schwarzen Jugendlichen zu bearbeiten, hauptsächlich im Norden. Trotz seiner unmöglichen Argumentationsgrundlage, die jegliche Einsicht in die menschliche Natur verhinderte, liebten sie es, ihm zuzuschauen, wie er die Weißen aus der Fassung brachte, sie ohne Ende mit seinen Angriffen auf ihre Religion, ihre Geschichte,

Moral, ihr politisches System und ihr Überlegenheitsgefühl schockte. Er bezeichnete die Gewaltlosigkeit als Unsinn. Und er sagte das alles in einem agressiven, verächtlichen Ton, den noch kein schwarzer Mann über den Äther gebracht hatte. Wir bezeugten die Geburt des schwarzen Säbelrasselns.

Malcolm wurde schnell zu dem, was heute Kultfigur genannt wird. Doch trotz all der hitzigen, revisionistischen Bezüge auf Geschichte und Ausbeutung war sein Ansatz weitaus konventioneller als Kings. Wo das Southern Christian Leadership Council und das Student Non-Violent Coordinating Committee mit den modernsten Mitteln des Boykotts, des Drucks auf und durch die Medien und der psychologischen Kriegsführung arbeiteten, um den Werwolf der »Rassen«-trennung bei Vollmond zu zeigen, brachte Malcolm X die Philosophie des Cowboyfilms in die schwarze Politik: Wer die andere Wange hinhielt, war entweder naiv oder feige. Der Bürgerkrieg hatte 622.500 Leben gekostet; die Bürgerrechtsbewegung erreichte bei gewaltsamer Gegenwehr enorme Veränderungen, ohne hundert Truppen zu verlieren. Wer sich Malcolm X anhörte, bei dem jeder Verlust wie 100.000 klang, konnte niemals auf diesen Gedanken kommen. Er redete wie einer der Revolverhelden, die entschlossen sind, die Farmer gegen die grausamen und gemeinen Viehzüchter zu organisieren. Eine seiner letzten Reden trug sogar die Überschrift »The Bullet or the Ballot.« [Der Waffen- oder der Wahlschein] Hollywood hatte das alles schon vorher gemacht.

Im Zuge von Malcolm X' Ermordung und Kanonisierung kamen die Kostümbälle des kulturellen Nationalismus und die lautesten Säbelrassler von allen: Die Black Panther Partei. Beide Ideologien stiegen aus der Asche der städtischen Unruhen hervor und wurden von Egomanen dominiert, die keinen Widerspruch duldeten und alle Skeptiker als Onkel Toms hinstellten. Sie gewannen an Kraft, als die Bürgerrechtsbewegung ins Schwimmen geriet. Der bemerkenswerte Bob Moses vom SNCC legte sein Amt nach den Morden an Schwerner, Goodman und Chaney nieder. Nach der Verteibung der weißen Unterstützung wurde die Organisation zum Scherbenhaufen. Stokely Carmichael und Rap Brown betätigten sich hauptsächlich als aufrührerische Demagogen und versuchten, die Anarchie der urbanen »Revolten« anzuheizen. King wurde in Memphis grausam niedergestreckt. Dann ertrug Amerika die Spektakel, die Ron Karenga und LeRoi Jones, Eldridge Cleaver und Huey Newton veranstalten. Hollywood verpaßte seinen Einsatz nicht: es machte breiige Politik zu breiigen Filmen. Ein paar Studios sanierten sich durch Black Exploitation-Filme, schokoladenüberzogene James Bond Thriller, in denen schwarze Helden von einer Szene zur anderen liefen und weiße Schurken, normalerweise Gangster, verhauten. Das alles nutzte sich ab, als junge schwarze Möchtegernradikale entdeckten, was es einbrachte, Afrika zu romantisieren und afrikanische Gewänder zu tragen oder nach dem gewaltsamen Sturz der amerikanischen Regierung zu schreien: wenig mehr als prätentiöse Exotika und die Erkenntnis, daß Polizisten keine Papiertiger waren.

Als Elijah Muhammad 1975 starb, befand sich Louis Farrakhan in den höheren Rängen der Nation. Er hatte mit angesehen, wie die Organisation 1964 den Abfall von Malcolm X überlebte. Es muß ihn also hart getroffen haben, als Muhammads Sohn Wallace die Lehren seines Vaters verwarf und für den orthodoxen Islam eintrat. Plötzlich war Farrakhan zurück in der Welt, ohne einen Filter. Elijah Muhammads Vision hatte eine erweiterte Familie der Gläubigen geschaffen, die bestimmt war, hervorzutreten, wenn Allah das Wort gab und das Böse niedergeworfen war. Nun wandte sich Wallace gegen den Rückzug von der Gesellschaft und verschmähte die Garantien, die mit apokalyptischen Prophezeiungen einhergehen. Doch gab es noch ein anderes Problem. Elijah Muhammad hatte seine Lehren explizit auf die unterdrückten Schwarzen in Amerika und nicht auf die Muslims in ihren eigenen Ländern ausgerichtet. Wenn ihm die Verzerrung des Islams vorgeworfen wurde, hatte er erklärt, daß dies eine besondere Medizin für einen besonderen Fall sei, für ein Volk »ohne Wissen von sich selbst«. Den konventionellen Islam anzunehmen, hieß, die Führung an die Moslems aus dem Mittleren Osten abzutreten. Doch Louis Farrakhan war nicht bereit, bloß einer von Millionen anderer Moslems zu werden. »The Charmer«, wie er genannt wurde, als er noch ein Calypso Sänger war, wollte führen. Und das tat er auch: Er brach mit Wallace, um Elijah Muhammads Lehren weiter zu verbreiten.

Nun, nachdem er dreißig Jahre lang zugeschaut hat, wie andere von Reportern gejagt und im nationalen Fernsehen interviewt wurden, ist Farrakhans Moment gekommen. Malcolm X ist tot, King ist tot, den Panthers sind die Krallen gezogen worden, Eldridge Cleaver hat seine Wiedergeburt hinter sich, Ron Karenga und LeRoi Jones sind College-Professoren und die Splittergruppen, die den Stadtguerillakampf führen wollten, entweder ausgelöscht oder auf der Flucht in irgendwelchen Verstecken. Jetzt gehört alles ihm: der Mantel der extremen Militanz, und die Medien hängen an seinen Lippen, ganz egal, was sie von ihm halten. Er ist eine nationale, wenn nicht internationale Größe, ein Mann, der die abgewandten Massen mobilisieren, fünf Millionen Dollar von Ghaddafi bekommen und sich mit einer erstaunlichen Schar von Unterstützern umgeben kann.

Der Aufstieg Louis Farrakhans zu diesem Zeitpunkt scheint die Quittung für das Versagen der schwarzen, liberalen und konservativen Politik seit der Nixon-Ära zu sein, als die kulturellen Nationalisten begannen, wieder Anzüge zu tragen und marxistische Revolutionäre den großen Sprung ins Professorenamt versuchten. Obwohl in mehr und mehr Städten schwarze Bürgermeister gewählt wurden und viele Millionen ausgegeben wurden, um die Erfolgshindernisse der Schwarzen in Amerika aus dem Weg zu räumen, hatten diese Versuche des sozialen

Wandels ihr Ziel so genau im Visier wie Chester Himes' Blinder mit der Pistole. Die epidemischen Ausmaße des Analphabetentums, der Schwangerschaft bei Jugendlichen und der Gewalt in den schwarzen Communities im ganzen Land verraten uns, was falsch gelaufen ist. Die Schulen sind immer schlechter geworden, die Lehrergehälter immer niedriger; es gab keine ernsthaften Bemühungen (inklusive Sozialhilfestreichungen), etwas gegen die Schwangerschaften von Teenagern zu tun; und die Gerichte fällten absurd milde Urteile gegen Kriminelle. Das Ergebnis ist eine schwarze Unterschicht, die vielleicht verzweifelter und zynischer ist, als wir sie jemals gesehen haben.

Doch die konservativen Versuche endeten ähnlich tödlich. Während die Verwaltung an den Wahlrechten der im Süden lebenden Schwarzen herumschneidet und die religiösen Fundamentalisten stärkt, läßt sie jegliche menschlichen Bedürfnisse außer acht und dereguliert die Wirtschaftswelt mit einer Besessenheit, der die Profite der Aktionäre wichtiger sind als die Umwelt. In dieser Atmosphäre sind Farrakhans Rundumschläge politischer Rock and Roll – beliebt wegen des Ärgers, den sie verursachen, weniger wegen ihres Inhalts.

Die Gäste, die an jenem 7.Oktober 1985 das Podium füllten, machten den Eindruck, als hätte Farrakhan eine breitere Basis als angenommen. Unter ihnen befanden sich christliche Prediger, amerikanische Indianer, Palästinenser, Stokely Carmichael und Chaka Khan. Zu Khans Anwesenheit sagte ein junger Mann: »Das hätte sie nicht tun sollen. Ihre Plattenverkäufe werden runtergehen. Diese Juden werden das gar nicht toll finden. Kann gut sein, daß sie unten durch ist.« Ich war mir da nicht so sicher, doch wenn Schwarze auf vergleichbaren Positionen im Plattengeschäft säßen, dann glaube ich kaum, daß sie es leicht nähmen, wenn sie einen weißen Star auf einem Podium mit dem Ku Klux Klan sähen.

Als es dann endlich losging, machte ein christlicher Chor mit einem Lied den Anfang, danach sprach als erster das ehemalige Black Panther Mitglied Stokely Carmichael, jetzt Kwame Touré. Er ruckte und fuchtelte und streckte seinen Kopf oft über das Mikrophon hinaus. Die Lautstärke schwankte stark, einige Sätze kamen klar durch, andere waren nur halb zu hören. Er attackierte den Zionismus, rief zum Krieg gegen Israel und zur Anerkennung der »Heiligkeit« Afrikas auf, wo Moses und Jesus Zuflucht fanden, als sie in Bedrängnis waren. Die Intensität kam so unvermittelt, und er steigerte sich so schnell hinein, daß die Ansprache mehr als alles andere den Eindruck einer kraftvollen Artistennummer machte. Mit seinem weißen Gewand und dem weißem Haar sah der große, schlanke west-indische Mann wie der Geist des vergangenen pan-afrikanischen Nationalismus aus. Als Kwame Touré trug er die Namen von gefallenen Idolen: afrikanische Führer [gemeint sind Kwame Nkrumah und Sékou Touré], die, als die Dinge sich nicht so entwickelten, wie sie es wollten, zu diktatorischen Mitteln griffen – sei es, indem sie der Presse einen Maulkorb verpaßten oder die Opposition der berüchtigten »black diet« [dem harten schwarzen Brot] aussetzten. Dabei war vieles von dem, was Carmichael seit den Black Power-Jahren von sich gegeben hatte, selbst hartes Schwarzbrot, eine Art intellektuelles Hungerleiden, das die Schwierigkeiten der internationalen Politik auf eine aufrührerische Stammestümmelei zusamenschrumpfen ließ.

Der Palästinenser Said Arafat griff »das Krebsgeschwür« des Zionismus an und rief zur »totalen Befreiung Palästinas« auf. Russell Means, einer der Begründer des American Indian Movement, hielt eine zu erwartende Ansprache über einen Indianer, der seinen Tomahawk gegen einen weißen Mann erhebt, nachdem er zuvor beleidigt worden war. Dann sprang ein Golem aus Means Halstuch: »Als wir in Los Angeles waren, wischten die Juden Mr. Farrakhan eins aus.« Er schloß mit dem Satz: »Ich möchte Sie alle daran erinnern, daß Hollywood jede Menschenrasse außer den Juden verunglimpft und erniedrigt hat.«

Alle Reden waren kurz und kamen schnell zur Sache. Dann wurde die Hauptattraktion des Abends angekündigt. Das Publikum stand auf und schaffte sich in einer heroischen Klangwolke Luft, die den Garden mit einem gigantischen Akkord vereinter Stimmen anfüllte. Sehr schnell bewies Farrakhan seine Schlauheit, als er unverschämt die Rhetorik der sozialen Bewegungen gebrauchte, gegen die er sich noch vor fünfundzwanzig Jahren gewandt hätte. Als der Applaus endete, lenkte er die Aufmerksamkeit auf die ihn umringenden weiblichen Bodyguards und behauptete, daß Elijah Muhammad der erste Schwarzenführer war, der die Frauen befreite. De facto pflegten die Muslims zu sagen, »Die schwarze Frau ist der Acker, in den der schwarze Mann seine Nation sät.« Letztendlich ist die Vergangenheit dummes Zeug für Männer wie Farrakhan, der die Frauen als erstes von vielen Themen benutzte, die er an- oder überging: »Die Welt ist so, wie sie ist«, sagte er, »weil sie die Frauen nicht respektiert.« Dann wurde er kühner, griff die Geschlechtertrennung im traditionellen Islam an und forderte, daß den Frauen der Zutritt zu den Moscheen gewährt werden solle. Das wird zweifellos eine ziemliche Offenbarung für den Mittleren Osten sein, wenn Farrakhan auf seine versprochene Dritte Welt-Tour geht.

Farrakhan blieb für weitere drei Stunden konsequent inkohärent – das personifizierte ausschweifende Leben. Er drehte einige Runden, schnitt viele Fragestellungen an und endete immer bei seinem Lieblingsthema: Louis Farrakhan. Er redete darüber, wie gut er aussah, daß man ihn mit Jesus vergleichen sollte, wie die Juden hinter ihm her waren, daß er auf einer göttlichen Mission sei und, wenn nötig, in den Südwesten gehen würde, um mit den Indianern zu sterben. An den schwarzen Führern, die ihn kritisierten, sollten »Exempel« statuiert werden und die Schwarzen müßten sich nicht sorgen, wenn die Einberufung zum Krieg für Amerika käme, denn Allah würde das gleiche für sie wie für David im Kampf gegen Goliath tun. Er packte seine Aussagen in Riesensandwiches voller Widersprüche: erst die »Tatsache«, daß die Weißen geplante und produzierte Teufel sind; dann der logische Schluß, daß, wenn Amerika die Hölle ist, die Herrschenden Teufel sein müssen; dann der Querverweis zu dem okkulten Geschichtswerk *Annakalyptus*, mit der Bemerkung, daß wir noch niemals gesehen haben, wie sich eine Rasse von hell nach dunkel entwickelte – ein weiterer Beweis für den »asiatischen Schwarzen« als Vater aller Rassen. Gegen Ende dieses Durchlaufs schlug Farrakhan einen Haken zur Wissenschaft und kramte die anthropologischen Funde aus Ostafrika hervor, die nahelegen, daß die Menschheit dort ihren Ursprung nahm. So bügelte er die absurden, metaphorischen und okkulten Ecken seiner Thesen flach.

Wenn Farrakhan nicht gerade über sich selbst redete, betrieb er meistens Judenhetze. Dabei zieht er seinen Vorteil aus den Kämpfen, die es zwischen Schwarzen und Juden seit beinahe zwanzig Jahren gibt. Er spricht zu denen (jedoch nicht für sie), die sich mit Juden über Antidiskriminierungsprogramme stritten oder glaubten, aus den Diskussionen über Nahostpolitik ausgeschlossen zu sein, da Juden mit dem Schlagwort »Antisemit« Kritik einzuschüchtern oder abzuwenden suchten – genauso, wie Schwarze vor zwanzig Jahren den Begriff »Rassist« handhaben. Ich bin sicher, daß Farrakhan bei den Leuten Punkte einheimst, die jüdische Medienmanager für voreingenommen halten und ihnen vorwerfen, daß Filme wie *Exodus*, Fernsehspiele über Entebbe, Golda Meir und Sadat, sowie die sich mit der »Endlösung« befassenden (halb)dokumentarischen Filme und Kleinserien alle zur Rechtfertigung des Zionismus beitragen sollen. Leute, die sauer waren, als Hollywood das dreißigjährige Bestehen Israls mit einem TV-Special feierte und sich zynisch fragten, ob »diese Hollywoodjuden« wohl den Geburtstag irgendeines anderen Landes beglückwünschen würden.

Ich weiß von keiner anderen Gelegenheit, bei der Hollywood dies getan hätte, doch wenn ein paar Manager einen Propagandacoup hinlegen, macht das noch lange keine Verschwörung von sechs Millionen amerikanischer Juden. (Ich kann sie schon in das Telephon ihres nächstgelegenen Delicatessen-Ladens flüstern hören: »Hey, Murray, ich hab grad gehört, daß wir demnächst einen neuen Special kriegen. Erzähl das mal in deinem Block weiter. Aber sieh zu, daß kein Goyim zuhört.«) Wenn eine solche Verschwörung existiert, warum hat sie es dann zugelassen, daß Israels Verbündeter Südafrika eine so überwältigend schlechte Presse bekam?

Natürlich wird die Frage durch Israels Beziehung zu Südafrika nicht einfacher. Trotz all ihrer moralischen Beteuerungen beliefern die Israelis Bothas Gang mit Waffen und weigern sich auch, Sanktionen einzuhalten. Das überzeugt bestimmte Kreise davon, daß Israel und seine Sympathisanten rassistisches Unrecht und undemokratische Regimes unterstützen. Und es verärgert die, denen Malcolm X und seine Nacheiferer den Glauben an einen internationalen schwarzen Kampf eingehämmert haben. Dieser Glaube war eine Art politisches Evangelium, eine »rassische« Variation der internationalen marxistischen Revolution, darauf aus, die Dritte Welt von der weißen Grausamkeit und Ausbeutung zu erretten. (Dieses Vertrauen in das internationale Schicksal beseelte die Back-to-Africa Bewegungen, die letztlich zur Gründung Liberias, Israels eigentlichem Vorläufer, führten – einem Land, das sehr zum Mißfallen der dort ansässigen Stämme für die freien Ex-Sklaven gegründet wurde. Ich frage mich, wieviel Herzl und seine Verbündeten von Liberia wußten und ob sie von seinem Beispiel beeinflußt wurden oder nicht.) Wie dem auch sei, so richtet sich zur Zeit das Augenmerk auf die Interessen eines fremden Landes, und die Lage der schwarzen Amerikaner wird vernachlässigt. Ich glaube kaum, daß wir eine solche Tendenz in der jüdischen Community ausmachen könnten, wenn sie die gleichen sozialen und ökonomischen Probleme hätte, die Millionen Schwarze belasten.

Doch in der schwarzen Politik sind falsche Prioritäten nichts Neues, genauso wenig wie antisemitische Anfälle, in denen leichtfertig die gefährlichsten Artikel der Sprache verwandt werden: »der,die,das«. Diese bestimmten Artikel heizen Verschwörungstheorien an und werfen uns zurück in die Sechziger, als LeRoi Jones das Ressentiment gegen die Weißen um eine groteske Seite bereicherte, indem er zum Beifallsgeschrei der schwarzen Studenten von Campus zu Campus zog und Hetzlyrik gegen die Juden vortrug. Solche Touren trugen wahrscheinlich viel dazu bei, den zionistischen Eifer der Juden anzustacheln, die dazu aufgefordert wurden, die Organisationen der Bürgerrechtsbewegung zu verlassen.

Jones, Karenga und andere schwarze Nationalisten sind, weil sie ihre separatistischen Träume nicht erkannten, für eine Mißgunst verantwortlich, die in den Reden ihres Erben Farrakhan an die Oberfläche kommt. Wenn Farrakhan behauptet, daß Reagan »alles« an die Juden »verhökert« und »die Regierung der Vereinigten Staaten im Würgegriff der zionistischen Lobby« sei, projiziert er die Macht, die *er* gern hätte, auf das American-Israeli Public Affairs Committee (AIPAC) [das amerikanisch-israelische Komitee für öffentliche Angelegenheiten], gemeinhin die zionistische Lobby genannt. Außerdem nimmt er sich das Recht heraus, Todesdrohungen gegen schwarze Reporter, Politiker und alle anderen Kritiker auszusprechen.

Der Neid auf den Einfluß der AIPAC reflektiert eine Nostalgie nach den Tagen, als die »Rassenfrage« noch im Zentrum des nationalen Dialogs stand und die Lebensqualität der Schwarzen im Lande ein hochpolitisches Thema war. In die-

sen Jahren gehörten die Aufhebung der Rassentrennung und das rassistische An-
legen von zweierlei Maßstäben zu den dringendsten Problemen. Es gab wenig
Platz für antijüdische oder antizionistische Gefühle, egal, wie tief sie in schwarzen
nationalistischen Kreisen verankert gewesen sein mögen. Doch jetzt muß wieder
das Judasgespenst einer jüdischen Verschwörung herhalten, um zu erklären, warum das Hauptaugenmerk nicht mehr auf die schwarzen Probleme gerichtet ist.

Dabei würde es viel mehr Sinn ergeben, die Anstrengungen der jüdischen
Aktivisten nachzuahmen, die, wie Paul Findley in *They Dare to Speak Out* zeigt,
dem AIPAC zu einem solchen Einfluß auf dem Capitol Hill verholfen haben.
Die schwarzen Führer haben es offensichtlich nicht geschafft, eine vergleichbare
Lobby aufzubauen. Die nationalistische Rhetorik ging nach hinten los, und die
Schwarzen standen auf einmal als eine Gruppe da, die sich eine Welt der »Rassen«-trennung selbst schuf – ihre Probleme waren die ihrer kleinen Welt und
nicht die des ganzen Landes. Eine Frau, die über Farrakhan in Wut geraten war,
sagte richtig: »Wir sollten diesen Politikern in den Hintern treten. Schluß mit
dem Dope hier. Ordentliche Schulen. Die Nachbarschaften aufräumen. Laßt uns
selber machen, was zu tun ist.« Die Juden, die sich für Israels Interesse einsetzen,
kennen das Geheimnis: hart arbeiten, Geld anschaffen, Wahlverhalten analysieren, Petitionen stellen, telephonieren, die Regierungsbeamten anschreiben. Das
ist harte und mühsame Arbeit, doch dabei kann auch etwas herauskommen.
Oder, wie die verärgerte schwarze Frau schloß: »Wir können uns das alles vom
Hals schaffen, wenn wir was anderes tun, als irgendeinem blöden Schweine-
fleischhasser zuzuhören, der sich aufführt, als würde er jeden Moment jemand
umbringen wollen.«

Trotz all der Gedankenverwirrungen ist Farrakhan alles andere als unbeschei-
den. Er geht aufs Ganze. Er will die Welt. Wer sonst verspricht mit einem solchen Selbstvertrauen, daß er den Moslems im Nahen Osten erzählen würde, wie
sie den Islam verzerrt haben? Wer sonst behauptet denn, daß er allein ein ganzes
Volk vom geistigen Tode der Ignoranz und des Selbsthasses befreien wird?

Obwohl in dieser Ansprache eigentlich Farrakhans ökonomisches Programm
verkündet werden sollte, nahmen seine Visionen von den Schwarzen, die ihr
Mundwasser, ihre Zahnpasta und ihre Sanitärhandtücher selbst produzieren, lediglich zehn oder fünfzehn Minuten der dreistündigen Montage aus lauter Fehlkonzeptionen ein. Sie wurden hin und wieder mit Beifall bedacht, wie beinahe
alles, was er sagte. Ich zweifle trotzdem daran, daß die Schwarzen, die da auf-
sprangen und sich heiser schrien, als würde er einen Korb nach dem anderen
werfen, wenn er ihnen seine Ideen an die Köpfe knallte, tatsächlich auf den Inhalt
seiner Rede achteten. Das wenige, was klar durchkam, hatte kaum etwas mit ei-

ner afro-amerikanischen Sicht auf die Dinge zu tun. Obwohl Farrakhan in seinem Aussehen und in seinem Vortragsstil starke Anleihen bei der schwarzen Kirche macht, liegt seinen Gedanken ein umgemodelter islamischer Fundamentalismus zugrunde, der ihm eher Geld von den Arabern einbringt. Doch welche Ziele auch immer dahinter stecken – Farrakhans Kosmologie hat wenig Chancen, die starke Tradition der Kultur, der Gewohnheiten und des Denkens umzuwerfen, die die Schwarzen in der »nordamerikanischen Wildnis«, wie Elijah Muhammad sagen würde, notdürftig errichtet haben. Wenige Schwarze werden jemals an Farrakhans göttliche Größe glauben, oder daran, daß Allah, wenn die Juden ihn anrührten, das Blut der Gerechten auf Amerika niedergehen ließe, um sie alle zu töten. Einer, der neben mir saß, sagte das so: »Keiner, der so oft in der ersten Person spricht wie er, hat irgendwas zu sagen. Hätte er, würde er es einfach sagen, anstatt die ganze Zeit zu wiederholen, wie großartig derjenige ist, der grad dabei ist, was zu sagen.«

Doch Farrakhan ist nicht bloß ein Vorgarten-Megalomane. »Louis Farrakhan«, wie eine in Harlem lebende Verlegerin sagte, »ist ein Widerling, ein Faschist, der nichts zu sagen hat. Immer, wenn Leute ihn verteidigen wollen und sagen, daß er kein Blatt vor den Mund nimmt, frage ich mich, was zum Teufel die eigentlich meinen. Er hat nichts außer Halbwahrheiten zu bieten; er versucht, die Presse so einzuschüchtern, daß sie entweder Hurrah schreit oder das Maul hält. Er ist außen hui und innen pfui und redet bloß schwabbeliges Zeug daher. Wie kann ein gebildeter Mensch ihn nur mögen? Alles Trägheit. Die wollen bloß ein paar Weiße ärgern, oder sie tun so, als würde er sie genug aufregen, um die Beachtung zu rechtfertigen, die er bekommt. Wenn du heute in den meisten mittelständischen schwarzen Kreisen versuchst, ein paar ernsthafte Themen anzuschneiden, versuchen die Leute, abzulenken und behandeln dich, als ob du Ärger machen würdest. Sowas ist doch verrückt.«

Tatsache ist, daß wenige intellektuell gebildete Schwarze im Fernsehen diskutieren. Die Reporter ziehen Männer wie Louis Farrakhan oder Jesse Jackson den ernsthaften Denkern und Gelehrten vor. Farrakhan liest offensichtlich wenig, was ihm irgendeine gehaltvolle Information vermitteln könnte. Und Jackson hat in seinem *Playboy* Interview zugegeben, daß er Lesen haßt. Playtell Benjamin, einer von Harlems klarsten Köpfen, meint dazu: »Schwarze Intellektuelle sind aus den Medien verbannt. Die Sechziger haben gezeigt, daß das soziale Blickfeld von der Politik bis zur Kunst radikal anders aussehen würde, wenn wir zurück in die Diskussionsarena dürften. Es gibt genug Männer wie Maynard Jackson, David Levering Lewis, Albert Murray und andere mehr, die der Blasiertheit und dem Blödsinn Einhalt gebieten könnten.« Sie könnten den Dialog anspruchsvoller gestalten. Benjamin liegt goldrichtig. Wir bekommen selten die Gedanken der

Schwarzen zu hören, die Jahre damit verbracht haben, ihre Erfahrungen in den USA und die Weltpolitik dieses Staates zu studieren, zu bedenken und zu beurteilen.

Im großen und ganzen waren dies kaum die Leute, die kamen, um Louis Farrakhan zu hören. Diese schrien und jubelten, bis der Abend von einer überreifen Chaka Khan mit einem merkwürdigerweise »Freedom« betitelten Lied beendet wurde – a capella und ziemlich schön. Hinter dem Podium und nicht weit von Farrakhans weißer Limousine befanden sich die jungen weiblichen Bodyguards, die die ganze dreistündige Rede hindurch fast bewegungslos dagestanden und die Menge nach Attentätern abgesucht hatten. Sie fielen einander um den Hals, weinten und ließen so die Spannung ab, die sich während der langen Wacht aufgebaut hatte. Einige dankten Allah, daß ihrem Führer nichts zugestoßen war. Ihre Haut war braun, sanft und glatt, ihre Augen hatten die Klarheit derjenigen, die keine Ausschweifung kennen, und hinter der Kenntnis der asiatischen Kampfsportarten war die gleiche Zärtlichkeit, die ein Mann immer dann erkennt, wenn Frauen tiefe Zuneigung empfinden.

Doch ein Bild bekam ich nicht aus dem Kopf: dieser hellhäutige junge Mann in Camouflage-Hose und -T-Shirt, mit angenähten Schulterfransen und schwarzledernen Nietenarmbändern. Immer wenn Farrakhan etwas über »die Juden« sagte, brüllte und schrie er, ballte beide Fäuste in der Luft und sprang meistens auch auf. Gegen Ende des Abends, als ich mich nach unten in Richtung Bühne bewegt hatte und dabei war, zu gehen, schaute ich zurück und sah ihn noch einmal. Vorne auf seinem zwanzig Zentimeter breiten schwarzen Gürtel war ein großer Davidstern aus Nieten.

Anmerkung

*   Die Fruit Of Islam (FOI) ist die uniformierte »Sicherheitstruppe« der Nation Of Islam, der eine sagenhafte militärische Ausbildung nachgesagt wird. Man kann die an Marineuniformen erinnernden Outfits auf dem Cover von Public Enemys »Fear of a Black Planet« bewundern.

Original: »Nationalism of Fools«; aus: Stanley Crouch, Notes of a Hanging Judge, Oxford University Press 1990, pp. 165-175
Übersetzer: Raymund Burghardt

Angela Y. Davis
Schwarzer Nationalismus in
den 60ern und 90ern

Eigentlich wollte ich hier eine Kritik an den maskulinistischen Dimensionen des Schwarzen Nationalismus formulieren und aufzeigen, wie die kulturelle Vorherrschaft der Männer durch die Werke der *blueswomen* in Frage gestellt wird, da sich meine Arbeit im Augenblick besonders um Möglichkeiten der Zurückgewinnung von Kulturgeschichte(n) der afro-amerikanischen Frauen dreht. Während meiner Vorüberlegungen zu diesem Thema wurde mir allerdings klar, daß der Schwarze Nationalismus der Sechziger mit seinen Ideologien der männlichen Dominanz eine ganz ähnliche Problematik aufwies. Deshalb habe ich mich für einen autobiographischen Ansatz entschieden. Ich möchte meine persönlichen Erfahrungen mit den verschiedenen Ausprägungen des Schwarzem Nationalismus der Sechziger schildern und zeigen, daß gegenwärtige, populäre Formen schwarzer Kultur ziemlich stark gerade von den eher bedauerlichen Strömungen der damaligen Zeit geprägt sind.

Ich möchte mit ein paar Überlegungen dazu beginnen, wie Malcolm X's nationalistisch geprägte Rhetorik mein eigenes politisches Bewußtsein geweckt hat, was mich im nachhinein sehr an Frantz Fanons Beschreibung des Erwachens eines politischen Bewußtseins der Kolonisierten in seinem Buch *Die Verdammten dieser Erde* erinnert hat.

Ich weiß noch genau, wie ich zum ersten Mal »nationalistische« Regungen in meiner – wie ich es damals nannte – »Negro-Seele« verspürte. Diese *prise de conscience* [Frz. im Original] fand während eines Vortrags von Malcolm X an der Brandeis University statt, an der ich damals als eine von fünf oder sechs Schwarzen eingeschrieben war. Ich würde sagen, ich fühlte das »empowerment«, das von Malcolms Worten ausging. Nur wurde der Begriff »Macht/power« damals noch nicht differenziert in tatsächliche Machtausübung einerseits und in das Erwachen eines subjektiven Gefühls für die reine Möglichkeit von Machtausübung andererseits. Doch ich erinnere mich daran, daß ich mich unglaublich gut fühlte – fast wie diese Freude, von der Cornel West spricht, die dadurch entsteht, daß man in einem bestimmten Moment von anderen Schwarzen umgeben, umsorgt und gehalten wird, deren einzig distinktives Identitätsmerkmal es ist, eben auch schwarz zu sein.

Diese Aufforderung, mich einer stark machenden [empowering] und doch abstrakt bleibenden Community von Schwarzen anzuschließen, dieses naive, nationalistische Bewußtsein erwuchs in mir in einem praktisch vollkommen weißen Umfeld. Das war eine zwar merkwürdige, aber ziemlich logische Umkehrung. Ich wuchs in einer durch Segregation geprägten Stadt in den Südstaaten auf und kannte dort persönlich keine Weißen. Der einzige, mit dem ich je in Kontakt kam, war der jüdische Lebensmittelhändler in unserem Viertel. Gegenüber von uns wohnten Weiße, doch wir lebten im wahrsten Sinn des Wortes an der Grenze von schwarz und weiß und konnten die Straße, wo unser Haus stand, nicht überqueren. Den Zwangscharakter der schwarzen Community empfand ich als erdrückend, deshalb suchte ich verzweifelt einen Ausweg.

Nun endlich konnte ich mir, abgesehen von dem Gefühl, das Malcolms anstößige, offensive nationalistische Rhetorik in mir wachrief (anstößig, weil er die weißen Zuhörer beleidigte, offensiv, weil er ideologisch in die Offensive ging), einen psychologischen Raum schaffen, in dem ich mich als »die, die ich bin«, wohlfühlen konnte. Ich konnte meinen Körper gut finden (vor allem mein Kraushaar, gegen das ich zuvor in ritualisierter Abgeschiedenheit immer mit einem Ondulierstab vorgegangen war), meinen musikalischen Neigungen frönen, mich meinen unterdrückten Sprachgewohnheiten hingeben und vieles mehr. Aber ich konnte dieses Wohlbefinden mit niemandem teilen. Es war ein Geheimnis, ein kollektiver, fiktiver Spielkamerad. Das hat mich immer von den Weißen um mich herum getrennt, und ich wußte, daß mich genau das von ihnen unterschied. Es ermöglichte mir aber auch, mich nicht den Zwängen der schwarzen Community unterwerfen zu müssen. Gleichzeitig jedoch fühlte ich nach Malcolms Rede, wie die Bindungen an meine schwarze Gemeinde zuhause wieder stärker wurden.

Der nationalistische Reiz des frühen Malcolm X machte aus mir jedoch noch keine politische Aktivistin. Obwohl ich in gewisser Weise, seit ich dreizehn war, »aktiv« interessiert war, hatte ich nie das Bedürfnis, wirklich etwas zu tun. Es hörte immer da auf, wo es begonnen hatte: bei Veränderungen meiner Gefühlsstrukturen.

Ich möchte nicht mißverstanden werden: das war absolut notwendig. Es war für mich mindestens genauso wichtig wie später die Anziehung des Bildes von den Kämpfern mit ihren Lederjacken und schwarzen Baretten, die mit Gewehren vor dem kalifornischen Abgeordnetenhaus standen. (Dieses Bild sah ich in einer deutschen Zeitung in Frankfurt, als ich bei Adorno studierte). Dieses Photo, das später so problematisch für mich wurde, zog mich zurück nach Hause. Und es führte mich direkt in die Straßen von South Central Los Angeles, wo ich eine Organisationswut entwickelte wie nie zuvor.

In gewisser Weise fand nun das Gefühl, das Malcolm in mir wachgerufen hatte, endlich einen kollektiven, aktivistischen und, wie ich hoffte, auf Veränderung abzielenden Ausdruck. Mal ganz abgesehen von der Tatsache, daß, als ich über Kontakte von Stokely Carmichael, den ich zusammen mit Michael X in London bei der *Dialectics of Liberation*-Konferenz kennenlernte, in Südkalifornien eintraf, man meinen Enthusiasmus und meine Neugier als Absicht, die örtlichen schwarzen Organisationen auszuspionieren, interpretierte. Schließlich war ich ja gerade erst aus Europa wiedergekommen. Ich war bestimmt eine vom CIA oder so. Aber nach und nach konnte ich dann doch meine Erfahrungen mit einigen Nationalismen dieser Zeit machen. Zum Beispiel war mir schon bei den ersten Treffen Ron Karengas Gruppe zu misogyn (obwohl ich damals dieses Wort nicht gebraucht habe). Andere Organisationen fand ich zu *middle class* oder elitär. Wieder andere lösten sich deshalb auf, weil wir Frauen uns weigerten, auf die hinteren Plätze verwiesen zu werden. Und auch wenn wir damals vielleicht den Feminismus für weiß, *middle class* und völlig bedeutungslos hielten, fanden wir es deshalb noch lange nicht zwingend, von Männern angeführt zu werden.

Heute weiß ich, daß es einfach keinen einheitlichen Ansatz gibt, Formen des schwarzen Nationalismus oder Essentialismus in der zeitgenössischen Kultur zu untersuchen. Als sich mein politisches Bewußtsein in den Sechzigern entwickelte, opponierte ich gegen eine Haltung, die wir »engen Nationalismus« nannten. Als Marxistin war es für mich wichtig, gleichzeitig Klassenprobleme und Internationalismus in meine philosophische Denkrichtung zu integrieren *und* die Idee einer Gemeinschaft von historisch unterdrückten Völkern afrikanischer Abstammung weiterzudenken. Ich mußte gleichzeitig sagen können »Black is Beautiful« – aber damit war ich im Lager der sturen, anti-weißen Nationalisten. Ich wollte meine afrikanische Herkunft erforschen, afrikanische Gewänder tragen und meine Haare wachsen lassen, wie sie waren – eben genau wie die Scheuklappenträger der Kulturnationalisten mit ihrer Vorstellung von männlicher Vorherrschaft. (Damals konnte ich übrigens noch nicht wissen, daß mein »Naturhaar«-Stil so legendär werden sollte. Ich wollte es nur anderen Schwestern gleichtun.)

Meine Verbindung zu der Variante von Nationalismus, der ich anhing, wurzelte in politischer Praxis. Im Zentrum stand für mich immer eine progessive, politisierte schwarze Community, obwohl ich die Position der Frauen darin sehr problematisch fand, auch als es noch kein adäquates Vokabular gab, mit dem wir die relevanten Fragen stellen konnten. Innerhalb der Kommunistischen Partei war mein Bezugspunkt immer meine »schwarze Identität«, was mich aber nicht davon abhielt, mich mit einer multi-ethnischen Arbeiterklasse als historischem Subjekt zu identifizieren. Ich möchte damit nicht behaupten, daß es mir leicht fiel, meine verschiedenen Standpunkte mit den Nationalisten auszuhandeln; doch ich weiß, daß ich der Kommunistischen Partei damals nicht beigetreten wäre, wenn ich nicht durch ein ausschließlich schwarzes Kollektiv in Los Angeles, dem Che-Lumumba Club, Zugang gefunden hätte.

Die Schwestern im SNCC [Studentisches Koordinationskomitee für gewalt-lose Aktionen, radikale Organisation des Black Power Movement während der Sechziger], in der Black Panther Party und in der Kommunistischen Partei kämpften hartnäckig mit den Männern um das Recht, als Frau kämpfen zu kön-nen (oft kämpften wir auch erbittert untereinander). In diesen Organisationen gab es durchaus Männer, die uns darin unterstützten. Wir haben damals vielleicht noch nicht von *gendered racism* [auf das jeweilige Geschlecht zurückführbaren Rassismus] geredet, »Sexualität« bedeutete noch »sexy sein«, Homophobie gab es als Wort noch nicht – aber in unserer Praxis, das weiß ich heute, tasteten wir uns, wenn auch auf Umwegen, langsam an den Moment heran, in dem wir uns mit den Schwierigkeiten von nationalistischen und essentialistischen Positionen aus-einandersetzen mußten.

Ich erzähle meine Geschichte hier, um mich in der Diskussion um Postnatio-nalismus als revolutionäre Aktivistin einzuordnen, die in einer Zeit kämpfte, als nationalistische und essentialistische Vorstellungen von Schwarzen und vom schwarzen Befreiungskampf in den USA wichtig waren, um den Schwarzen durch das historische Bewußtsein ihrer afrikanischen Herkunft ein Überleben in der Diaspora zu ermöglichen. Heute beeinflußen gerade diese Ideen die kollekti-ve Vorstellungswelt der jungen Afro-AmerikanerInnen in den USA. Vielleicht hätte der Garveyismus der Zwanziger einen ähnlichen Einfluß gehabt. Aber die noch nicht sehr weit entwickelte Medientechnologie und das fehlende histori-sche Bewußtsein in weiten Teilen der schwarzen Bevölkerung verhinderten, daß wir zu einem späteren Zeitpunkt davon in gleicher Weise inspiriert werden konnten wie von den Slogans und Bildern der Sechziger.

Heute lassen sich junge Schwarze bewußt von dem leiten, was sie über Mal-colm X und die Black Panther Party wissen. Und ich befinde mich in einer etwas schwierigen Situation, weil auch Bilder von mir hin und wieder in den visuellen Wiedererweckungen nationalistischer Regungen derer auftauchen, die innerhalb der gegenwärtigen HipHop-Szene auf revolutionäre Umwälzungen setzen. Heu-te begegnen mir junge Leute, die noch nicht geboren waren, als ich bereits im Knast saß, oft mit einer Mischung aus Ehrfurcht und Ungläubigkeit. Einerseits se-he ich bei ihnen mit Freude ein Maß an historischem Bewußtsein, das meiner Generation, als ich jung war, oft fehlte. Andererseits beunruhigt es mich. Denn ich weiß, daß Bilder von mir unweigerlich mit Strömungen eines schwarzen Na-tionalismus verbunden werden, mit denen einige von uns ständig im Widerstreit lagen.

Was ich sagen will, ist, daß aktuelle Repräsentationen von Nationalismus in der afro-amerikanischen Popkultur (und in der Diaspora) viel zu oft Vereinfachungen eines hochkomplexen und widersprüchlichen Projekts sind. Dieses Projekt hatte nämlich auch emanzipatorische Momente, die über es selbst hinauswiesen. Mein erstes großes Unterfangen als Aktivistin war beispielsweise der Versuch, an der Universität von San Diego eine Allianz mit Chicanos und progressiven Weißen auf die Beine zu stellen, um den Bau eines Colleges, das wir Lumumba-Zapata nannten, zu fordern. Es ist das einzige College an der Universität von San Diego, das heute mit einer Nummer – »Third College« – und nicht mit seinem Namen benannt wird.

Ein weiteres Beispiel ist die Ausgabe der Black Panther Party-Zeitung vom Frühjahr 1970. Darin schrieb Huey Newton einen Artikel, in dem er für ein Ende des verbalen Schwulen-Klatschen eintrat und forderte, die Sexualität schwarzer Männer etwas genauer zu erforschen. Gleichzeitig bestand er auf eine Allianz mit der gerade entstehenden *gay liberation*-Bewegung. Der Artikel entstand nach Jean Genets Aufenthalt bei den Black Panthers, und Genets Buch *Ein verliebter Gefangener* verweist auf viele unterschlagene Momente in der Geschichte des schwarzen Nationalismus in den Sechzigern.

In den populären Repräsentationen der schwarzen Bewegung in den späten Sechzigern und frühen Siebzigern sind genau diese emanzipatorischen Momente heute ausgelöscht. Und es ärgert mich, daß Teile des Erbes, das ich mit aufgebaut habe, nun einfach nicht mehr gesehen werden. Junge Leute mit »nationalistischen« Tendenzen sollten wenigstens die Möglichkeit haben, zu entscheiden, in welcher Tradition von Nationalismus sie stehen. Wie sollten sie denn massenhaft für die Verteidigung der Rechte der Frauen und der Homosexuellen eintreten können, wenn sie die historischen Vorgänger dieser Positionen nicht kennen?

Am Ausschluß dieser progressiven Momente in der Geschichte des schwarzen Nationalismus der Sechziger sind nicht nur die Medien schuld. Auch die Institutionen, die dieses Geschichtspaket schnüren, bevor es von den Medien verbreitet werden kann, haben ihren Teil dazu beigetragen. Inklusive der Lehrstühle, die von antiquierten, unversöhnlichen Nationalisten besetzt werden. Desweiteren müssen wir uns anschauen, wer heute die Praxis der schwarzen Bewegung bündelt. Die einzige schwarze Massenorganisation, die gegenwärtig existiert und die sich darauf berufen kann, bereits während der Herausbildung des schwarzen Nationalismus in den Sechzigern aktiv gewesen zu sein und deshalb Malcolm Xs Vermächtnis weiterzutragen, ist die Nation of Islam. Wer arbeitet denn mit den Jugendlichen aus den Gangs von South Central Los Angeles? Wer versucht heute denn, auf kontinuierlicher Basis Gewalt und Bandenkriege zu beenden und die verfeindeten Mitglieder zum Dialog zu bewegen? Warum ist der Rapper Paris, der sich selbst zum »Black Panther des Rap« erklärt, ein Mitglied der Nation of Islam? Warum befaßt sich Ice Cube mit der Nation? Ansätze zu einer kollektiven politischen Praxis werden so von einer Bewegung einverleibt, die dem Nationalismus religiösen Status zuspricht.

So schön es auch sein mag, daß HipHop heute ein oppositionelles Bewußtsein unter Jugendlichen fördert, so beunruhigend ist es, daß er häufig einem Nationalismus frönt, der vor frauenfeindlichen Untertönen nur so strotzt und so die revolutionäre Praxis, die er angeblich verfolgt, wieder zunichte macht. Wo ist die Tür – oder auch nur ein Fenster –, um da herauszukommen und ein Konzept von politischer Praxis zu etablieren?

Dort, wo kulturelle Repräsentationen nicht über sich hinausgehen, lauert die Gefahr, daß sie zu reinen Surrogaten für Aktivismus werden, und das ist der Anfang und das Ende jeder politischen Praxis. Ich zitiere immer wieder gern Marx' Elfte Feuerbach-These (Cornel [West] würde sagen »It brings me joy«):

»Die Philosophen haben die Welt nur verschieden interpretiert ...«

Original: »Black Nationalism«; aus: Michele Wallace (ed.), Black Popular Culture, Bay Press / Dia Center for the Arts 1992, pp. 317-324

Übersetzerin: Bettina Seifried

Houston A. Baker

Experten in Sachen Rap

Einleitung: Ich bin nicht schwul, habe jedoch viele schwule Freunde, die meiner Zuneigung und Unterstützung sicher sein können. Ich interessiere mich auch schon seit jeher für die Arbeiten von schwulen und lesbischen Kulturschaffenden. 1972 suchte mich (der vor ungefähr drei Jahren an Aids verstorbene) Professor Don Howard auf. Ich war zu der Zeit Ende zwanzig und als schwarzer Vertreter im Planungsausschuß der Modern Language Association [MLA] tätig. Don, um die zehn Jahre älter als ich, hatte folgende Bitte:

»Einige Leute aus der MLA haben mich gebeten, zu Ihnen zu gehen, um herauszufinden, wie wir angemessen repräsentiert werden können. Ich habe keine Ahnung, warum sie mich ausgesucht haben. *Sie* sind homosexuell. Ich weiß wirklich nicht, warum ich. Auf jeden Fall kennen wir Sie als schwarzes Mitglied des Planungsausschusses und möchten Sie bitten, den Gedanken einzubringen. Was denken Sie?«

Ich sagte: »Ich halte das für eine gute Idee.«

Im Planungsausschuss griffen mich einige Männer (die sich in der Zwischenzeit selbst geoutet haben) an: »Ist das denn durchdacht genug?« fragten sie. »Wir decken dieses Gebiet doch garnicht genügend ab, oder? Sind Sie sich da wirklich ganz sicher?« Ich glaube, daß sie diese Haltung einnahmen, um die Mitglieder des Planungsausschusses zu beschwichtigen, die solch einen Punkt nicht verabschieden würden, ohne ihn vorher voll und ganz ausdiskutiert zu haben.

Nun, ich erzähle diese Anekdote, weil mir bei einem Blick zurück auf unsere Geschichte der fünfziger, sechziger und siebziger Jahre auffällt, daß schwarze Männer – und Sie können dieses Zeichen deuten, wie Sie wollen – immer in diese Rolle gedrängt worden sind.

Sie bekamen zu hören: »Ihr solltet als erste von den Polizeihunden gebissen werden. Ihr solltet an den Restauranttheken sitzen und euch die Köpfe einschlagen lassen.« Und, als wir in den Norden kamen: »Ihr müßt den Kader bilden, der die paramilitärischen und polizeilichen Kräfte dieses Landes nachahmt und es gleichzeitig mit ihnen aufnimmt. Wenn der moralische Exzeß wie ein Steppenbrand durch das Land zieht, dann solltest du in Kampfstiefeln und mit dem Gewehr über der Schulter zur Stelle sein, Brother, um deine Frau und deine Kinder zu beschützen«, und so weiter und so fort.

Wir hörten dies von Weißen wie von Schwarzen gleichermaßen. »Wir« ist sehr pleonastisch – wie gesagt, deuten Sie das Zeichen »schwarze Männer«, wie Sie wollen. Doch die Kräfteverhältnisse in den Fünfzigern, Sechzigern und Siebzigern waren so, daß dieses Zeichen an vorderster Front herhalten mußte.

Und viele Leute sagten: »Ich weiß nicht, warum sie mich ausgesucht haben, zu Ihnen zu gehen und Sie dies zu fragen.« Oder: »Wenn ihr damit fertig seid, dann könnt ihr schwarzen Männer vielleicht auch mal zu uns kommen, Brother, und für unsere Sache eintreten.« Und allgemein meinten sie: »Mein Gott, ihr bringt es tatsächlich. Es stimmt, daß Clark und Hampton (und all die anderen Panthers, von denen Angela Ihnen erzählen könnte) tot oder gefangen sind. Es stimmt, daß die Schwarzen dort unten im Süden für ihr Leben gezeichnet sind. Doch macht bloß weiter.«

Historisch gesehen war das für die schwarzen Männer meiner Meinung nach interessant: eine internationale Last, die es zu tragen, oder eine Position, die es einzuhalten galt. Ich glaube, daß unter dem Banner »schwarze Männer« etliche Fehler begangen wurden. Viel *Schlechtes*: alle möglichen Übergriffe und ganz einfach eine Menge Blödsinn. Die Phantasie ging mit ihnen durch. Andererseits, meine Freunde, gäbe es keine Konferenz heute, keine African-American Studies, keine schwarzen Akademiker, keine internationale schwarze Kulturforschung ohne »schwarze Männer«. Es sei denn, Sie könnten in einer merkwürdigen Joyceschen Manier wie Stephen Dedalus, während er am Strand entlangwandert und über »die unausweichliche Modalität des Sichtbaren« sinniert, die Augen schließen und die Geschichte verschwinden lassen. Wenn Sie das aber nicht können, dann müssen Sie sich wohl oder übel mit dem Zeichen »schwarzer Mann« auseinandersetzen, all die Fehler und den ganzen Essentialismus, der damit einhergeht, inbegriffen.

Und das habe ich zum Essentialismus zu sagen: Es gibt keinen Zweifel an David Dukes Wählerschaft. Fünfundsiebzig Prozent der weißen Männer Louisianas haben auch als solche gewählt. Und die können das Zeichen für Sie dekodieren, wenn Sie da runter fahren und fragen wollen. Ein größerer Prozentsatz der Wähler dieses Bundesstaates wählte *schwarz*, weil sie, essentiell gesprochen, *schwarz* sind – nicht, weil sie so viele sich vervielfältigende vieldeutige Vielfältigkeiten in ihrem Kopf mit sich herumtragen, sondern weil sie wissen, daß sie vielleicht mit ihren Gedanken woanders sein können, mit ihren schwarzen Ärschen jedoch nicht. Sie wählten also essentiell, und zwar gegen David Duke.

Wenn wir jetzt zur Frage des politischen Gehalts von all dem kommen und die Antwort lautet – »Wir neuen Kulturwissenschaftler denken über solche Probleme nach, weil sie so komplex sind. Wegen politischer Strategien kommt mal in ein paar Jahren wieder, nachdem wir das alles durchgearbeitet haben« – dann schreiben Sie vielleicht bald schon auf Toilettenpapier in Konzentrationslagern. Ich persönlich halte es mit dem Common-Sense-Essentialismus, den das schwarze Louisiana gezeigt hat.

Bin ich ein akuter Fall von Mittvierziger-Gereiztheit? Habe ich jetzt das Fastfünfziger-Plateau erreicht, wo mich akademische Debatten, die sich um solche Populärkulturstätten wie Rap-Musik, MTV, Black-Nation-T-Shirts, Fades und Kufi-Hüten ansiedeln, nur noch aufregen? Müssen solche Diskussionen immer vor blasierter Apologetik stinken? Läßt sich meine Unzufriedenheit damit etwa auf einen atavistischen, ja sogar halbwüchsigen Hang zur Populärkultur zurückführen, der meine Gedankenwelt wie ein Quälgeist heimsucht. Oder bin ich vielleicht, nur vielleicht an der Howard Universität zu eindringlich in gelehrtem Zuhören und Schreiben unterrichtet worden, um solche Selbstgefälligkeitsapologetik zu ertragen. Nun, ich stelle diese Fragen und gebe diese Antworten, um meine Reaktionen auf zwei Aufsätze in den Griff zu bekommen, die ich in der *Boston Review* (Dezember 1991) gelesen habe: »Jenseits von Rassismus und Frauenfeindlichkeit: schwarzer Feminismus und 2-Live Crew« von Kimberlé Crenshaw, und »Der Rap-Führer für intelligente Vierzigjährige« von Mark Zanger. Ich bin an beide Essays ganz offen herangegangen und habe sie, wie auch Henry Louis Gates bei seiner enthusiastischen Rezeption von Crenshaw, in einem durchgelesen. Als ich fertig war, sprang ich entrüstet auf und hatte entschieden, mit einer für mich langweilig konventionellen Reaktion von erwachsenen Gelehrten auf bestimmte Formen der Populärkultur abzuschließen.

Unter konventionell verstehe ich das, was ich für mich den »Mitten rein und durch«-Ansatz nenne. Lassen Sie mich erklären. Eine Kontroverse, von der die Medien berichten, eine Dinner-Party-Konversation oder ein tragisches öffentliches Ereignis wie die Central-Park-Jogger-Episode schlägt sich in einer populärkulturellen Form nieder. Wenn es irgendwie möglich ist, werden die meisten Erwachsenen ignorieren, was geschehen ist – wie alles andere auch, das sich außerhalb ihrer vier Wände abspielt und nichts mit Geldverdienen zu tun hat. Handelt es sich bei diesen Erwachsenen jedoch um Akademiker, dann werden sie diese Unterlassung mit zu vielen Ausschußsitzungen oder Amtsverpflichtungen entschuldigen und beständig darauf hinweisen, daß ihr Beruf wie ein langer, dunkler Tunnel ist und sie einfach zu sehr mit den Problemen des jambischen Pentameters oder des veröffentlichungswerten Prosastils beschäftigt sind. Wenn die Ursache aber, die die Populärkultur in Bewegung brachte, nicht aus der Welt zu schaffen ist, oder wenn solch ein Ereignis von den Mediennetzwerken aufgegriffen wird (was heutzutage wohl lediglich zweierlei heißt: entweder Themenzuspitzung oder kontroverses Infotainment), dann sieht sich auch der blindeste Erwachsene gezwungen, etwas zu schreiben – irgendwas, um irgendwie zu reagieren.

Die Artikel in der *Boston Review* sind für mich typisch. Lassen Sie mich kurz erklären, warum. Obwohl ihre Texte und Produktionen »an und für sich« keineswegs harmlos sind, ist die 2-Live Crew nur aus einem Grund kontrovers: weil die Medien sie durch das, was ich »Fünf-Minuten-Expertentum« nenne, dazu gemacht haben. Wenn ich Crenshaws Argumentation recht folge, dann geht es dabei um »Schnittpunkte von mehreren Identitätszuschreibungen«. Sie diskutiert, ob sie über die 2-Live Crew als Schwarze oder als Frau urteilen sollte. Das kommt für mich auf das gleiche heraus, wie die Frage, ob man George Bush wählen sollte, weil man weiß oder weil man ein Mann ist. Anders gesagt, schließt diese Zuschreibungskreuzung, die hier ein einfacher Dualismus ist, etwas aus, das uns allen überall passieren könnte, nämlich die Begegnung mit einer schwarzen Vietnamerikanerin, die auf eine der Ivy League Universitäten [die Elite Universitäten im Osten der USA] möchte, Basketball spielt und Sushi ißt. Was läßt bei solcher Vielfalt eigentlich den Dualismus schwarz/weiblich so hervortreten? Wo bleibt hier noch Platz für die karnevaleske Griot Tradition der afro-amerikanischen Kultur – die hauptsächlich von Frauen besetzt ist? Wo ist die Voodoo-Priesterin, die nicht an der Kreuzung, sondern im wörtlichen wie im übertragenden Sinn am Anfangs- und Endpunkt aller Straßen steht und Himmel und Hölle, Leben und Tod miteinander vereint? Und warum hält so ein einfacher Dualismus eine Akademikerin davon ab, zu sehen, daß der kleine Einzeiler »Bin ich etwa keine Frau?« enzyklopädische Möglichkeiten der Kulturforschung in sich birgt? Harriet Tubman und Sojourner Truth hatten keine Schwierigkeiten, schwarz, Frau und noch viel, viel mehr zu sein, oder?

Solch ein Verhalten wird durch den Zwang zum Schnellexpertentum gefördert, womit ich folgendes sagen will: Crenshaw hat einen Schnittpunkt von Identitätszuschreibungen im Diskurs über schwarze Frauen und Recht interessant, gekonnt und überzeugend beschrieben. Ich glaube jedoch nicht, daß das direkt auf die 2-Live Crew übertragen werden kann. Ich frage mich, was für Gründe es überhaupt gibt, sie gut zu finden. Sie sind abscheuliche, kindische und frauenfeindliche Jungs, die es darauf angelegt haben, möglichst viele Autoritätsvögel abzuschießen. Sie denken einzig und allein an Geld, Girls und wie sie sich am danebensten benehmen können.

Das ist schon in Ordnung, ich hab nichts dagegen. Doch vor ein paar Jahren hat mir mein **Sohn** ein Sprichwort beigebracht: »If you take the bait, you bear the **weight**.« [Erst den Köder schlucken, dann am Haken zucken.] Man kann also schnell reich, aber auch schnell eingesperrt werden. Und wenn das passiert, dann hilft es nicht zu fragen: »Warum verfolgest du mich? Das tun doch alle. Broward

County hatte sogar einen Oben-ohne-Donut-Shop. Also warum gerade wir, das ist doch Rassismus, Mann!« Ich gebe zu, daß es keinen Sinn macht, »Foul« zu rufen und auf die Community-Standards hinzuweisen. Der Einwurf kann nicht der des Erlösers sein: »Warum verfolgest du mich?« Es müßte eher, à la Kurtz in *The Heart of Darkness,* heißen: »Rottet sie alle aus, mich eingeschlossen.«

Ich meine, es gibt absolut keinen Grund, eine überstürzte Ehrenrettung der 2-Live Crew auf dem Forum der populären Rap-Musik-Kultur vorzunehmen – einem Forum für Raps, die sich der Erziehung von schwarzen und weißen Kindern widmen und fordern: »Sei deinem Kind ein Vater«; einem Forum für Raps, die die Rechte der Frauen propagieren; einer der wenigen, für junge Leute zugänglichen Orte in dieser Gesellschaft, wo ihnen erklärt wird: »So sieht das mit Kontrolle und Überwachung aus. Hier sind eure Rechte in einer freien Gesellschaft.«; wo es so viele positive Kontexte gibt, daß sie sich mithilfe der Videowelten von MTV und BET zu internationalen Informationsquellen der Jugendkultur entwickeln.

Niemand kann mir erzählen, daß ich, wenn ich mich darauf beziehen möchte, allein auf die 2-Live Crew angewiesen bin. Und niemand wird mir vorschreiben, daß ich etwa zu sagen habe: »Kein Nick Navarro, kein Gonzalez, nein. Laßt die Finger von diesen Leuten.«

Von mir aus hätte die Polizei die 2-Live Crew festnehmen sollen. Und die, die um die Aerobic-Blondine Madonna herumstanden, hätten, statt zu gaffen, ihren Job machen und auch sie verhaften sollen, ebenso, wie es Bobby Brown in Columbus, Georgia geschah.

Ich möchte hier nicht wie der große Moralisierer klingen – und da kommt auch schon die Antwort zurück: »Ha, dazu wirst du jetzt auch wohl kaum Gelegenheit haben.« (Publikumsreaktion). Niemand unter 135 sollte auf Tipper Gore hören. Die Leute des Parents Music Resource Center müßten in einen Aufzug eingesperrt werden, in dem ein Endlosband mit Politik, Geschichte, Soziologie und Musik der Populärkultur läuft. Ich bin zahlendes Mitglied im Verein des Rechts auf Rock.

Andererseits wissen wir alle, daß den Schwarzen auf diesem Gebiet immer vorgeschrieben wurde, was ihnen zu gefallen hatte. Denken wir an die Szene in *»Onkel Toms Hütte«,* wo Simon Legree einen Zug aneinandergeketteter Sklaven in die Hölle führt. Als sie zu singen anfangen, brüllt er: »Halt's Maul, verdammter Nigger! Glaubst Du denn, ich wollte etwas von Deinem alten höllischen Methodismus hören? Ich sage Euch, stimmt was tüchtig Flottes an – rasch!« Das erinnert an Ralph Ellison: »Get hot, boy, get hot!«

Ich weiß wohl, daß es keine unschuldige Sexualität gibt, wie die Liebe zu kleinen Tieren oder wie sie unter nicht so übermächtigen Marktbedingungen möglich wäre. Ich weiß das sehr wohl, ich weiß aber auch, daß man die Geschichte der zu untersuchenden Form kennen muß. Man muß die populären Räume kennen und kann sich nicht aus dem Nichts zu einem Sofort-Experten machen, um auf jeder Hochzeit mitzutanzen, nur weil man gefragt wurde.

Vor einiger Zeit bekam ich eine Einladung in ein Land mit gefährlichem »Investitionsklima« (damit ist gemeint, daß Leute regelmäßig und ohne ersichtlichen Grund umgebracht werden). Ich fragte also meinen Sohn, der sich sehr sorgte: »Was denkst du, Mark, was soll ich tun?« Er sagte: »Hm, wenn du getötet wirst, was würdest du sagen, warum du hingefahren bist?« Ich sagte: »Ich schätze, wenn sie mich oben im Himmel oder unten in der Hölle fragten, würde ich sagen, ›Sie haben mich eingeladen.‹« Darauf er: ›Dad, das ist ziemlich blöd.«

Kurz gesagt, all die ad hoc-Experten der Populärkultur müssen ihr Zeug erstmal viel, viel besser in den Griff bekommen, bevor sie ein Urteil abgeben. Schließlich wissen wir alle, was wir von Leuten zu halten haben, die über eine einzigartige populärkulturelle Form sprechen, *ohne sich richtig darüber informiert zu haben*: We simply cain't trus' it [können wir nicht trauen]. Damit hat Public Enemy das letzte Wort zu den vorschnellen Experten, egal ob sie schwarz oder weiß sind.

Original: »›You Cain't Trus' It‹: Experts Witnessing in the Case of Rap«, aus: Michele Wallace (ed.), Black Popular Culture, Bay Press/Dia Center for the Arts 1992, pp. 132-138
Übersetzer: Raymund Burghardt

Isaac Julien

Black Is, Black Ain't
Bemerkungen zur De-essentialisierung Schwarzer Identitäten

Ralph Ellison erläutert in dem Aufsatz »Change the Joke and Slip the Yoke«, was er von Stanley Edgar Hymans Essay über das Verhältnis der Afro-Amerikaner zur Folktradition hält:

> »Von seiner Seite des Scherzes [mit diesem Scherz meint Ellison allgemein die Ironie des Sein und Scheins, hier aber eher den möglichen Spaß, den man haben kann, wenn das Gegenüber über die eigenen rassistischen Vorurteilserwartungen stolpert] aus blickt der Schwarze auf den weißen Mann und hat Schwierigkeiten zu verstehen, wie sich die »Grays« [die Grauen] – eine seiner Bezeichnungen für die Weißen – nur auf so absurde Weise selbst über die wahre Wechselbeziehung zwischen *Blackness* und *Whiteness* [dem genuin Schwarzen und dem genuin Weißen] täuschen können.«[1]

Wenn wir diese These im Licht der Zwangshandlungen sehen, die sich in einem Rahmen manifestieren, der von Michael Jacksons geisterhaftem schwarzen Gesicht bis zu den Körpern der weißen Rap-Gruppe Young Black Teenagers reicht, dann können wir an Ellisons Scherz teilhaben. Manchmal, so fährt er fort, »geschieht es aus bloßer Freude an dem Scherz ... daß er diejenigen reizt, die aus der psychologischen Distanz, die »Rassen«-verhalten erzeugt, seine Identität zu kennen glauben.«[2]

In diesem Essay erkennt Ellison die Konstruiertheit schwarzer und weißer Identitäten an und beginnt so, sie zu deessentialisieren. Der Prediger aus seinem *Invisible Man* definiert Blackness, wie sie in dem Vernacular der Signifying Tradition der Kirchenpredigt reproduziert wird. Schwarzsein erscheint hier als eine offene Identität, ein flüssiges Kontinuum, daß immer wieder neu im dialektischen Austausch zwischen Prediger und Gemeinde entsteht:

> »Brothers an Sisters, my text this morning is the ›Blackness of Blackness.‹
> And a congregation of voices answered: ›That blackness is most black, brother, most black ...‹
> ›In the beginning ...‹
> ›At the very start,‹ they cried.

›... there was blackness ...‹
›Preach it ...‹
›... and the sun ...‹
›The sun, Lawd ...‹
›... was bloody red ...‹
›Red ...‹
›Now black is ...‹ the preacher shouted.
›Bloody ...‹
›I said black is ...‹
›Preach it, brother ...‹
›... an' black ain't ...‹«

[»Brüder und Schwestern, mein heutiger Text lautet: ›Die Schwärze der Finsternis‹. Und eine Gemeinde von Stimmen antwortete: ›Jene Schwärze ist sehr schwarz, Bruder, sehr schwarz ...‹ ›Im Anfang ...‹ ›Zu Urbeginn ...‹, riefen sie. ›... war Finsternis‹ ›Darüber rede ...‹ ›... und die Sonne ...‹ ›Die Sonne, Herr ...‹ ›... war blutrot ...‹ ›Rot ...‹ ›Schwarz ist jetzt ...‹, rief der Prediger ›Blutig ...‹ ›Schwarz ist, sagte ich ...‹ ›Rede, Bruder ...‹ ›... und schwarz ist nicht ...‹«][3]

Doch die schwarze Populärkultur hat sich geändert, und obwohl die Kirche nach wie vor das kulturelle Rückgrat der schwarzen Communities ist, gibt es in ihr noch immer keine offene Anerkennung der Homosexualität. Charles Nero analysiert in »Towards a Black Gay Aesthetic«[4] eine Kurzgeschichte von Craig G. Harris. Sie spielt auf der Beerdigung von Jeffs (einer der Protagonisten) Freund und Liebhaber, der an den Folgen von AIDS gestorben ist. Familie und Kirche, zwei der wichtigsten Institutionen der afro-amerikanischen Communities, haben sich gegen Jeff verschworen. In der Kirche findet also, um es anders auszudrücken, eine bewußte Zensur statt, die sich auch in der Homophobie der schwarzen Populärkultur wiederfindet. Neros Untersuchung dieser populären Kultur stellt das ziemlich statische Blackness-Konzept in Frage, das zur Zeit politisch in Mode ist. Der schwarze Romamtizismus steht hoch im Kurs bei Leuten wie Louis Farrakhan, seiner Nation of Islam und verschiedenen Rap-Gruppen, die ihre sehr engstirnigen Versionen von Männlichkeit propagieren. Dieser Romantizismus mythologisiert die Vergangenheit und löscht die Erinnerung.

Es gibt ein Spiel, in dem es darum geht, immer wieder das Ende des »essentiellen schwarzen Subjekts«, welches das »Zeitalter der Unschuld« verlassen hat (Stuart Halls vielzitierter Satz), heraufzubeschwören. Protagonisten der schwarzen Populärkultur spielen dieses Spiel, wenn sie versuchen, das schwarze Subjekt im Rap zu bewahren, wie Ice-T kürzlich:

»I knew this guy that was never that fly, couldn't act cool, even when he tried. When we played rough, he always cried. When he told stories, he always lied. A black brother who was missin' the cool part. He had the color but was missing the true heart.«[5]
[»Dieser Typ war nie in Ordnung, benahm sich uncool, egal wie er sich bemühte. Wenn's hart wurde, fing er an zu heulen. Wenn er was erzählte, log er. Ein schwarzer Bruder, der's nicht hinbekam. Er hatte die Farbe, aber ihm fehlte das richtige Herz.«]

»Now I'm a write this song, though the radio won't play this, but I got freedom of speech, so I'm a say it. She want to be les, he want to be gay, but that's your business, have it your way. I'm a straight up nigger.«[6]
[»Jetzt schreib ich diesen Song und kein Radio spielt mich, doch ich habe das Recht und ich sage: jetzt red ich. Sie möchte gern lesbisch, er möchte gern schwul, das macht mich nicht hektisch, das läßt mich ganz cool. Ich bin ein richtiger Nigger.«]

Jan Pareles schreibt in der New York Times über den Rap-Künstler Ice Cube:

»Ice Cube meint es ernst. Er steht klar unter dem Einfluß von Louis Farrakhans Nation of Islam, die auch in seinen Liner Notes auftaucht. Er ist für schwarzen Separatismus, möchte allerdings keine Homosexuelle in der Black Nation: ›Richtige Nigger sind keine Schwule oder Yuppies.‹ Sein Nein zur ›Rassenmischung‹ hat wahrscheinlich vieles gemein mit David Dukes' Kampagne und dessen Auffassung von ›Rassenreinheit‹«.[7]

Rap ist in zunehmendem Maße zum Signifikanten für schwarze Hetero-Männlichkeit in schwarzen Spielfilmen geworden. Ich denke dabei insbesondere an *New Jack City* und *Boyz N the Hood* (die beiden gehören deshalb zusammen, weil sie in Ice Cube und Ice-T zwei Hauptdarsteller haben, die als schwarze Warenfetische den Kartenverkauf garantieren). Diese Dominanz des Rap hat es komplexeren Darstellungen von Blackness im populären Kino schwerer gemacht. Nicht einmal der Afrozentrismus ist in seinem Vorantreiben einer neuen schwarzen Ästhetik dialogisch genug, um den »hybriden Charakter der Ethnizität« zu Ende zu denken, geschweige denn frei genug, um »Schwulsein« [queerness] in »Schwarzsein« integrieren zu können. Es ist zum Teil auf ein Jahrzehnt der Reagan-Bush-Thatcher Regimes zurückzuführen, wenn schwarzes essentialistisches Denken aus den Trümmern dieser postmodernen Zeit aufsteigt. Eine ähnliche Politik mit Identitäten verfolgt die Queer Nationhood, die nach der AIDS Krise einen großen Einfluß gewinnen konnte, weil sie einen Anti-Hetero-Essentialismus vertrat.

Bei meinem Versuch, Persönlichkeiten der schwarzen Literatur aus ihrer Randstellung zurück ins Zentrum der Aufmerksamkeit zu holen, beeinflußten mich insbesondere Henry Louis Gates, Jr., Houston A. Baker Jr., bell hooks, Gayatri Spivak, Paul Gilroy, Stuart Hall, Homi K. Bhabha, Kobena Mercer, Cornel West und Kwame Anthony Appiah. Ihre Schriften bildeten, zusammen mit der kraftvollen Lyrik von Essex Hemphill, den Hintergrund zu meinem Film *Looking for Langston*. Ich wollte mich aus einer diasporischen Perspektive neu auf die Debatte beziehen, der es um das Verhältnis von Race und Repräsentation geht und darum, ob Queerness in Blackness aufgehen kann. Doch sowohl die Produktion von *Looking for Langston* als auch der Versuch, den Film in den Vereinigten Staaten zu zeigen, erwiesen sich als extrem schwierig. Bad Object Choices, die einen Band über Homo-Film und -Video herausgegeben haben, fassen das kurz und knapp zusammen:

»Zu der Zeit, als der Helms-Zusatzartikel in Kraft trat, wurde Isaac Juliens Film *Looking for Langston* (1988) auf dem New York Film Festival gezeigt ... Vor der Aufführung informierte man das Publikum, daß die Tonspur zweier Archivszenen des Films, in denen Langston Hughes seine Gedichte vorträgt, aufgrund eines Copyright-Streits ausgeblendet werden müsse. Die Zuschauer blieben allerdings im Dunkeln darüber, daß die Version, die sie sehen würden, schon wegen Zensurforderungen geändert worden war. Julien hatte nämlich weit mehr von der Tonspur mit Hughes' Lyrik ausgetauscht, weil das Hughes Estate vor Gericht gegangen waren, um die Aufführung des Films zu verhindern. Bei dem Rechtsanspruch der Nachlaßverwalter ging es um einen Verstoß gegen das Copyright, der Grund für die Zensur lag jedoch anderswo: Sie wollten nicht, daß Julien Hughes in Verbindung mit Homo-Erotizismus brachte.«[8]

Langston Hughes' Homosexualität war ein offenes Geheimnis. Die Neudeutung einer solchen ikonenhaften Figur wie Hughes jedoch verletzte das Hoheitsgebiet des Blackness-Essentialismus. D. A. Miller weist darauf hin, das Geheimhalten ein subjektiver Prozeß sein kann, in dem die Oppositionen privat/öffentlich und innen/außen aufgebaut werden:

»Das Phänomen des offenen Geheimisses läßt diese Binaritäten mit ihren ideologischen Folgen nicht, wie man meinen könnte, zusammenbrechen, sondern zeugt eher von ihrer Wiederherstellung im Phantasma.«[9]

Stuart Hall hat vorgeschlagen, den Zusammenhang zwischen Vergangenheit und Gegenwart als eine imaginäre Rekonstruktion zu verstehen.[10] Dies trifft insbesondere auf den Film zu. Für mich waren es die Konstruktionen von »Rasse«, Erinnerung, Wünschen und heimlicher Homosexualität in der schwarzen Populärkultur, die es filmisch zu erforschen galt.

Wünsche bilden immer den Hebel, an dem verschiedene Formen der kulturellen Kontrolle ansetzen. Und Wünsche, die »Rassen«- oder Geschlechtsgrenzen überschreiten, waren das Material, aus dem mein Film *Young Soul Rebels* zusammengesetzt ist. Diese Grenzverletzungen verursachen Ängste und untergraben die binären Oppositionen Selbst/Andere, schwarz/weiß, normal/homo. Das Unbehagen in bezug auf Sexualität und »Rasse« findet sich auch in der Geschichte der schwarzen Literaturkritik, wie W.E.B. Du Bois' Aufnahme von Claude McKays Roman *Home to Harlem* aus dem Jahre 1920 zeigt. McKay, ein schwuler Jamaikaner, beschrieb das Nachtleben in Harlem mit seinen schwulen und lesbischen Bars.

> »Claude McKays *Home to Harlem* bereitet mir größtenteils Übelkeit, und nach den schmutzigeren Passagen dieser Schweinerei sehne ich mich nach einem Bad ... McKay ist ausgezogen, das lüsterne Verlangen der Weißen zu stillen.«[11]

Schwarze Akademiker und Intellektuelle ignorieren schlichtweg jede Äußerung von Schwulen und Lesben zu Race- und Kulturangelegenheiten. Dies setzt sich in einer direkten Linie von DuBois bis zu dem verstorbenen George Bas fort, der als ehemaliger Sekretär und späterer Nachlaßverwalter von Hughes versuchte, jegliche Diskussion über dessen Sexualität zu verhindern.

Im schwarzen Literaturkanon haben sich ikonenhafte Figuren etabliert, was unglücklicherweise dazu führt, daß ein neokonservativer, populistischer Maßstab angelegt wird, wenn die Rede auf schwarze Populärkultur kommt. Ein ähnlicher Konservativismus taucht in den schwarzen Filmen auf, die zur Zeit in Mode sind, wie die der Mainstream-Welle von schwarzen Gangsterfilmen. Philip Dodd stellt in einem Aufsatz darüber die These auf:

> »Der Wettlauf ums Populäre könnte natürlich auch andere Konsequenzen haben. Wenn in Filmen wie *New Jack City* und *Boyz N the Hood* ein populäres Stereotyp vom schwarzen Gangster auftaucht, bedeutet das vielleicht, daß andere junge schwarze FilmemacherInnen (aber auch ältere wie Charles Burnett und Julie Dash), die eine komplexere Ästhetik verfolgen, an diesem populären Maßstab gemessen werden.«[12]

Mark Winokur führt dieses Argument aus: »Die ambivalente Einstellung der Filmemacher zu Ethnizität und »Rasse« zeigt sich am klarsten im zeitgenössischen Gangsterfilm.«[13]

Young Soul Rebels wurde gegen die Strömung des schwarzen Populärkinos produziert, könnte aber aufgrund des Kassenerfolgs von Filmen wie *Boyz N the Hood* und *New Jack City* trotzdem als solches fehlgedeutet werden. Ich beging die Todsünde in den Augen der Avantgarde, eine Geschichte zu erzählen, als ich *Young Soul Rebels* eine narrative Struktur gab. Wenn ich mich nicht ganz an das Genre gehalten habe, dann deshalb, weil mich Konzepte, Distanz und Dekor mehr interessierten. Der Film geht im Gegensatz zu den anderen U.S.-Gangster-filmen nicht auf die Forderung nach dokumentarischer Echtheit ein. Letztendlich behandelt er, wie Paul Gilroy mir vorgeschlagen hat, allegorisch das Thema Empire.

Dessen ungeachtet schreibt Barry Walters in seiner *Young Soul Rebels*-Kritik aus dem *San Francisco Examiner,* daß die Welt nicht noch einen Film über einen »schleimigen heimlichen Homo, der hinter anderen Schwulen her ist«,[14] brauche. Schön und gut, die Welt ist aber nun mal voll mit solchen heimlichen Homos. Und ich möchte ambivalente Fragen über sexistische und rassistische Gewalt stellen. Gewalt, die aus den unterdrückten Wünschen der/s Anderen in uns entsteht, oder, wie in Kens Fall, aus den Ängsten vor dem Anderen, die ihn vom Subjekt zum Objekt auf der anderen Seite der »Rassen«- und Sexualitätsgrenze machen. Wenn sie sich *Young Soul Rebels* anschauen, dann suchen solche Kritiker Schwu-le – und zwar weiße Schwule – mit positivem Image. Doch was ist ein positives Image? Parveen Adams erklärt dazu:

> »Was würde denn eigentlich passieren, wenn wir positives Image forder-ten? ... als wenn dem einen oder anderen Image etwas fehlen würde, so daß es keine adäquate Darstellung wäre und wir uns nicht damit identifi-zieren könnten. ... der imaginäre Sieg einer positiven Welt, in der Iden-tität als Stangenware zu haben ist.«[15]

Der Versuch, positive Vorstellungsbilder zu produzieren, ist zum Scheitern verurteilt. Trotz der besten Absichten, fehlende Balancen auf dem Gebiet der Repräsentation herzustellen, wird es in diesem Rahmen niemals möglich sein, Fragen der Ambivalenz oder Grenzüberschreitung anzusprechen. Bei der Arbeit an *Young Soul Rebels* erschien es mir wichtig, das eherne Gebot, das von Schwar-zen oder Schwulen oder schwarzen Schwulen verlangt, immer eine bestimmte Interessensgemeinschaft zu vertreten, nicht zu befolgen. Denn solche kategori-schen Imperative überschatten jeden Gedanken an Zweifel, Skeptizismus oder Regelverstoß. Die politische Strategie, die Identitäten schaffen will und dabei auf positive Typendarstellungen setzt, erkauft sich ihren Erfolg immer auf Kosten der Repression der/s Anderen. Wenn *Young Soul Rebels* zu kritisieren ist, dann nicht wegen der Bedrohung durch Ken, den »Homo-Killer«, sondern wegen der quasi-utopischen Zeichnung von Caz und Chris. Vielleicht kommt meine Schilderung ihrer Welt einer Wunscherfüllung nahe; Ken läge dann der Brigade »Positives Image« notwendigerweise als Stein im Magen. Barry Walters fährt fort: »Dies ist ein Film über das sexuelle Miteinander der »Rassen«, bei dem es rein zufällig um einen sich prächtig entwickelnden Jeffrey Dahmer [den psychotischen weißen Schwulen, der mehrere schwarze Schwule ermordete] geht.«[16]

Walters Äußerungen zu dem Killer Ken sind überzogen. In *Young Soul Rebels* gibt es zwar eine Invasion in eine positive Schwulenwelt, doch Identität ist in dieser Welt keine Konfektionsware. Ken leidet an Kastraktionsangst und spielt als unterentwickelter Charakter Verstecken mit seiner Identität. Da er unfähig ist, mit seinem Verlangen (nach schwarzen Männern) zurecht zu kommen, verleugnet er es und beginnt zu bestrafen. Ken garantiert also, anders gesagt, daß der Film politisch nicht korrekt ist. Mich interessieren aber gerade solche Regelverstöße, die sich gegen die neokonservative Forderung nach mehr positivem Image wenden.

Die Angst vor der anderen »Rasse« wird im Rahmen der zur Verfügung stehenden Verhaltensmuster auf die schwarzen Subjekte projiziert. Das unterdrückte Verlangen nach dem Anderen tritt als Gewalt an die Oberfläche. Ich versuche in *Young Soul Rebels* eine doppelte Repression offenzulegen: Der Andere ist sowohl schwul als auch schwarz. Wenn wir schon von Positiv- oder Negativimage reden müssen, dann ist *Young Soul Rebels* zwar ein Film, der mit diesen Vorstellungsbilder arbeitet, allerdings auf eine dialektische Weise. In den ersten Einstellungen werfe ich die Frage von Homosexualität und Pathologie auf, enttäusche jedoch bewußt die Erwartungen, die das Genre und die Erzählkonvention an diese »negative« Verbindung stellen – anders, als es im dominanten Erzählkino geschehen würde.

Young Soul Rebels kann auch als Kritik an einer anderen Krankheitslehre begriffen werden, die Spike Lee zuletzt in seinem Film *Jungle Fever* ausführte. So gesehen ist *Young Soul Rebels* das Gegenstück zu *Jungle Fever,* denn hier werden nicht-pathologische »Rassenbeziehungen« gezeigt. Das Überschreiten der »Rassengrenzen« führt normalerweise zur Bestrafung. In meinem Film kommen die schwulen Charaktere denn auch an marginalen Orten zusammen, wenn sie die Tabus brechen: das Nachtleben unter freiem Himmel oder der gefährliche Treffpunkt im Park. In *Jungle Fever* wird die schwarze Mittelklassenfamilie bedroht. Und es ist ganz wichtig, daß die sogenannte Drogen- und »Rassenschande« von ihr genommen wird.[17] (Spike Lees Nein zur »Rassenmischung« hat wahrscheinlich vieles gemein mit David Dukes Auffassung von »Rassenreinheit«.) Ich bestreite selbstredend die Existenz einer schwarzen Essenz – ein Begriff, der im Zentrum aller afrozentristischen Diskurse steht. Denn, wie sagt der Prediger? »Black is, Black ain't.«

Anmerkungen

1   Ralph Ellison, *Shadow and Act*, 1953, New York 1972, p. 55.

2   Ibid.

3   Ralph Ellison, *Invisible Man*, 1947, New York 1972, pp. 9-10; aus: *Unsichtbar*, Herbsten, 1984, p. 15, deutsch von Georg Goyert.

4   Charles I. Nero, »Towards a Black Gay Aesthetic«, in *Brother to Brother*, Essex Hemphill, Joseph Beam (Hrsg.), Boston 1991, p. 229, 252.

5   Ice-T, »Bitches 2«, *Original Gangster*, Sire Records 1991, CD/ Cassette.

6   Ice-T, »Straight Up Nigga«, *Original Gangster*, Sire Records 1991, CD/Cassette.

7   Jon Pareles, »Pop View: Should Ice Cube's Voice Be Chilled?«, *New York Times*, Sunday, 8. Dezember, 1991, Rubrik 2: Arts & Leisure.

8   Bad Object Choices, *How Do I Look?*, Seattle, Wash., 1991, p. 17.

9   Aus D.A. Miller, *The Novel and the Police*, zitiert aus *Epistomology of the Closet*, Eve Kosofsky Sedgwick (Hrsg.), Berkeley 1990, p. 67.

10 Stuart Hall, »Cultural Identity and Cinematic Representation«, *Frameword* 36, p. 70.

11 W.E. Du Bois, zitiert aus Nero, p. 236.

12 Philip Dodd, »Popular Rules«, *Sight and Sound* 1, Nr. 7, 1991, p. 3.

13 Mark Winokur, »Hating Children Is Wrong«, *Sight and Sound* 1, Nr. 7, 1991, p. 10.

14 Barry Walters, »Young Soul Rebels With a Cause«, *San Francisco Examiner*, 5. Dez. 1991, D8.

15 Parveen Adams, »The Art of Analysis«, *October* 58, Herbst 1991, pp. 92-93.

16 Walters, »Young Soul Rebels With a Cause«, D8.

17 siehe Pau Gilroy, »Spiking the Argument«, *Sight and Sound* 1, Nr. 7, 1991, pp. 29-30.

Original: »Black Is, Black Ain't: Notes on De-Essentializing Black Identities«, aus: Michele Wallace (ed.), Black Popular Culture, Bay Press/Dia Center for the Arts 1992, pp. 255-263

Übersetzer: Raymund Burghardt

Greg Tate

Die Liebe und der Feind

Die Frage: Schwarze Identität. Das Problem: Wer weiß, was das meine, meint, sie ist seine und zeigt auf die gemeinen, sie verratenden Schweine. Und wo wir schon am Scheideweg stehen: Wessen Black Consciousness-Bewegung ist das eigentlich? Wie unser Mann immer sagt: Sie gehört Van Glorious [Schlachtruf von X-Clan]. Mit anderen Worten, da kämpft jeder für sich allein, G. Als ich noch jünger und ein ziemlicher Ästhet war, habe ich geglaubt, daß die Besonderheit der schwarzen Kultur uns frei machen würde, daß Heil und Befreiung darin lägen, zu erkennen, wie die großartige schwarze Kunst uns vom bösen weißen Buben und seinen Erfindungen unterschied. Wenn wir es schafften, daß die schwarzen politischen Parteien wie Bands wie Parliament oder Funkadelic funktionierten, könnten wir denen ihre Hölle um einiges heißer machen. Nachdem ich die partizipatorische Demokratie in den letzten fünf Jahren während des Wiederaufstiegs unserer Black Power-Bewegung bei der Arbeit gesehen habe, ist diese Illusion den Weg unseres geliebten Mutterschiffs, dem P-Funk, gegangen. (In den Mülleimer der Geschichte damit, Jungs, und wartet bloß nicht auf einen würdevollen Abgang.)

Das Wiederaufleben der Gotham Black Power-Bewegung war eine ebenso erfreuliche wie jämmerliche Angelegenheit. Erfreulich, weil es eine Brücke zwischen den jungen Rebellen von heute und den alten Säbelzahntigern baute; jämmerlich, weil auch die albernen Machoposen, das Demagogentum und der Generationenneid ihr trauriges Comeback hatten.

Wenn Spike Lee und Amiri Baraka [LeRoi Jones] sich an die Gurgel gehen, weil sie sich streiten, wem denn jetzt das Vermächtnis von Malcolm X gehört, dann ist das bloß eine weiterer Akt in der Schmierenkomödie unserer Bewegung. Um das mal klarzustellen: Ich glaube, daß Baraka genauso wenig Recht hat, Spike zu erzählen, wie er einen politisch korrekten Film zu machen hat, wie Spike, Baraka einen Vortrag über Versstruktur zu halten. Es würde mich sehr wundern, wenn Spike seine Unreife als Geschichtenerzähler überwindet und einen Film zustandebringt, der irgendwie der Vielschichtigkeit von Malcolms Welt und Weltsicht gerecht wird, doch c'est la vie. Ist bloß ein Film, Leute, und auch nach diesen zwei Stunden im Dunkeln müssen wir am nächsten Morgen aufstehen und damit leben, schwarze Männer und Frauen in Amerika zu sein. Und worum geht's dabei letztendlich? Einander lieben und miteinander kämpfen lernen, Schluß Ende Aus.

Vor drei Wochen, auf einer Beerdigungsfeier, die für ein Licht des Lebens namens E. Tamu Ellington Bess abgehalten wurde, ist mir klargeworden, worin sich die wahre Bedeutung unseres Schwarzseins zeigt: Wer kommt, um dich zu begraben, wer versammelt sich in deinem Namen, wenn du nicht mehr bist, was haben sie darüber zu erzählen, wie du geliebt hast und wie du wiedergeliebt wurdest. Während der Feierlichkeiten zu Ehren Tamus legte ein repräsentativer Querschnitt der Afristokratie unserer Community ein solches Zeugnis ab: Politikheimer, Künstler, Aktivisten, hinterbliebene Freunde und Familienangehörige. Die Leute boten ihr zu Ehren Lieder, Tänze, Gedichte und Monologe dar. Zum Schluß wußtest du, ohne mehr als schemenhafte Details ihres Lebens zu kennen, daß allen, die mit ihr zu tun gehabt hatten, klarer geworden ist, was Black Consciousness an Opfern und Hingabe verlangt.

Obwohl ich sie gar nicht so gut kannte, wurde mir Tamu als eine jener außergewöhnlichen Schwarzen nahegebracht, die überall da zuhause sind, wo afrikanische Leute leben, ganz egal welcher geographischen oder gesellschaftlichen Herkunft, nach welchen Rezepten gekocht oder sonstwie fürs leibliche Wohl gesorgt wird. Wenn es ein Vermächtnis des schwarzen Nationalismus der Sechziger gibt, das ich erhebend finde und aus dem ich Kraft schöpfe, dann die panafrikanische Sitte, nach der sich Schwarze überall als *Brothers* und *Sisters* umarmen. Wer erkennt, was es für unsere Community bedeutet, jemanden wie Tamu Bess zu verlieren, begreift auch, daß jede Strategie der Befreiung oder des Kampfes um Rechte, Macht und Möglichkeiten, um *Empowerment*, nutzlos ist, wenn sie nicht auf Liebe im konstruktivsten, kritischsten und mitfühlendsten Sinn baut.

Die Reden von Malcolm sind und bleiben Quellen der Aufklärung – nicht nur, weil er klar sah, wie die weiße Vorherrschaft funktioniert, sondern auch, weil er verlangte, daß wir unsere afrikanische Identität mehr lieben als die Welt des Unterdrückers. Wir hören ihm noch zu, weil wir die Stimme eines Liebenden hören, die manchmal Bob Marleys Frage stellt – *could we be loved* – und manchmal fragt, warum wir Amerika, oder zumindest seine Statussymbole, mehr lieben als uns selbst. Ich finde, daß den meisten unserer heutigen Chefredner Malcolms kritische Begeisterung für die Schwarzen fehlt. Wenn du heute danach schaust, wen oder was die Schwarzen lieben, dann findest du hauptsächlich Black Male Posturing [schwarze Männerposen]. Nun ist BMP wirklich eine wunderbare Sache. Und ich staune noch täglich darüber. Wo wären HipHop oder Jazz ohne BMP? An Basketball nicht zu denken, und die Straßen von Downtown New York sähen schön schäbig aus. Doch die Impotenz des gegenwärtigen schwarzen Nationalismus kommt daher, daß er phallozentrisch bis zum Anschlag ist, die ganze Zeit am eigenen Ständer rummacht und der ausgleichenden Kraft des Denkens von Frauen keinen Platz läßt. Soweit unsere Geschichte zurückreicht, gab es keine Bewegung ohne weibliche Führungseliten. Doch heute fallen die Fragen der täglichen Gewalt und Unterdrückung auch deshalb unter den Tisch, weil die Leute, die es in erster Linie betrifft, nämlich die Frauen und die Kinder, für die sie sorgen, gegenüber den Obersten Herren Aktivisten nicht zu Wort kommen. So läuft alles, selbst wenn die Mißhandlung einer schwarzen Frau im Zentrum einer unserer Versammlungen steht, doch letztlich auf das hinaus, was dream hampton den »Eiergreifwettstreit« nennt.

Tragisch daran ist nicht die Geste selbst, sondern wie fehlgeleitet die Bewegung in puncto Inhalte und Angriffsziele ist. Wenn ich mir anschaue, wie sie Professor Leonard Jeffries zu Hunderten den Rücken stärken, weil ihm, wie vorauszusehen war, Judenhetze vorgeworfen wird, dann frage ich mich, was damit über eine trotzige Gegenwehr hinaus eigentlich bezweckt werden soll. (Und von wegen dem Vorwurf der »Judenhetze« – da laßt uns mal ehrlich sein. Wenn du die Hunde loshetzt, sollen sie auch den Hasen beißen. Die Juden geben vielleicht nicht offen zu, daß sie privilegierte Machtpositionen in Ökonomie, Kultur und Politik besetzen und auch mißbrauchen, doch einige Schwarze gestehen mindestens genauso ungern ein, daß sie mehr Verachtung für Juden als für das durchschnittliche Käsekuchenarschloch [sofern es kein Bulle ist] haben.)

Ein großer Teil der Schwarzen in dieser Stadt regt sich mehr über fehlende Anerkennung als über fehlende Möglichkeiten und Rechte auf. Aber es ist doch sinnlos, Respekt von einem Herrschaftssystem zu erwarten, das aus lauter Gier den Planeten zerstört, auf dem seine eigenen Enkelkinder noch leben müssen. Ich erwarte weder Gerechtigkeit noch Respekt, und ganz bestimmt keine Zuneigung von der weißen Macht. Was ich von uns will, ist eine schwarze Organisation, die den weißen Herrschern klarmacht, daß es in ihrem ureigenstem Interesse liegt, uns nicht zu verscheißern. Aber nein. Wir sind mehr damit beschäftigt, intellektuelle Fleißkärtchen zu sammeln, als uns so zusammen zu tun. (Oder, wo wir gerade dabei sind, das Lesen und Schreiben unter den schwarzen Kindern in dieser Stadt zu fördern oder überhaupt erstmal eine angemessene Umgebung, in der sie lernen können, zu schaffen. Soweit ich weiß, plant zur Zeit niemand, Feuer und Flamme gegen diesen Unterricht in Kloschüsselklassenzimmern zu schleudern.)

Wenn wir weiterhin nur über fehlenden Respekt reden anstatt über Strategien, unsere Position zu stärken, nachdenken wollen, werden wir ewig und drei Tage hinter der Liebe eines Wixers herrennen, der sowieso niemanden liebt. Dieser Wahn führt nur zu Trotzreaktionen und »Rassen«-hetze – eine Politik, die mein Freund Melvin Gibbs scharfsinnig so beschreibt: »auch bloß Tomming und Minstrelsy, denn das Publikum ist immer der weiße Mann.« Ich schlage vor, wir geben den weißen Mann als das Problem per se auf und betrachten ihn als Natur-katastrophe – eine Katastrophe, die wir vielleicht nicht abwenden können, deren Folgen jedoch zu bewältigen und rückgängig zu machen sind. Ich glaube auch, daß wir nicht mehr auf eine tatsächliche Naturkatastrophe wie die Auflösung der Ozonschicht setzen sollten, die die weiße Pest vom Angesicht der Erde wischt. Wißt ihr, wenn der Tag kommt, verschwinden die Saftsäcke schneller, als ihr bis drei zählen könnt, in Käseglockenstädten, während ihr mit eurem Arsch draußen sitzt und für Luftsandwiches bezahlt. Für den schwarzen Futurismus ist später noch Zeit. Mit deinen Gedanken bist du vielleicht in Khmet, Brother, aber dein ...

Wenn wir unsere Politik weiterhin hauptsächlich aus reaktiver Wut heraus betreiben, wenn es der Polizei oder eines massenhaften Gewaltausbruchs bedarf, damit wir handeln, dann heißt das, daß wir unser Leid und Elend in hohem Maß akzeptiert haben. Wenn den Fragen der Lebensqualität nicht die gleiche Auf-merksamkeit zukommt wie unseren Anti-Lynchjustiz-Initiativen, dann heißt das, daß wir wenig vom Leben erwarten. Und es bedeutet auch, wie Dr. Frances Welsing zeigt, daß die schwarze Community einen depressiven Grundzug in sich trägt, der zusätzliche Probleme wie den Drogenmißbrauch verursacht. Die Kämpfer, die wir jetzt brauchen, sind nicht die, die auf Konfrontation gehen, sondern die, die heilen können. Leute, die wissen, wo uns wirklich wehgetan worden ist, die an die unsichtbaren Wunden in unserem Inneren rühren können, über die niemand sprechen möchte. Außer Joan Morgan hat niemand über die traumatische Wirkung gesprochen, die John Singletons *Boyz N the Hood* auf vie-le junge Schwarze hatte, die dem Ghetto entkommen waren und für die der Film eher alptraumhafte Rückblende als eskapistische Unterhaltung war. Die männli-che schwarze Führungsriege sollte langsam den Schmerz und das Trauma unter der Oberfläche der Wut und des Zorns erkennen, so wie es Toni Morrison, Nto-zake Shange, Alice Walker, bell hooks und andere Schriftstellerinnen getan ha-ben. Wenn wir nämlich nicht üben, zu lieben und uns gegenseitig zu heilen, in-dem wir tief in die gemeinsame Verwundung sehen, dann kämpfen wir nur für das Ende der weißen Vorherrschaft – und nicht für die Rettung ihrer Opfer.

Glossar

Interrace, interracial dating, interracial relationship. In den USA gibt es eine Zeitschrift namens »Interrace«, die sich ausschließlich den Beziehungen zwischen Angehörigen unterschiedlicher »Rassen«, Sprachen und anderer Kollektive widmet. Der Begriff bezeichnet alle Verbindungen zwischen Angehörigen unterschiedlicher Communities und wird in der Regel gebraucht, wenn es um die Schwierigkeiten geht, die solchen Paaren begegnen: von simpler Ächtung im Viertel bis zur Konfrontation mit rassistischen und nationalistischen Strömungen auch in der schwarzen Community. So kritisierte etwa die Zeitung »The Final Call« der Nation Of Islam Spike Lee, weil er in »Jungle Fever« eine interracial Beziehung thematisiert hätte, was für die N.O.I. tabu ist. In »Interrace« kommen in der Regel Prominente zu Wort, die, wie z.B. der Soul-Sänger Smokey Robinson, »seit über 20 Jahren in einer interracial relationship glücklich« sind. Gut amerikanisch sollen positive role models gestiftet werden. In Michele Wallaces Text taucht der Begriff im Zusammenhang mit ihren autobiographischen Erfahrungen auf, die sie in einer Zeit gemacht hat, als interracial couples noch weit größeren Schwierigkeiten ausgesetzt waren. So hatten sich Anfang der 60er Führer der amerikanischen Nazi-Partei mit Führern der Nation Of Islam getroffen, weil sie sich im Kampf gegen interracial relationships einig waren.

Affirmative Action bezeichnet die Gesamtheit aller staatlichen und firmenpolitischen Maßnahmen, die beruflichen und Bildungschancen von Afro-Amerikanern zu verbessern: von Programmen für schwarze Studenten bis zur Bevorzugung von Schwarzen bei zwei gleich qualifizierten Bewerbern. Wissenschaftliche Hilfe, Kredite für schwarze Unternehmen, direkte Hilfe bei Ghetto-Verhältnissen etc., die auch mit diesem Begriff bezeichnet werden, sind allerdings wesentlich seltener als Programme, die die Chancen der schwarzen Mittelschicht verbessern.

African American Jesse Jackson setzte diesen Ausdruck anstelle des bis dahin geläufigen Afro-American. Zum einen, weil der Anteil des »Afrikanischen« gleichberechtigt und deutlicher neben dem Amerikanischen stehen sollte, zum anderen hört man auch immer wieder, daß »Afro« zu stark mit einer Frisur verbunden ist. Im Deutschen läßt sich der Ausdruck schlecht nachbilden, schon weil man anders als im Englischen sich entscheiden müßte, welches von beiden Wörtern Substantiv und welches Adjektiv sei: afrikanische Amerikaner, Afrikaner/Amerikaner etc., das gleiche gilt für African Diasporic. In der Regel haben wir also african american mit afro-amerikanisch übersetzt (auch weil die alltagssprachlichen Pobleme hier nicht so gegeben sind und sich Bundesbürger afrikanischer Abstammung auch Afro-Deutsche nennen.) Wo es wichtig war, daß nicht afro-american, sondern african-american gesagt wird, wurde das englische Original belassen.

Bensonhurst/Central Park Diese Namen stehen für die zwei spektakuläre Fälle, die New York in den späten 80ern erschütterten und polarisierten. Im Central Park von New York war eine Joggerin aus der weißen Upper Class von überwiegend schwarzen Jugendlichen vergewaltigt und so traktiert worden, daß tagelang fraglich war, ob sie überleben würde. Im italo-amerikanischen Bensonhurst war der schwarze Jugendliche Yusuf Hawkins von weißen Jugendlichen verfolgt und ermordet worden. Zur rassistischen Stereotypisierung beider Fälle, der Prozesse und der Prozeßberichterstattung, vgl.: Joan Didion, »Überfall im Central Park«, München/Wien 1991

Blaxploitation oder Blackxploitation Bezeichnung für eine Filmgattung, die in den frühen 70ern aufkam und der Forderung nach mehr schwarzen Darstellern und Regisseuren nachkam, indem meist konventionelle Hollywood-Plots auf schwarze Verhältnisse übertragen wurden. Neben sehr gelungenen Krimis wie »Across 110th Street« gab es auch Exzesse des Trash wie »Blackula« (ein schwarzer Dracula). Für die heutige Generation von Regisseuren wie Spike Lee oder Mario Van Peebles gilt die Blackxploitation-Ära als abschreckendes Beispiel wie auch als Vorbild. Nicht nur die berühmten Vertreter des Genre wie »Superfly« oder »Shaft« haben bei vielen Rappern Kultstatus und oft werden Dialog-Passagen gesampelt (vgl. z.B. Schooly D.: »Am I Black Enough For You?«).

Griots sind westafrikanische Dichter/Sänger, die nicht nur für Geburtstagsständchen zu mieten sind, sondern oft Jahrhunderte von Lokal- und Clan-Geschichte gespeichert haben. Als Beispiel oraler Kultur und Überlieferung nennen viele afrozentrische Rapper Griots als Vorbild (etwa Freestyle Fellowship, wenn sie ihr Album »Innercity Griots« nennen.)

Harlem Renaissance bezeichnet die Blütezeit afro-amerikanischer Literatur (und anderer Künste) in den 20er und 30er Jahren in Harlem und ist vor allem verbunden mit dem Ruhm von Dichtern wie Langston Hughes und Jean Toomer. Vgl.: Houston A. Baker, »Modernism and the Harlem Renaissance«, Chicago/London 1987

Jesse Helms ist ein reaktionärer, christlich-fundamentalistischer Senator aus North-Carolina, der sich vor allem durch Kampagnen gegen schwule, lesbische, feministische und linke Kunstprojekte hervorgetan hat. Als Lobbyist greift er vor allem die NEA (National Endowment of the Arts) an und versucht die ohnehin schmalen staatlichen Etats für progressive Künstler zu beschneiden. Er gilt außerdem als Chefideologe der sogenannten Moral Majority, militanter Prolifer (Abtreibungsgegner) und stand Ronald Reagan sehr nahe.

Hood ist die Abkürzung für Neighbourhood, Wohngegend. Wenn von Hood gesprochen wird, ist damit eine schwarze Wohngegend gemeint.

Homie ist die Abkürzung von Homeboy (ein Junge aus der Gegend, Kumpel)

Jes Grew Begriff für den Voodoo-Virus, der sich in Ishmael Reeds Roman *Mumbo Jumbo* epidemieartig ausbreitet. Niemand weiß, woher es kommt und was es ist - »it jes' grew« [Es wuchs einfach] –, was sich auf das Wort selbst und auf das dadurch bezeichnete Symptom bezieht. Wenn Mumbo Jumbo der ironische Gegenentwurf einer »true Afro-American aesthetic« ist, dann ist Jes Grew so etwas wie eine befreiende Anti-Seuche aus dem black (w)hole, die treibende Kraft der schwarzen Kultur. »The spirit hits them and they follow«, so macht sich Reed ein Zitat von Louis Armstrong nutzbar: alle Befallenen hören auf, sich die Köpfe einzuschlagen und führen lieber ihren eigenen Voodoo-Veitstanz auf.

Minstrels sind all die herumfahrenden Entertainer des 19ten Jahrhunderts, die ihre Shows auf rassistische Verkleidungen und Parodien aufbauten. Minstrels waren in erster Linie als Schwarze geschminkte Weiße (»Blackface«), aber auch Schwarze, die für ihr weißes Publikum den »lustigen Neger« gaben. In der Kino- und TV-Unterhaltung stand etwa das sehr populäre Duo Amos und Andy bis in die 50er dieses Jahrhunderts für diese Tradition.

Négritude geht auf den senegalesischen Staatschef Léopold Sédar Senghor zurück, der 1939 sein theoretisches Werk »Négritude Et Humanisme« veröffentlichte. Darin ist von N. als der »Gesamtheit der kulturellen Werte der schwarzen Welt« die Rede: Leben in harmonischer Einheit mit Natur und Mensch, Gemeinschaftssinn, keine Trennung von Innen- und Außenwelt – das alles ist dem »Neger« a priori gegeben. Hochzeit der N. als poetisches Programm in den vierziger Jahren (Césaire, Damas, Kontakte zu den Surrealisten). N. als politische Ideologie propagiert den Kampf gegen den Kolonialismus, die Rückkehr zu den eigenen Quellen und die Hinwendug zu einem neuen Humanismus, wobei es wohl eher um einen »rassisch«-kulturellen Essentialismus geht.

Race/»Rasse«/Rasse Im amerikanischen Englisch hat Race eine andere und weitere Bedeutung als das deutsche Rasse, das ganz von dem Nazi-Gebrauch des Wortes belegt ist. Es kann nämlich auch so etwas wie »Ethnie« heißen, wenn auch durchaus immer in der Nähe des ebenfalls problematischen »Volk«. Deshalb haben wir bei Autoren und Autorinnen, die die letztere Bedeutung meinen, das englische Wort unübersetzt gelassen. Im anderen Fall, insbesondere, wenn sie Race durchweg in Anführungszeichen setzen, um auf den immer auch rassistischen Bedeutungsgehalt hinzuweisen, haben wir das mit »Rasse« übersetzt. Rasse ohne Anführungszeichen taucht in diesem Buch nur in Komposita auf, wenn der andere Wortteil die Funktion von Anführungszeichen übernimmt, nämlich darauf hinzuweisen, daß eine diskursive Konstruktion und keine Essenz gemeint ist, wie z.B. in Rassenbegriff oder Rassenkategorie.

Tomming Auf Onkel Tom's Hütte von Harriet Beecher Stowe anspielender Ausdruck für ein anbiederndes, unterwürfiges Verhalten gegenüber Weißen.

Vernacular bezeichnet ein Äquivalent zu Dialekt, das sich über die Sprache hinaus auf alle symbolischen Formen erstreckt, zum Beispiel spricht man von vernacular architecture. Von einem schwarzen Vernacular zu sprechen, kann auch heißen, sich geschickt zwischen Essentialismus und Anti-Essentialismus zu plazieren: man verwendet dann einen Begriff, der normalerweise keine Essenz voraussetzt (z.B. Regionalkultur), verbindet ihn aber nicht mit einer Region, sondern einer Hautfarbe. Damit wird »Black« (vgl. Vorwort) zu einer Kategorie, die irgendwo zwischen Kultur und Natur (Region, Landschaft) etc. hängt.

Die Autorinnen und Autoren

Cornel West ist Professor für Theologie und Direktor der *Afro-American Studies* an der Princeton Universität. Er ist der Verfasser u.a. von *The American Evasion Of Philosophy* (1989), *The Ethical Dimension of Marxist Thought* (1991) und *Race Matters* (1993).

bell hooks lehrt Englische Literatur und *Women's Studies* am Oberlin College. Sie schrieb zuletzt *Black Looks: Race, Gender, and Cultural Politics* (1992) und *Yearning: Race, Gender, and Culture* (1990)

Henry Louis Gates, Jr. hat den W.E.B. Du Bois–Lehrstuhl für Geisteswissenschaften inne und leitet das W.E.B. Du Bois Institute for Afro-American Research an der Harvard Universität. Zuletzt veröffentlichte er *Loose Canons* und gibt zusammen mit Anthony Appiah die Zeitschrift *Transition* heraus.

Michele Wallace lehrt Englisch und *Women's Studies* am City College in New York. Sie schreibt für Zeitschriften und hat 1979 *Black Macho and the Myth of the Superwoman* und 1990 *Invisibility Blues: from Pop to Theory* veröffentlicht.

Paul Gilroy hat als Musiker und Journalist gerarbeitet und lehrt zur Zeit am Londoner Goldsmith College. 1987 erschien *There Ain't No Black in the Union Jack: The Cultural Politics of Race and Nation*, 1993 wird *Promised Lands* herauskommen.

Isaac Julien lebt als Filmregisseur in London, seine bekanntesten Arbeiten sind *Looking for Langston* von 1989 und *Young Soul Rebels*, für das er 1992 den Kritiker-Preis in Cannes gewann.

Stanley Crouch schreibt seit über zehn Jahren für die *Village Voice*, 1990 erschien seine Essay-Sammlung *Notes of a Hanging Judge*. Seit Jahren schreibt er die Liner Notes für Wynton Marsalis.

Tzvetan Todorovs bekanntestes ins Deutsche übersetzte Buch ist *Die Entdeckung Amerikas – Das Problem des Anderen*. Er arbeitet in Paris am Centre National de la Recherche Scientifique.

Greg Tate ist Schreiber und Redakteur bei der *Village Voice* und schreibt außerdem für *Spin*, *Vibe* und *downbeat*. Er ist Musiker und Gründer der Black Rock Coalition. Seine Essay-Sammlung *Flyboy in the Buttermilk* erschien 1992.

Houston A. Baker, Jr. leitet das Center for the Study of Black Literature and Culture an der University of Pennsylvania. Er veröffentlichte eine Fülle von Beiträgen zu schwarzer Kultur (Blues, Harlem Renaissance etc.) und schließt z.Z. *Black Studies, Rap and the Academy* ab.

Angela Y. Davis studierte u.a. in Deutschland bei Adorno und in Kalifornien bei Marcuse, sie war Mitglied verschiedener politischer Organisationen und lehrt seit zwanzig Jahren zu Fragen des Feminismus und afro-amerikanischer Politik und Kultur. Gegenwärtig hat sie die Professur für Bewußtseinsgeschichte an der Universität von Santa Cruz.

Renée Green ist Künstlerin mit Ausstellungen in den USA, Lateinamerika und Europa. Sie schreibt für *Texte zur Kunst* und *Transition*. Normalerweise in Brooklyn lebend, hält sie sich zur Zeit als DAAD-Stipendiatin in Berlin auf.

Diedrich Diederichsen lehrt an der Merz-Akademie, Fachhochschule für Gestaltung und schreibt über Pop-Musik, Bildende Kunst und amerikanische Kultur. Seine letzte Veröffentlichung: *Freiheit macht arm* (1993)

Sabine Grimm ist Mitarbeiterin am Institut für Sozialforschung in Frankfurt/M.

Bettina Seifried arbeitet am Institut für England- und Amerikastudien der Universität Frankfurt/M. und ist seit mehreren Jahren als freie Dolmetscherin und Übersetzerin tätig.

Raymund Burghardt lebt in Frankfurt, in diesem Fall als Übersetzer.

Linke Zeitschrift

ARRANCA!

ARRANCA! ist eine Zeitschrift, die aus der Gruppe F.e.l.S. (Für eine linke Strömung) entstanden ist.

Wir greifen Themen auf, die uns bezüglich eines Neukonstsuierungsprozesses der Linken von Bedeutung erscheinen und wollen mit der ARRANCA! ein Medium schaffen, das einen Orgaisierungsprozeß der Linken begleitet. Wir glauben, daß die Linke auch aus ihrer Geschichte lernen sollte, weswegen Analysen und historische Dokumentationen in der Zeitschrift Platz finden.

Wir wollen der politischen Linken mehr Kultur und der kulturellen Linken mehr Politik nahebringen. ARRANCA! erscheint drei bis viermal im Jahr.

BISHER ERSCHIENEN:

die NR. 0 mit dem Schwerpunkt ORGANISATIONSFRAGE. AUS DEM INHALT: • Dokumentation des Organisationsreferats von Rudi Dutschke und Hans-Jürgen Krahl • Rückblick auf die Organisationsformen der Linken in den letzten 25 Jahren • Interview über die Erfahrungen der kolumbianischen politischen Organisation A Luchar • eine HipHop-Collage • Buchbesprechungen • der erste Teil des Artikels zu Kulturbegriff und -frage u.v.m..

die NR.1 beschäftigt sich mit LERNPROZESSEN UND PÄDAGOGIK und der Umgehensweise mit diesem Thema innerhalb der Linken:
• Was heißt hier Bildung? geht auf das (bisweilen) falsche Verständnis der Linken von Pädagogik und Lernen ein • Ein Interview über Seminare und Selbstschulungen der Gruppe F.e.l.S. • ein Versuch über Drogen • Reportage über eine Peruanerin in einem deutschen Knast • Interview mit einem türkischem Genossen über seine Geschichte und Erfahrungen in der Türkei u.v.m..

• die NR. 2 mit dem Schwerpunkt MEDIEN:
• Interview über die TAZ und Radio 100 • Dokumentation der Antifa (M) - Göttingen über ihre Öffentlichkeitsarbeit • Eine Rede zu Beethovens Cello-Sonate Op. 69 • Reportage aus Cuba • Interview mit Renato Curcio • und einem Spezialteil zur Enttarnung von Klaus Steinmetz • u.v.m..

Die ARRANCA! kostet 6 DM (plus Porto)
Zu bestellen bei:
F.e.l.S. c/o LAZ
CRELLESTR. 22
10827 BERLIN,
bezahlt in bar oder überweisen auf das Konto: 1840872900, BLZ: 100 200 00, Berliner Bank, Stichwort:ARRANCA! Die ARRANCA! gibt es außerdem im Abo; vier Nummern für 24 DM (gerne mehr als Förderabo) gegen Vorkasse.
Zusätzlich zu bestellen gibt es: 501 Jahre sind genug; Über den Zustand der kolumbianischen Linken; 5 DM

„Der Bereich, von dem wir ausgehen,
ist der Kunstbetrieb, in dem
sexistische Äußerungen und Handlungen
an der Tagesordnung sind."

Texte zur Kunst

„Feminismen" *September 1993, 3. Jahrgang Nr. 11* Gereonshof 30, 50670 Köln, Tel: (02 21) 1 39 04 45, Fax: (02 21) 13 82 29

Verlag der Buchläden
Schwarze Risse ★ Rote Straße

Reuben Ainsztein

Revolte gegen die Vernichtung
Der Aufstand im Warschauer Ghetto

ISBN 3-924737-19-3, 228 Seiten, 32 Fotoseiten, DM 25.–, April 93

---

in der Reihe: Materialien für einen neuen Antiimperialismus, Heft Nr. 6

Die Ethnisierung des Sozialen
Das Beispiel Jugoslawien

ISBN 3-924737-18-5, 120 Seiten, DM 13.–, Oktober 93

Stephane Courtois, Denis Peschanski, Adam Rayski

L'Affiche Rouge
Immigrannten und Juden
in der französischen Résistance

ISBN 3-924737-22-3, ca. 400 Seiten, ca. DM 36.–, November 93

Gesamtprogramm bitte anfordern bei:
Schwarze Risse, Verlag und Buchladen
Gneisenaustraße 2a · 10961 Berlin-Kreuzberg
Telefon 0 30 / 6 92 87 79